周易全書

（三）

最新整理珍藏版

学术顾问　汤一介　文怀沙

中国书店

系辞下第六

【原典】

子曰："乾坤，其《易》之门邪？[①]"乾，阳物也；坤，阴物也。阴阳合德，而刚柔有体[②]。以体天地之撰，以通神明之德。其称名也，杂而不越[③]。于稽其类，其衰世之意邪[④]？夫《易》章往而察来，而微显阐幽，开而当名，辨物正言，断辞则备矣[⑤]。其称名也小，其取类也大。其旨远，其辞文，其言曲而中，其事肆而隐。因贰以济民行[⑥]，以明失得之报[⑦]。

【精注】

①乾坤，其《易》之门：《易经》把乾坤两卦比为《易经》的门户，门户一开一关为一昼一夜，象征阴阳一往来，运动变化永无止境，从而产生八卦，六十四卦。②德：指事物本身的属性，即阴和阳。刚柔有体：阳为刚，阴为柔，刚柔成为乾坤的本体。③称名：指六十四卦名。杂而不越：复杂而不相逾越。④稽：考。类：事类。考六十四卦所指的事类，大概有衰世之意。⑤微显阐幽：显现细微的事情，阐明幽深的道理。开而当名：开卷而事物与卦名相当。辨物正言：辨别事物而语言准确周正。断辞则备：判断的辞备有吉凶。⑥贰：指乾坤两卦所蕴含的阴阳转化之理。⑦报：应，应验，显应。

【今译】

孔子说："乾坤两卦，大概是《易经》的门户吧。"乾卦代表阳性事物，坤卦是代表阴性事物。阴性和阳性的本性互相配合，刚柔成为乾坤的本体。通过阴爻阳爻可体现天地运动的作为，用来会通神妙明显的万物的属性。《易经》称各卦的名称，复杂而不可逾越。在考察它的事类，大概有衰世的意味。《易经》彰显过去，考察未来，显现微细的事情，阐发幽深的道理。开卷而事物与卦名相当，从而辨别它们所代各类事物，而且语言准确周正，措辞果断，吉凶分明，如此天下万物万理都具备了。它的标举名称是小的，它用来指同类事物是大的。它的用意是深运的，它的词语是有文采的，它的言语是曲折委婉而切中义理的，它叙事无边无际，而且包含着深刻哲理，可以用来济助民众的行为，并能显示得或失的报应。

【集解】

子曰：乾坤，其易之门邪？

荀爽曰：阴阳相易，出于乾坤，故曰门。

疏　《易》有六十四卦三百八十四爻，阴阳皆出入于乾坤。阖户谓之坤，辟户谓之乾。故乾坤为易之门。

乾，阳物也。坤，阴物也。

荀爽曰：阳物天，阴物地也。

疏　乾为天，故阳物为天。坤为地，故阴物为地。谓纯乾纯坤时也。

阴阳合德而刚柔有体。

虞翻曰："合德"谓天地杂，保太和，日月战。乾刚以体天，坤柔以体地也。

疏　《坤·文言》曰"夫玄黄者，天地之杂也"。苟彼注云"坤位在亥，下有伏乾，阴阳相和，故言天地之杂"是也。《乾·象传》曰："乾道变化，各正性命，保合太和，乃利贞。"阳变阴化，成既济定，刚柔位当，"阴阳合德"，故"各正性命，保合太和"。此之"阴阳合德"，即彼之"保合太和"也。纳甲坎月离日，三十日会于壬。虞注《师·象传》云"以离日坎月战阴阳"，是"日月战"也。皆"阴阳合德"之事。《说卦》曰："乾为天，坤为地。"《杂卦》曰"乾刚坤柔"。阴阳同处，则合德。分之则乾以则体体天，坤以柔体地也。

以体天地之撰。

《九家易》曰：撰，数也。万物形体，皆受天地之数也。谓，九天数，六地数也。刚柔得以为体矣。

疏　《夏官·大司马》"群吏撰车徒"，郑注"撰，读曰算，谓数择之也"，故云"撰，数也"。"天地之数"，即大衍之数。阳数刚，阴数柔。万物形体，莫不受天刚地柔之数以生。天数刚，九是也。地数柔，六是也。天刚地柔，物得之以为体也。盖大衍之数，取天地之数，演之为五十，用四十九以作《易》。著七卦八，爻以九六，"参天两地而倚数"，故曰"以体天地之撰"。

以通神明之德。

《九家易》曰：隐藏谓之神，著见谓之明。阴阳交通，乃谓之德。

疏 神者隐藏，阴之德也。明者著见，阳之德也。阴阳相交，则神明之德通矣。"圣人探赜索隐"，"幽赞于神明而生著"，故曰"以通神明之德"。

其称名也，杂而不越。

《九家易》曰：阴、阳，杂也。名，谓卦名。阴阳虽错，而卦象各有次序，不相逾越。

疏 《下传》曰"六爻相杂"，虞彼注云"阴阳错居曰杂"，故云"阴阳杂也"。名，谓六十四卦之名。六十四卦，阴阳虽错，各有次序。如屯坎二之初，蒙艮三之二，此之卦之次序也。如中孚为十一月，升为十二月，此卦气之次序也。如媚为乾世，复为坤世，此八宫之次序也。如《序卦》所陈，则上下二篇之次序也。故云"卦象各有次序，不相逾越也"。

于稽其类，其衰世之意邪。

虞翻曰：稽，考也。三称盛德，上称末世。乾终上九，动则人坤。坤弑其君父，故为乱世。阳出复震，人坤出坤，故"衰世之意邪"。

侯果曰：于，嗟也。稽，考也。易象考其事类，但，以吉凶得失为主，则非淳古之时也。故云"衰世之意"耳。言"邪"示疑，不欲切指也。

疏 虞注：《尧典》："若稽古帝尧。"孔传"稽，考也"。上云"杂而不越"，是类也。荀子曰"以类行杂"，是类者，杂之反也。乾为积德，阳数起于一，成于三，故"三称盛德"。《大过·象传》："本末弱也。"王彼注云"初为本而上为末"。《下传》曰"其初难知，其上易知，本末也"。《说文》曰"木下曰本。从木，一在其下。木上曰末，从木，一在其上"。故上为末而称末世。乾阳终于上九，初阴动下人坤。坤消至二成遯，艮子弑父，至三成否，坤臣弑君，故为乱世。阳出复初为震。乾人坤，伏也，为消卦。乾出坤，动也，为息卦。消息皆始于初，意动于微，故曰"衰世之意邪"。谓庖牺作《易》，处盛虑衰，为后世法。"《易》穷则变，变则通，通则久"，是"衰世"之意，非取"殷之末世，周之盛德"也。

侯注："于"本作"乌"，隶变作"于"。乌有声，故云嗟。又与"于"通。经文"于"皆作"于"，此独作"于"，知为"乌"而训嗟也。《易》之有象，皆稽考其事类，而吉凶得失形焉。淳古之世，熙皞相忘。后世圣人，有忧患，而后作《易》。但以吉凶得失为主，故云"衰世之意耳"。邪，疑辞。恐人以《易》作于衰世为疑，故言不欲切指也。

夫易，章往而察来，而微显阐幽，开而当名。

虞翻曰："神以知来，知以藏往"。微者，显之，谓从复成乾，是"察来"也。阐者幽之，谓从媾之坤，是"章往"也。阳息出初，故"开而当名"。

疏 "神以知来"，乾也。"知以藏往"，坤也。复初为"微"，至三成乾。《易》本隐以之显，故"微者显之"。以乾照坤，故"谓从复至乾，是察来也"。《仓颉篇》曰"阐，开也。幽，隐也"。幽者，阐之反，《吕氏春秋》曰"隐则胜阐"是也。乾终上九，动而人坤，故"阐者幽之"。"幽"，谓坤也。坤消乾自垢始，故"谓从媾之坤，是章往也"。"阳息出初"，谓乾元也。乾元出于坤初，"坤其动也辟"，故为开。名，即前"称名"，谓六十四卦之名也。乾动坤辟，六十四卦由此生，故"当名"也。

辩物，正言，断辞，则备矣。

干宝曰："辩物"，辩物类也。"正言"，言正义也。"断辞"，断吉凶也。如此，则备于经矣。

疏 辩，别也。"乾，阳物也。坤，阴物也"，各有其类。乾元出坤，阴阳以别。乾出坤，初为复，"复小而辩于物"，故曰"辩物"也。震为言，阳出初为"正言"。言必有义，故

"正义也"。辞有吉凶，故"断辞"为"断吉凶"。《上传》曰"系辞焉，所以告也。定之以吉凶，所以断也"，如此者，皆备于经矣。

其称名也小。

虞翻曰：谓乾坤与六子，俱名八卦而小成，故小。"复小而辩于物"者矣。

疏 乾坤，为易之门，而乾元尤尊，乃称名则与六子并列，为八卦而小成，故曰"小"。阳出坤初为复，复阳小而辩于物。阳物阴物，别自乾元，而六十四卦称名由复始，故曰"其称名也小"。

其取类也大。

虞翻曰：谓乾阳也。为天为父，"触类而长之"，故大也。

疏 阳称大，故"谓乾阳也"。"触类而长之"，成六十四卦，皆乾元所为。"为天为父"，言其大生，故"触类而长之"为大。非以《说卦》所属，为取类也。

其旨远，其辞文。

虞翻曰："远"谓乾，文谓神也。

疏 《左传》曰"天道远"，故"远谓乾"。《说卦》曰"坤为文"，故"文谓坤"。盖乾元知来，故"旨远"。坤知章往，故"辞文"。

其言曲而中，其事肆而隐。

虞翻曰：曲，诎。肆，直也。阳曲初，震为言，故"其言曲而中"。坤为事，隐未见，故"肆而隐"也。

疏 《说文》："诎，诘诎也。一曰屈襞。"又曰"屈，曲也"，故云"曲，诎"。《乐记》曰"肆直而慈爱"，故云"肆，直也"。阳曲于初为震，震声为言，故称"言"。《月令》"律中太簇"，郑注"中犹应也"。震巽同声相应，诎于内而应于外，故曰"其言曲而中"也。坤"发于事业"为事。巽初，坤也。"巽称而隐"，故"隐未见"。发于外而隐于内，故曰"其事肆而隐"也。称名小谓"当名"，取类大谓"辩物"，旨远辞文谓"断辞"，言曲事肆谓"正言"。皆阳道开，坤出乾，"通神明之德"也。

因贰以济民行，以明失得之报。

虞翻曰："二"谓乾与坤也。坤为民，乾为行。行得则乾报以吉，行失则坤报以凶也。

疏　郑氏云"贰当为式"。"式"为古文"二"。一生二，故"二谓乾与坤也"。坤众为民。天行健，故为行，失谓坤，得谓乾；乾阳吉，坤阴凶，故"行得则乾报以吉，行失则坤报以凶也"。

系辞下第七

【原典】

《易》之兴也，其于中古乎？作《易》者，其有忧患乎？是故《履》，德之基也。《谦》，德之柄也。《复》，德之本也。《恒》，德之固也。《损》，德之修也。《益》，德之裕也。《困》，德之辩也。《井》，德之地也①。《巽》，德之制也。《履》，和而至。《谦》，尊而光②。《复》，小而辩于物。《恒》，杂而不厌③。《损》，先难而后易。《益》，长裕而不设④。《困》，穷而通。《井》，居其所而迁⑤。《巽》，称而隐。《履》以和行。《谦》以制礼。《复》以自知。《恒》以一德。《损》以远害。《益》以兴利。《困》以寡怨。《井》以辨义。《巽》以行权。

【精注】

①地：高亨说："地，疑当作施。形似而误。"②尊：王引之说："尊读为撙，自贬损也。"③杂：王引之说："杂，当读为帀。帀，周也。一终之谓也。《恒》之为道，终始相巡，而无已时，故曰：'帀而不厌。'"④设：高亨说："设字殊不易解，疑当读为鸷，困顿也。"⑤居其所而迁：水井不移永处其所，但井水以汲取而传播，喻人居于合适的地位，施德于人。

【今译】

《易经》的产生，大概在中古时期吧？创作《易经》的人，也许有忧患吧？所以《履卦》是道德的基础。《谦卦》是道德的枢纽。《复卦》是道德的根本。《恒卦》有利于道德的稳固。《损卦》有利于道德的修养。《益卦》有利于道德的充实。《困卦》有利于道德的辨明。《井卦》有利于道德的传播。《巽卦》有利于道德的制约。《履卦》，用礼来调和关系接人待物。《谦卦》，自谦自贬反而带来光荣。《复卦》，谨于细小之事则可以辨明大是大非。《恒卦》，始终如一而不怠倦。《损卦》，道德修养初期是困苦的，既自己惯则成自然。《益卦》，增益德行，就可以长久宽裕而不困难。《困卦》，处境艰难而志向坚定。终究会实现愿望。《井卦》，在合适的地位而且能施德于人。《巽卦》，处事恰当用心谦让。用《履卦》的原则来制约行动。用《谦卦》的姿态来折中礼节。用《复卦》的道理来回顾反省。用《恒卦》的精神来使道德专一。用《损卦》的方式来避开灾祸。用《益卦》的方法来收取善果。用《困卦》的思想来减少怨恨。用《井卦》的义理来明辨是非。用《巽卦》的智慧来实行权衡。

【集解】

《易》之兴也，其于中古乎？

虞翻曰：兴《易》者，谓庖牺也。文王书《经》，系庖牺于乾五。乾为古，五在乾中，故"兴于中古"。《系》以黄帝、尧、舜，易后世圣人，庖牺为中古，则庖牺以前为上古。

疏 画卦始于庖牺，故"兴《易》者，谓庖牺也"。乾五动成离，庖牺木德王，"帝出乎震"，震东方木，木生火，故"文王书《经》，系庖牺于乾五"。乾为天，故为古。详前"上古"虞注。五居上乾之中，故"兴于中古"。《上传》以黄帝尧舜，为后世圣人，其为下古可知矣。今以庖牺为中古，则庖牺以前为上古可知矣。

作《易》者，其有忧患乎？

虞翻曰：谓忧患百姓，未知兴利远害，不行礼义，茹毛饮血，衣食不足。庖牺则天八卦，通为六十四，以德化之。"吉凶与民同患"，故"有忧患"。

疏 忧患，谓"忧患百姓"也。不知取诸噬嗑，取涣取随是"未知兴利"也。不知取豫取睽，是未知"远害"也。不知官室、棺椁、书契，是"不行礼义"也。不知取离取益，取小过、乾、坤，是"茹毛饮血，衣食不足"也。庖牺则天，画为八卦。引伸触类，为六十四卦。通变宜民，"以德化之"。观十二"盖取"，皆"吉凶与民同患"之意，故曰"作《易》者，其有忧患乎"。

案：《汉书·艺文志》曰"易道深矣。人更三圣，世历三古"，孟康云"伏羲，为上古，文王，为中古，孔子，为下古"。《下传》云"《易》之兴也，其当殷之末世，周之盛德邪。当文王与纣之事邪"。《明夷·彖传》曰"内文明而外柔顺，以蒙大难，文王以之"。《传》谓"作《易》者，其有忧患乎"，正谓文王。庖牺之世，时朴风漓，安有忧患。马氏、荀氏、郑氏，皆以文王为中古，与虞异说，义亦可从。

是故履，德之基也。

虞翻曰：乾为德。履与谦旁通，坤柔履刚，故"德之基"。坤为基。

侯果曰：履礼蹈礼不倦，德之基也。自下九卦，是复道之最，故待言矣。

疏 虞注：乾阳为德，六十四卦皆乾元，故言德。此九卦之德，皆指阳爻也。履与谦通，谦外坤柔，履外乾刚，以刚履柔，故曰"德之基"。坤土，故为基也。

侯注：《仲尼燕居》"言而履之，礼也"，故"履礼"谓"蹈礼不倦"也。《左传·成公十三年》："礼，人之干也。敬，身之基也。邻子无基。"言邻犆不敬，故无基。明履为"德之基也"。

谦，德之柄也。

虞翻曰：坤为柄。柄，本也。凡言"德"，皆阳爻也。

干宝曰：柄所以持物，谦所以持礼者也。

疏 虞注："坤为柄"，《说卦》文。万物本乎地，故云"柄，本也"。"凡言德皆阳爻"，谓九三也。乾上九反三，阳德皆本乎此，故谦为"德之柄也"。

干注：《祭统》："尸酢夫人，执柄。"故"柄所以持物"。《史记·乐书》："君子以谦退为礼。"故"谦所以持礼者也"。

复，德之本也。

虞翻曰：复初，乾之元，故"德之本也"。

疏 阳动于初为复，故云"复初，乾之元"也。"其初难知，其上易知，本末也"，是初为本，故曰"德之本也"。

恒，德之固也。

虞翻曰："立不易方"，守德之坚固。

疏 恒自泰来，乾初之四，唯三爻得正不动，故"立不易方"。震世守为守，故云"守德"。"贞固足以干事"，故曰"德之固也"。

损，德之修也。

荀爽曰："征忿窒欲"，所以修德。

疏 《说文》："损，灭也。"《周礼·天官》："掌百官之誓戒，与其具修。"郑注"修，扫除粪洒"，是"修"主于灭损其恶。故云"征忿窒欲，所以修德"。盖忿欲皆足以累，德，故君子法乎损而征忿窒欲。唯损之又损，以至于无，则德成矣，故曰"德之修也"。

益，德之裕也。

荀爽曰："见善则迁，有过则改"，德之优裕也。

疏 《唐韵》："益，饶也。"《说文》："裕，衣物饶也。"是"裕"主乎增益其德。故"益动而巽，日进无疆，天施地生，其益无方"。《周语》曰"布施优裕"，故云"德之优裕"。《损·象》专言"征忿窒欲"，《益·象》先言"迁善"，后言"改过"。盖迁善则过自改。《孟子》曰"好善优于天下"，故曰"德之裕也"。

困，德之辩也。

郑玄曰：辩，别也。遭困之时，君子固穷，小人穷斯滥矣，德于是别也。

疏 《说文》："辩，判也。"又曰"判，分也"，又曰"别，分解也"。"辩，别也"，言分别也。否上之二成困，《困·象传》曰"困而不失其所亨，其唯君子乎"，谓九二也。九二中正，遭困之时，不失其所亨，"君子固穷"者也。若小人"旷穷斯滥矣"。君子小人之德，于是乎别，故引《论语》文以证之。

井，德之地也。

姚信曰："井养而不穷"，德居地也。

疏 "井养而不穷"，《井·象传》文。《下传》曰"井居其所而"，韩云"所居不移而能迁其施，故井养而不穷也"。养而不穷，其德可居之地也。井自泰来，泰初之五，居中得正，取法乎井而制为田。"劳民劝相"，以阳助坤，坤为地，故曰"德之地也"。

巽，德之制也。

虞翻曰："巽风"为号令，所以制下，故曰"德之制也"。

孔颖达曰：此上九卦，各以德为用也。

疏 虞注：巽风有声，故"为号令"。号令即命令，上所以制下也。曲礼"士死制"，郑注"制谓君命"。巽五中正，"申命行事"，故曰"德之制也"。孔注：以上九卦，皆取用于"阳爻"。乾阳为德，故"各以德为用也"。

履和而至。

虞翻曰：谦与履通，谦坤柔和，故"履和而至"。"礼之用，和为贵"者也。

疏 履旁通谦，谦坤为柔，又为和顺。履刚而行，故至。"至哉坤元"，故"履和而至"也。"礼之用，和为贵"，《论语》文。

谦尊而光。

荀爽曰："自上下下，其道大光"也。

疏 《谦·象传》曰"天道下济而光明"，谦三自乾来，故荀彼注云"乾来之坤，故下济。阴去为离，阳来成坎，日月之象，故光明"。盖天在上，故尊。"下济"成坎离，日月象，故"光明"。《益·象传》曰"自上下下，其道大光"，义与此合，故备引以证之也。

复小而辩于物。

虞翻曰：阳始见，故小。乾阳物，坤阴物。以乾居坤，故称别物。

疏　一阳始见于复初，故曰小。乾为阳物，坤为阴物。辩，别也。以阳居阴，故云"别物"。乾阳物在初为善，辩之早也。坤阴物在初为不善，由"辩之不早辩也"。"有不善，未尝不知"，辩之早，故"辩于物"也。

恒杂而不厌。

荀爽曰：夫妇虽错居，不厌之道也。

疏　"震"为长男，"巽"为长女，故称夫妇。恒自泰来，泰初四易位而成二长。虞下注云"阴阳错居称杂"是也。乾坤交，故杂。"终则有始"，"恒久而不已"，故"不厌之道也"。

损先难而后易。

虞翻曰：损初之上，失正，故"先难"。终反成益，得位于初，故"后易"。"易其心而后语"。

疏　损自泰来，泰初之上，以阳居阴为"失正"，故曰"先难"。损极则终反于下以成益，益初得正，故"后易"。"易其心而后语"。《下传》文。虞彼注云"乾为易，益初体复心，震为后语"。盖据益以释彼，故引之以证"后易"也。

益长裕而不设。

虞翻曰：谓"天施地生，其益无方，凡益之道，与时偕行"，故"不设"也。

疏　益者，德之裕，益外体巽为长，故曰"长裕"。《说文》："设，施陈也。"自然饶裕，不待设施。《象传》曰"天施地生，其益无方，凡益之道，与时偕行"，即"不设"之义也。

困穷而通。

虞翻曰：阳穷否上，变之坤二成坎，坎为通，故"困穷而通"也。

疏 否二之上成困，否时阳穷于上，故"变之坤二成坎"。"坎为通"，《说卦》文。《经》曰"困亨"，通也。虞彼注云"否二之上，乾坤交，故通"。《象传》曰"困而不失其所亨"，故"困穷而通"也。

愚案：否穷于上而通于二为困，犹泰居于初而迁于五为井也。

井居其所而迁。

韩康伯曰："改邑不改井"，井所居不移，而能迁其施也。

疏 泰初之五为井，五折坤为"改邑"，初"旧井"为"不改井"。迁，改也。旧井在初不改，为"所居不移"。在初为"井泥不食"，改之五为寒泉之食，是"能迁其施也"。故"居其所而迁"也。

巽称而隐。

崔憬曰：言巽"申命行事"，是称扬也。阴助德化，是微隐也。自此以下，明九卦德之体者也。

疏 即王氏所谓"称扬命令，而百姓不知其由也"。有此九卦德之体，然后有前九卦德之用，故云"明九卦德之体"也。

愚案："称"从禾，《说文》："禾，木也。木王而生。从木，从丞。"巽为木，故言"称"。《说文》"称，铨也"。春分而禾生。夏至晷景可度，禾有杪。秋分而杪定。巽在卦气为八月卦，秋分而杪定，可称度也，故巽言"称"。《虞》注"齐乎巽"云"巽阳隐初"。盖乾伏巽初，龙德而隐，故为隐也。又震隐巽初，"其究为躁卦"是也。震春分卦，禾始生于震，故"称而隐"也。

履以和行。

虞翻曰："礼之用，和为贵"，谦震为行，故"以和行”也。

疏　“礼之用，和为贵”，《论语》文。“履者，礼也”。礼胜则离，故贵于和。履与谦通，谦坤为和，震为行，故“以和行也”。

谦以制礼。

虞翻曰：阴称礼。谦三以一阳制五阴，万民服，故“以制礼”也。

疏　坤阴称德。《乐记》曰“大礼必简”，又曰“礼以地制”，故“阴称礼”也。《虞书》曰“修五礼”，谦有五阴为五礼。三以一阳制五阴，即制五礼也。坤为万民，故三《象》曰“万民服也”。以阳制阴，故“以制礼也”。

复以自知。

虞翻曰：“有不善，未尝不知”，故“自知”也。

疏　复初有不善，未尝不知，故言知。盖乾以知来，坤为自。以乾通坤，故“自知也”。

恒以一德。

虞翻曰：“恒德之固”，“立不易方”，“从一而终”，故“一德”者也。

疏　从一故，固，从一故，不易。“从一而终”，故曰“一德”。

愚案：恒自泰来，泰乾为德，五为卦主，五爻辞曰“恒其德”。象曰“从一而终”，虞彼注云“一谓初。终变成益，以巽应初震，故从一而终”。恒德从一，故曰“恒以一德”。

损以远害。

虞翻曰：坤为害。泰以初止坤上，故“远害”。乾为远。

疏　损自泰来，泰坤阴为害。泰初之坤上成艮，艮为止，故云“以初止坤上”。以乾止坤，乾为远，故“远害”也。

益以兴利。

荀爽曰：“天施地生，其益无方”，故“兴利”也。

疏　益自否来，乾下之坤为“天施”，之坤成震为“地生"。"日进无疆",故"其益无方"。

愚案:《释言》:"兴,起也。"内体"震,起也",故曰兴。外体"巽,为近利市三倍",故以"兴利"。

困以寡怨。

虞翻曰:坤为怨。否弑父与君,乾来上折坤二,故"寡怨"。坎水性通,故,不怨也。

疏 坤阴为怨。困自否来,否三弑父与君,否乾下折坤二,则不弑逆,怨黩不作,故"寡怨"。二体坎,坎水性通,"困穷而通",故不怨也。

愚案:《困·象传》曰"险以说",五《象》曰"乃徐有说"。二坎为险不正,故困二变应五,五兑为说,说则不怨,故"困以寡怨"。

井以辨义。

虞翻曰:坤为义。以乾别坤,故"辨义"也。

疏 坤为义门,故为义。泰初之五成井,以乾初别神五,故曰"辨义也"。

巽以行权。

《九家易》曰:巽象号令,又为近利。人君政教,进退择利,而为权也。《春秋传》曰"权者,反于经,然后有善者也"。此所以说九卦者,圣人履忧,济民之所急行也。故先陈其德,中言其性,后叙其用,以详之也。西伯"劳谦",殷纣骄暴。臣子之礼有常,故创《易》道,以辅济君父者也。然其意义,广远幽微。孔子指撮解此九卦之德,合三复之道。明西伯之于纣,不失上下。

疏 巽风有声,故"象号令"。近利市三倍,故"又为近利"。人君德教,即"象号令"者也。巽为进退,故言"进退择利,而为权也"。"权者,反于经,然后有善者也",《公羊传·桓公十一年》文。王注"权反经而合道"。盖巽阳隐初,震巽特变,巽其究成震,以消为息,故曰"巽以行权"。此以下,释所以说"九卦"之义也。始于"履以和行",终于"巽以行权"。上云"作《易》者,其有忧患乎",又曰"因贰以济民行",故云"圣人履忧，济民之所急行也"。先言九卦，陈其德也。中言九卦，言其性也。后言九卦，叙其用也。次言谦为德柄，骄与谦反，故言西伯"劳谦"，以事殷纣骄暴之主。寻九卦所自来，皆不外乾坤。乾为君为父，则坤有臣道子道。"谦以制礼"，故言"臣子之礼有常，创《易》道，以辅济君父者也"。叙其用，故"广远"。陈其德，言其性，故"幽微"。孔子指撮九卦解之，始陈德，中言性，终叙用，合三复之道。首言上天下泽为履，故明西伯之于纣，不失上下之常也。

　　愚案：《玉篇》："权，称锤也。"前言"巽称而隐"，此云"巽以行权"，皆取于巽木为禾，禾杪起分之义。《说文》"称"字云"律数十二杪当一分，十分为寸。其重以十二粟为一分，十二分为铢。故诸程品皆从禾"。是"称"之有权，皆取于巽木为禾之义。又巽为进退，《孟子》曰"权，然后知轻重"。盖一进一退，则轻重可知。反震为行，放曰"巽以行权"。

系辞下第八

【原典】

　　《易》之为书也，不可远，为道也屡迁，变动不居，周流六虚，上下无常，刚柔相易，不可为典要，唯变所适。①

　　其出入以度，外内使知惧。②又明于忧患与故，无有师保，如临父母。③

　　初帅其辞，而揆其方，既有典常。④苟非其人，道不虚行。⑤

【精注】

　　①远：远离。迁：变迁，变化。周流：普遍流动。六虚：指六爻。一卦六位，虽有阴阳之分，但无标记，所以称六虚。为：当成。典要：常法。②出入：即下文的"外内"，二者互文。度：法度。③师保：古代负责教育贵族子弟的师长。④率：循。辞：卦辞爻辞。揆：揣度。方：方向。典常：规律。⑤其人：指贤人，即深明《易经》之道之人。道：指《易经》的道。虚行：凭空推行或流行。

【今译】

《易》这部书，一时一刻也不能远离，它所体现的规律，在于屡经推移，而变动不止，这种变动遍及卦体周身，畅流于六爻之间，上下往来没有定则，刚柔变化相互更易，不可从中求取常法加以遵循，只有变化是其未来走向。

《易》书之道教人当出入行藏之际遵守出入的法度而无所逾越，使人处于内外隐现之时知晓内外之得失而有所戒惧。又可教人深明忧患产生的缘由，使人即使没有师长的教诲，也如同在父母身边而能受到保护。

这样，行事之初遵循《易》书卦辞爻辞的命意，揣度行动的方向，就把握住做事的规律。假若不是深明阴阳变化规律的贤人，《易》书之道对他来说也仅仅是一派空言而已。

【集解】

《易》之为书也，不可远。

侯果曰：居则观象，动则玩占，故"不可远"也。

疏 "书"谓文王所书"六爻"之辞。"远"，马、王肃、韩谓远之也。如《论语》"敬鬼神而远之"之"远"也。君子居则观其象而玩其辞，动则观其变而玩其占，故"不可远也"。

为道也，屡迁。

虞翻曰：迁，徙也。日月周流，上下无常，故"屡迁"也。

疏 "迁，徙"，《释诂》文。"日月"谓坎离，为乾坤二用。日月周流六位，如出震、见兑、盈乾、退巽、消艮、灭坤之类，故"屡迁也"。

变动不居，周流六虚。

虞翻曰：变，易。动，行。六虚，六位也。日月周流，"终则复始"，故"周流六虚"。谓甲子之旬辰巳虚。坎戊为月，离己为日，入在中宫，其处空虚，故称"六虚"。五甲如次者也。

疏 《夏官·司爟》："四时变国火。"郑注"变，犹易也"。震，动也。震为足；为行，故云"动，行"。六虚，谓六爻之位也。《参同契》曰"日合五行精，月受六律纪，五六三十度，度竟复更始"，故云"日月周流，终则复始"。"六位"谓之"六虚"者，六甲孤虚法也。天有六甲，地有五子。日辰不全，故有孤虚。裴骃云"甲子旬中无戌亥，戌亥为孤，辰巳为虚。坎纳戊，离纳己。《参同契》曰"天地设位，而易行乎其中矣。易谓坎离。坎离者，乾坤二用。二用无爻位，周流行六虚，往来既不定，上下亦五常。幽潜沦匿，变化于中，包囊万物，为道纪纲。以无制有，器用者空，故推消息，坎离灭亡"。又云"坎戊月精，离己日光。日月为易，刚柔相当。土王四季，罗络始终，青赤黑白，各居一方，皆禀中官，戊己之功"。故云"人在中官，其处空虚"。故称六虚也。"五甲如次"者，谓甲戌旬中无甲酉，申酉为孤，寅卯为虚。甲申旬中无午未，午未为孤，子丑为虚。甲午旬中无辰巳，辰巳为孤，戌亥为虚。甲辰旬中无寅卯，寅卯为孤，申酉为虚。甲寅旬中无子丑，子丑为孤，午未为虚。故云"五甲如次者也"。

上下无常，刚柔相易。

虞翻曰："刚柔者，昼夜之象也"。在天称"上"，入地为"下"，故"上下无常"也。

疏 日月出入，以成昼夜，故曰"刚柔者，昼夜之象也"。"在天称上，在地称下"，指日月也。谓易爻相易位，法日月之昼夜。乾三，画法天，坤三，书法地。六爻之变，刚动柔应，柔动刚应，常二五、初四、三上上下相易。如日月之昼夜互在天，故曰"上下无常，刚柔相易"也。

不可为典要，唯变所适。

虞翻曰：典要，道也。上下无常，故"不可为典要"。适乾为昼，适坤为夜。

侯果曰：谓六爻刚柔相易，远近恒唯变所适，非有典要。

疏 虞注：《释言》："典，经也。"《舜典》："慎徽五典。"孔传"五典，五常之教"，即《下传》"既有典常"是也。《孝经》曰"先王有至德要道"，故云"典要，道也"。六爻之变，"上下无常"，故不可以常道拘也。郑注《大学》云"之，适也"。是"适"谓之卦也。如乾五变之大有，故云"唯变所适"。刚柔者，昼夜之道。故云"适乾为画，适坤为夜"。柔变刚，适乾也。刚变柔，适坤也。

侯注：《下传》云"远近相取"，崔彼注云"远谓应与不应，近谓比与不比。或取远应而舍近比，或取近比而舍远应"。故谓六爻之动，刚柔相易，或远应，或近比，唯变爻所适，不可执以常法也。

其出入以度，外内使知惧。

虞翻曰：出乾为外，人坤为内。日行一度，故"出入以度"。出阳知生，人阴惧死，"使知惧"也。

韩康伯曰：明出入之度，使物知外内之戒也。"出入"犹行藏，"外内"犹隐显。遯以远时为吉，丰以幽隐致凶，渐以高显为美，明夷以处昧利贞，此外内之戒也。

疏 虞注：月三日出震为"出乾"，十六日退巽为"入坤"。出震明在外，是"出乾为外"也。人巽明在内，是"人坤为内"也。六十卦三百六十爻，爻当一日，法日月之行度，故"出入以度"。爻变虽无典要，常依日月消息，出入阴阳，而死生分焉。"出阳"谓出震，出震为生明，故"出阳知生"明。"人阴"为人巽，至坤为死魄，故"入阴惧死"。出外知生，人内惧死，庶"知进退存亡，而不失其正"也。

韩注：此以行藏隐显，明出入外内之义。言行藏，务有常度，不可不明其度而知外内之戒也。如遯时"与时行也"，则当人在内，故"以远时为吉"。如丰时"宜照天下也"，则当出在外，故"以幽隐致凶"。如渐时"往有功也"，则当出在外，故"以高显为美"。如明夷时"晦其明也"。则当人在内，故"以处昧利贞"。是出入有度。而或外或内，当使知而惧之，乃不失其常也。

又明于忧患与故。

虞翻曰："神以知来"，故"明忧患"。"知以藏往"，故知事故。"作《易》者，其有忧患乎"。

疏 "神以知来"，乾也。忧患，未来者也。乾神，故

"明忧患"。"知以藏往",坤也。事故,已往者也。坤知,故明事故。作《易》者有忧患,故又明于忧患与故"。

无有师保,如临父母。

虞翻曰:临,见也。言阴阳施行,以生万物。无有师保,生成之者。万物出生,皆如父母。孔子曰"父母之道天地"。乾为父,坤为母。

干宝曰:言《易》道以戒惧为本,所谓"惧以终始",归无咎也。外为丈夫之从王事,则"夕惕若厉"。内为妇人之居室,则"无攸遂"也。虽五师保切磋之训,其心敬戒,常如父母之临己者也。

疏 虞注:《释诂》"临,视也"。《说文》"见,视也"。故云"临,见也"。易道变化,则阴阳施行,以生万物,尽有乾坤之德。师保,亦乾坤也。乾严,为师,坤安,为保。谓六十四卦,无乾坤之生成。万物资之,皆如乾父坤母。孔子曰"父母之道天地",即《泰誓》所谓"惟天地万物父母"是也。乾为父,坤为母,故曰"如临父母"。

干注:《中庸》曰"戒慎乎其所不睹,恐惧乎其所不闻"。乾初忧违,坤初早辨,故"言《易》道以戒惧为本"。《下传》云"惧以终始,其要无咎",虞彼注云"乾道终日乾乾,故无咎"。所谓"惧以终始,归无咎也"。在外则为丈夫之从王事,如乾之九三"夕惕若厉"是也。在内为妇人之居室,如家人之六二"无攸遂"是也。虽无师保之训,而心常戒惧。如父母之临己,所以终无咎也。

初帅其辞,而揆其方。

虞翻曰:初,始,下也。帅,正也。谓修辞立诚。方,调坤也。以乾通坤,故"初帅其辞,而揆其方"。

侯果曰:率,修。方,道也。言修易初首之辞,而度其终末之道。尽有典常,非虚设也。

疏 虞注:阳始于初九,故云"初,始"。《易》气自下生,初阳在下,故云"下也"。《论语》曰"子帅以正",放云"帅,正也"。"帅其辞",谓"修辞立诚"也。坤六二曰"直、方、大"，故"方，谓坤也"。"以乾通坤"，初变为震，震为辞。乾元正于复初，是"初帅其辞"也。揆，度也。复体本坤，乾元正之，故"揆其方"也。

侯注：乾曰"修辞立其诚"，故训"帅"为"修"。郑注《周礼》："帅，循也。""修"、"循"隶相近，疑"修"当作"循"也。方，道也。从马训也。言帅循其初首之辞，而揆度其终末之道。则知《易》尽有典常，辞非虚设也。

既有典常，苟非其人，道不虚行。

虞翻曰：其出入以度，故有典常。苟，诚也。其人，谓乾为贤人。"神而明之，存乎其人"，不言而信，谓之德行，故"不虚行"也。

崔憬曰：言《易》道深远，若非圣人，则不能明其道。故知易道不虚而自行，必文王然后能弘也。

疏 虞注：乾元正初，通坤为复，则阴阳消息，出入各以常度。既，尽也。故尽有典常也。郭璞《三仓解诂》曰"苟，诚也"。"其人谓乾为贤人"者，乾初为贤人也。乾为神、为大明，故"神而明之，存乎其人"。乾为德、为行，震为言行。阳潜不动，故"不言而信，存乎德行"。《中庸》曰"待其人而后行"，故"不虚行也"。

崔注：《易》道深远，非圣人不能明，即非圣人不能行。《论语》曰"人能弘道，非道弘人"。故必文王，然后能弘也。

系辞下第九

【原典】

《易》之为书也，原始要终以为质也①。六爻相杂，唯其时物也。其初难知，其上易知，本末也，初辞拟之，卒成之终。若夫杂物撰德，辨是与非，则非其中爻不备②。噫！亦要存亡吉凶，则居可知矣。知者观其象辞，则思过半矣。二与四同功而异位，其善不同：二多誉，四多惧，近也③。柔之为道，不利远者；其要无咎，其用柔中也。三与五同功而异位：三多凶，五多功，贵贱之等也④。其柔危，其刚胜邪⑤？

【精注】

①质：体也，指卦体大义。②杂物，即刚柔物象错杂；撰德，指撰述阴阳德性；辩，通"辨"；中爻，指卦中二至五爻。③二多誉，四多惧，近也：近，指第四爻接近五爻"君位"。此言二处下持中，故"多誉"，四居上近君，故"多惧"。④三多凶，五多功，贵贱之等也：等，等级差别，指五贵三贱。此言三处"贱"位，又居下卦之极，故"多凶"；五处尊位，又居上卦之中，故"多功"。⑤其柔危，其刚胜邪：胜，胜任。这是并举三、五爻位为说，谓阴柔居此阳位则有危患，阳刚居之则可胜任。

【今译】

《易》这部书，以推原事物的初始而归纳事物的结局形成卦体大义。各卦六爻相互错杂，在于反映特定的时宜和阴阳物象。六爻之中初爻的意义较难理解，上爻的意义容易明白，因为前者是本始而后者是末端；初爻的爻辞拟议事物产生的苗头，到了上爻事物发展完结而卦义最终形成。至于错杂各种物象而撰述阴阳德性，辨识事物发展过程的是非，要是撇开中间四爻那就无法全面领会。是啊！明白了中间四爻的意义也就大体把握了存亡吉凶的规律，即使平居无为也能知晓事理。明智的人只要观察分析卦辞，就可以把全卦大义多半领悟了。第二爻和第四爻同具阴柔的功能而分居上下卦不同之位，两者象征的善恶得失也不相同：第二爻处下卦的中位于是多获美誉；第四爻处上卦的下位于是多含戒惧，因为逼近第五爻君主之位。阴柔的道理，对有远大抱负的不利；其要旨在于追求没有祸害，其效用在于柔和守中。第三爻和第五爻同具阳刚的功能而分居上下卦不同之位；第三爻处下卦的极位于是多有凶险，第五爻处上卦的尊位而居中于是多见功勋，这是尊卑贵贱的等差所引起的。大略言之柔爻处三与五位就有危患，大概刚爻处之就能胜任吧？

【集解】

易之为书也。

干宝曰：重发"易"者，别殊旨也。

疏 重发"易之为书"，与前殊旨也。此下皆言六爻之辞。

原始要终，以为质也。

虞翻曰：质，本也。以乾"原始"，以坤要终。谓"原始及终，以知死生之说"。

崔憬曰：质，体也。言《易》之书，原穷其事之初，若初九"潜龙勿用"，是"原始"也。又要会其事之末，若上九"亢龙有悔"，是"要终"也。《易》原始潜龙之勿用，要终亢龙之有悔，复相明以为体也。诸卦亦然，若"大畜而后通"之类是也。

疏 虞注：《乐记》："礼之质也。"郑注"质，犹本也"。乾元"万物资始"，故"以乾原始"。坤用六"以大终"，故"以坤要终"。乾为生，坤为死，故"原始及终，以知死生之说"。引《上传》文，以证其义也。"为质也"者，谓出入知惧也。

崔注：孔疏义与此同。《正义》云"质，体也"。言《易》之为书，原穷其事之初始，乾初九"潜龙勿用"，是"原始"也。又要会其事之末终，若上九"亢龙有悔"，是"要终"也。言《易》以原始要终，以为体质也。此"潜龙""亢龙"，是一卦之始终也。诸卦亦然。若大畜初畜而后通，皆是也。亦有一爻之中原始要终也。故坤卦之初六"履霜坚冰至"，履霜，是原始也。坚冰至，是要终也。

愚案："帝出乎震"，原始也。"成言乎艮"，要终也。《诗》毛传云"质，成也"。谓艮成终而成始也。故曰"原始要终，以为质也"。

六爻相杂，唯其时物也。

虞翻曰：阴阳错居，称杂。时阳则阳，时阴则阴，故"唯其时物"。乾阳物，坤阴物。

干宝曰：一卦六爻，则皆杂有八卦之气。若初九为震爻，九二为坎爻也。或若见辰戌言艮，巳亥言兑也。或若以甲壬名乾，以乙癸名坤也。或若以午位名离，以子位名坎。或若德来为好物，刑来为恶物。王相为兴，体废为衰。

疏　虞注：六爻有阴有阳，故云"阴阳错居称杂"。"刚柔者，昼夜之象也"，故"时阳则阳，时阴则阴"。"乾，阳物也。坤，阴物也"。阴阳错杂，有时有物，故曰"唯其时物也"。

干注：一卦六爻，而八卦之气相杂。若乾初九之坤为震爻，九二之坤为坎爻之类也。或若艮宫内丙辰，外丙戌，故"见辰戌言艮"。兑宫内丁巳，外丁亥，故"巳亥言兑也"。或若乾纳甲壬，故"以甲壬名乾"。坤纳乙癸，故"以乙癸名坤也"。或若离南方之卦，午位南，故"以午位名离"。坎正北方之卦，子位北，故"以子位名坎"。或若受生为德、为好，故"德来为好物"。克害为刑、为恶，故"刑来为恶物"。八卦分属五行，有兴有衰，故"王相为兴，休废为衰"。

其初难知，其上易知，本末也。

侯果曰："本末"，初上也。初则事微，故"难知"。上则事彰，故"易知"。

疏　《大过·象传》曰"本末弱也"，向秀彼注云"由于初上两爻阴也"，故"本末"谓"初上也"。"几者，动之微"，几谓初。初则事微，故"难知"。"爻象动于内，吉凶见于外"，外谓"上"。上则事彰，故"易知"也。

初辞拟之，卒成之终。

干宝曰：初拟议之，故难知。卒终成之故易知。本末势然也。

侯果曰：失在初微，犹可拟议而之福。过在卒成事之终极，非拟议所及，故曰"卒成之终"。假如乾之九三，噬嗑初九，犹可拟议而之善至。上九则凶灾不移，是事之"卒成之终"，极凶不变也。

疏　干注：初辞拟议未定，故难知。上为卦终，事皆成著，故易知。承上本末言之，其势然也。

侯注：失在初微，犹可拟议，变而之福。如"不远复，无祗悔"是也。若过在卒成事已终极，则非拟议所及，所谓"成事不说"，故曰"卒成之终"。如下所引乾与噬嗑是也。乾之九三，噬嗑初九，皆言无咎。"无咎者，善补过者也"，故犹可拟议，而之善。乾至上九，则"亢龙有悔，穷之灾也"。噬嗑至上九，则"何校灭耳，凶"。故曰"凶灾不移，是事之卒成之终，极凶不变也"。

愚案：《上传》曰"拟之而后言"，虞彼注云"以阳拟坤而成震，震为言，故拟之而后言"。盖震阳动于初拟之后言，故曰"初辞拟之"。《说卦》曰"艮，东北之卦也。万物之所成终而成始也，故曰成言乎艮"。虞彼注云"万物成始乾甲，成终坤癸。艮东北是甲癸之间，故万物之所成终而成始也"。盖艮阳终于上，万物成终，故曰"卒成之终"。即前"原始要终以为质"也。

若夫杂物撰德，辨是与非，则非其中爻不备。

虞翻曰：撰德谓乾。辨，别也。是谓阳，非谓阴也。中，正。乾六爻，二四上非正。坤六爻，初三五非正。故杂物"因而重之，爻在其中"。故非其中，则爻辞不备。"道有变动，故曰爻"也。

崔憬曰：上既具论初上二爻，次又以明其四爻也。言中四爻杂合所主之事，撰集所陈之德，能辨其是非，备在卦中四爻也。

疏 虞注："撰德谓乾"者，撰，数也。乾为德。数乾之德也。辨，分别也。阳善阴恶，故"是谓阳，非谓阴也"。六爻不皆正，故中谓正也。乾六爻，二四上失位。坤六爻，初三五失位。皆不正。《乾凿度》曰"阴阳失位为不正"是也。阴阳错居，故曰"杂物"也。因而重之，为六十四卦。爻贵得中，故位"非其中，则爻辞不备"。谓有凶悔吝也。"道有变动故曰爻"，《下传》文。爻不中则有变动，谓六爻时物也。

崔注：此备论"六爻相杂，惟其时物"之义。上言本末，止论初上二爻。此明中四爻，所以备六爻也。盖中四爻杂合所主之事物，撰集所陈之德行，合初上二爻，以辨其是非，故非卦中四爻不备，若互卦约象是也。以互卦说《易》，始于左氏，其义最古。后儒欲矫而废之，遂并经文之言互象者，亦疑之。

此《传》明云“非其中爻不备”，孔子之言，确有明征。后儒之疑，不独背左氏，且畔孔子矣，不亦过乎。

噫！亦要存亡吉凶，则居可知矣。

虞翻曰：谓知存知亡，要终者也。居乾吉则存，居坤凶则亡，故曰“居可知矣”。

崔憬曰：噫，叹声也。言中四爻，亦能要定卦中存亡吉凶之事，居然可知矣。孔疏扶王弼义，以此“中爻”为二五之爻，居中无偏，能统一卦之义，事必不然矣。何则？上文云“六爻相杂，唯其时物”，言虽错杂而各独会于时，独主于物。岂可以二五之爻，而兼其杂物撰德、是非存亡吉凶之事乎？且二五之撰德与是，要存与吉则可矣。若主物与非，要亡与凶，则非其所象，故知其不可也。且上论初上二爻，则此“中”总言四爻矣。下论二、四、三、五，则是重述其功位者也。

疏 虞注：谓“知存知亡”为“要终”者，“原始要终”，则知存亡也。乾为吉，阳为存，故“居乾吉则存”。坤为凶，阴为亡，故“居坤凶则亡”。谓要卦之终，以知存亡。视爻所居，以知吉凶也。

崔注：《周颂》：“噫嘻成王。”毛传“噫，叹也”，故云“叹声”。中四爻得位与否，亦能要定存亡吉凶之事，故居然可知也。孔扶王义，以二居下中，五居上中，故云“居中无偏，能统一卦之义”。然上文云“六爻相杂，唯其时物”，则不能一爻独会于时，独主于物。岂可以二五两爻，兼杂物撰德、是非存亡吉凶之事乎？且二五得中得正，撰德与是，要存具吉，义犹可矣。即不得正，而犹得乎中，又何至有主物与非，要亡与凶乎？故非其所象，而知其不可也。且上论初上二爻，此论中四爻。下论二与四，三与五，则是承中爻之义，而重述其功位。以此证之，则中爻为中四爻，益无疑矣。

愚案《上传》曰“君子所居而安者，易之象也”。又曰“居则观其象而玩其辞”，盖吉凶存亡，存乎其辞。居而不动则玩辞，故“居可知矣”。下言观辞，即观象玩辞之事也。

智者观其象辞，则思过半矣。

韩康伯曰：夫《象》举立象之统，论中爻之义，约以存

中華藏書 第一部 周易原典 中国书店

博，简以兼众，杂物撰德，而一以贯之者也。形之所宗者道，众之所归者一。其事弥繁，则愈滞乎有。其理弥约，则转近乎道。《彖》之为义，存乎一也。一之为用，同乎道矣。形而上者，可以观道。过半之益，不亦宜乎。

疏　王韩之义，盖以中爻为二五得中。谓一爻可贯六爻，故云"一以贯之"也。意求玄渺，辞愈支离。虽经孔疏详释，然于观象过半之义，究属难通，今不取也。《上传》曰"《彖》者，言乎象者也"，又曰"君子居，则观其象而玩其辞"。《下传》曰"《彖》者，材也"，虞彼注云"《彖》说三才，则三分天象以为三才"。盖《彖辞》总论一卦六爻之义。未动为居，故居则观其全象而玩其《彖辞》。即其《彖辞》，可得全卦之义。如屯以初为侯，蒙以二为师，师以二为丈人，比以五为君，六爻之辞，皆因此而推广之。故"观其彖辞，则思过半矣"。

二与四同功。

韩康伯曰：同阴功也。

崔憬曰：此重释中四爻，功位所宜也。二主士、大夫位，佐于一国。四主三孤、三公、牧伯之位，佐于天子。皆同有助理之功也。

疏　韩注：二与四皆阴，故云"同阴功也"。五，阳也。二应五，四承五，同有助阳之功，故曰"同功"。

崔注：此承前"非其中爻不备"，故云"重释中四爻，功位所宜也"。爻位二为大夫位，三为诸侯位。二所以助三，举大夫而兼士，以助国君于三。四为诸公位，五为天子位。四所以助五，举三公而兼及三孤、牧伯，以佐天子于五。"同有助理之功"，故曰"同功"。

而异位。

韩康伯曰：有外内也。

崔憬曰：二士大夫位卑，四孤公牧伯位尊，故有异也。

疏　韩注：二在内体，四在外体，故云"有外内也"。

崔注：士大夫位卑，孤公牧伯位尊，故云"异位"也。

愚案：二至四为互象，故曰"同功"。不同内卦，故曰"异位"也。

其善不同。二多誉，四多惧，近也。

韩康伯曰：二处中和，故"多誉"也。四近于君，故"多惧"也。

疏 二处中和之位，上应乎五，故爻辞"多誉"。四近天子之位，又不得中，上逼于五，故爻辞"多惧"。

柔之为道，不利远者。

崔憬曰：此言二四皆阴位，阴之为道，近比承阳，故，不利远矣。

疏 意以二四皆阴，比阳为利，故"不利远者"。

愚案：二本阴位，在内为近，四在外体则远矣。四多惧，故"不利远者"。

其要无咎，其用柔中也。

崔憬曰：言二是阴，远阳虽则不利，其要或有无咎者。以二柔居中，异于四也。

疏 意谓二虽远阳，亦无不利。以柔中，异四也。

愚案：此承"二多誉"言也。二"要无咎"者，以六居二，得中得位，故曰"其用柔中"。若九在二而亦无咎者，以变阴得正而善用柔中也。

三与五同功，而异位。

崔憬曰："三诸侯"之位，"五天子"之位。同有理人之功，而君臣之位异者也。

疏韩注：三贱五贵，故有贵贱也。

崔注：爻位三为诸侯，五为天子。同有理人之功，故"同功"。五天子为君，三诸侯为臣。君臣之位异，故曰"异位"。

愚案：三至五为约象，故曰"同功"。不同外卦，故曰"异位"。

三多凶，五多功，贵贱之等也。

崔憬曰：三处下卦之极，居上卦之下。为一国之君，有威权之重。而上承天子，若无含章之美，则必致凶。五既居中不偏，贵乘天位，以道济物，广被寰中，故"多功"也。

　　疏　此言三为诸侯，居臣位以治乎国。上制天子之命，故"多凶"。五为天子，居天位以治天下。下得诸侯之助，故"多功"。

　　愚案：三失中，故爻辞"多凶"。五得中，故爻辞"多功"。"列贵贱者存乎位"，五为君位，三为臣位，故曰"贵贱之等也"。

　　其柔危，其刚胜邪。

　　侯果曰：三五阳位，阴柔处之，则多凶危。刚正居之，则胜其任。言"邪"者，不定之辞也。或有柔居而吉者，居其时也。刚居而凶者，失其应也。

　　疏　三五阳位，以阴柔处之为失正，故多凶危。以阳刚居之为得正，故胜其任。复言"邪"以示不定之辞者，或有柔居之而亦吉者，时当柔也。否则善变。得正也。或有刚居之而亦凶者，失正应也。否则私其所应。如《乾凿度》所云，其应实，面有之皆失义是也。

系辞下第十

【原典】

　　《易》之为书也，广大悉备，有天道焉，有人道焉，有地道焉。兼三才而两之①，故六②。六者非它也，三才之道也。

　　道有变动，故曰爻。爻有等③，故曰物。物相杂，故曰文。文不当，故吉凶生焉。

【精注】

　　①三才：天、地、人。两之：分别用两个爻表示天、地、人，上五两爻表示天、四三两爻表示人，二初两爻表示地。②六：指上五、四三、二初六个爻。③等：类，类别。

【今译】

　　《易》这部书，广阔和宏大都具备了，里面包括了天的道理，包括了人的道理，包括了地的道理，把天、地、人统摄起来各用两个爻表示，所以一共要六个爻。这六个爻不是别的，就是讲的天、地、人的道理。

道理有所变动，所以叫做爻。爻有类别，所以叫做物。物相错杂，所以叫做文。文不恰当，所以吉凶就产生了。

【集解】

易之为书，广大悉备。

荀爽曰：以阴易阳谓之广，以阳易阴谓之大"易与天地准"，固"悉备"也。

疏 易，交易也。坤广生，故"以阴易阳谓之广"。乾大生，故"以阳易阴谓之大"。"易与天地准"，上传，文。虞彼注云"准，同也"。《上传》又曰"夫易广矣大矣，以言乎天地之间则备矣"。故"悉备也"。

有天道焉，有人道焉，有地道焉。

崔憬曰：言易之为书明三才。广无不被，大无不包。悉备有万物之象者也。

疏 《说卦》曰"立天之道曰阴与阳，立地之道曰柔与刚，立人之道曰仁与义"。故"言易之为书明三才"也。广，故无不被。大，故无不包。悉备，故，有万物之象也。

兼三才而两之，故六。六者非它也，三才之道也。

崔憬曰：言重卦六爻，亦兼天、地、人道。两爻为一才，六爻为三才，则是"兼三才而两之，故六"。六者，即三才之道也。

疏 三画备三才之道，重卦六爻亦兼天地人之道。初二为地道，三四为人道，五上为天道，故云"两爻为一才，六爻为三才"。《说卦》曰："兼三才而两之，故《易》六画而成卦"。虞彼注云"谓参天两地，乾坤各三，而成六画之卦数也"。盖，庖牺分天象为三才，以地两之。所谓"因而重之，爻在其中"。六爻之动，还依三才，故"六者非他，即三才之道也"。

道有变动，故曰爻。

陆绩曰：天道有昼夜日月之变，地道有刚柔燥湿之变，人道有行止动静吉凶善恶之变。圣人设爻，以效三者之变动，故谓之爻者也。

疏 "道"即三才之道，故历言天、地、人之变以明之。《下传》曰"爻也者，效天下之动者也"。虞彼注云"动，发也"，故云"圣人设爻，以效三者之变动"。"两三才为六画，则发挥于刚柔而生爻"，故谓之爻也。

爻有等，故曰物。

干宝曰：等，群也。爻中之义，群物交集。五星、四气、六亲、九族、福德、刑杀、众刑万类，皆来发于爻，故总谓之物也。象"颐中有物曰噬嗑"，是其义也。

疏 《曲礼》曰"见同等不起"，故谓等为群也。言乎天地之间则备，故"爻中之义，群物交集"。五星，谓金木水火土，天之经星也。四气，亥卯未木也，寅午戌火也，巳酉丑金也，申子辰水也。土兼其中，故四。六亲、九族，即《火珠林》法也。京房积算法，天地为义爻，陆绩谓即父母也。同气为专爻，即兄弟也。福德为宝爻，即子孙也。以及官为夫，即鬼为系爻。财为妻，即财为制爻。福，即德也。刑，即杀也。"地成形"，故曰"众形"。"方以类聚"，故曰"万类"。其象"皆来发于爻，故总谓之物也"。"颐中有物曰噬嗑"，《噬嗑·象传》文。引之以明爻亦名物之义。

案：王氏注"等，类也。""乾，阳物也。坤，阴物也"。爻有阻阳之类，而后有刚柔之用，故曰"爻有等故曰物"。

物相杂，故曰文。

虞翻曰：乾，阳物。坤，阴物。纯乾纯坤之时，未有文章。阳物人坤，阴物人乾，更相杂成六十四卦，乃有文章，"故曰文"。

疏 "乾，阳物。坤，阴物"，《上传》文。纯乾纯坤，阴阳未变，其时未有文章。《郑语》曰"物一无文"是也。乾坤交通，故"阳物人坤，阴物人乾"，而成"六子"。八卦更相错杂，成六十四卦，刚文柔，柔文刚而文章成焉。《说文》曰"文，错画也"。盖即"物相杂，故曰文"之义也。

文不当，故吉凶生焉。

干宝曰：其辞为文也。动作云为，必考其事，令与爻义相称也。事不称义，虽有吉凶，则非今日之吉凶也。故"元亨利贞"而穆姜以死，"黄裳元吉"南蒯以败。是所谓"文不当"也。故于经，则有"君子吉，小人否"。于占，则王相之气，君子以迁官，小人以遇罪也。

疏　《左传·襄公二十五年》"非文辞不为功"，故云"其辞为文也"。凡"动作云为"，必事与义称，吉凶乃协。若事不称义，其吉凶不足凭也。《左传·襄公九年》"穆姜薨于东宫。始往而筮之，遇艮之八。史曰'是谓艮之随，随其出也'。姜曰'亡是。于《周易》曰"随元亨利贞无咎"。有四德者，随而无咎。我皆无之，岂随也哉。必死于此，弗得出矣'"，故云"元亨利贞而穆姜以死"。《左传·昭公十二年》"南蒯之将叛也，枚筮之，遇坤之比。曰'黄裳元吉'，以为大吉也。惠伯曰'吾尝学此矣。忠信之事则可，不然必败'"，故云"黄裳元吉南蒯以败"。二者皆所谓"文不当"也。"君子吉，小人否"，遯九四爻辞。言君子遇之则吉，小人则否也。"于占则王相之气"，此《火珠林》法。言五行四气之王，君子占之，则迁官，小人占之，则遇罪也。皆引之以明事必称义之义。

案：义不当，谓阴阳不当位。当则生吉，不当则生凶，故"吉凶生焉"。

系辞下第十一

【原典】

《易》之兴也，其当殷之末世，周之盛德邪？当文王与纣王之事邪？是故其辞危[1]。危者使平，易者使倾[2]。其道甚大，百物不废。惧以终始，其要无咎，此之谓《易》之道也。

【精注】

[1]危：指周文王被纣王囚禁，所以怕危亡。[2]危者使平，易者使倾：知危则戒惧，才能平安，知平易则偷安，才遭

倾危。

【今译】

《易》的兴起，大概在殷的末代，周的德教兴盛吧？当是文王臣事纣王期间吧？所以其卦辞多有危惧警戒的含义。知倾危戒惕可获得平易安稳，知平易能使它倾危。它的道很宏大，一切事物都无例外。警惧于事物的始终，它追求的是没有祸害，这是说《易》的道啊。

【集解】

易之兴也，其当殷之末世，周之盛德邪，当文王与纣之事邪。

虞翻曰：谓文王书《易》六爻之辞也。末世，乾上。盛德，乾三也。文王三分天下而有其二，以服事殷，周德，其可谓至德也，故"周之盛德"。纣穷否上，"知存而不知亡，知得而不知丧"，终以焚死，故"殷之末世"也。而马、荀、郑君从俗，以文王为中古，失之远矣。

疏 六十四卦画于庖牺，至文王始书《易》六爻之辞，以明吉凶悔吝。"末世"谓乾上，"亢龙有悔"，纣是也。"盛德"谓乾三，"君子终日乾乾"，文王是也。庖牺位乾五，文王位乾三也。"三分"至"至德矣"，《论语》文。"至德"即"盛德"，故曰"周之盛德"。否上即乾上，故云"纣穷否上"。"知存而不知亡，知得而不知丧"，乾上九《文言》文。《史记·周本纪》："武王使师尚父致师，以大卒驰纣师。纣兵皆奔，畔纣，纣走，反人，登鹿台，蒙衣其珠玉，自燔于火。"故云"终以焚死"。当殷之末世，正周之盛德，是当文王与纣之事也。马融、荀爽、郑玄从三古之说，谓文王为中古，虞氏不取，故云"失之远矣"。

是故其辞危。

虞翻曰："危"谓乾三。"夕惕若厉"，故"辞危"也。

疏 此承上"周之盛德"，文王位乾三，故"危谓乾三"也。乾三爻辞曰"夕惕若厉"。文言曰"乾乾因其时而惕，虽危无咎矣"。文王处惕厉之时，故"辞危也"。

危者使平。

陆绩曰：文王在纣世，有危亾之患，故于易辞，多趋危亡。本自免济，建成王业，故《易》爻辞"危者使平"，以象其事。否卦九五"其亡其亡，系于包桑"之属是也。

疏　危则能平，文王之事也。文在纣世，囚于羑里。蒙难艰贞，尝有危亡之患。故于易辞，多以危亡为戒。文王之意，本自免济，以建成王业，故于爻辞，皆"危者使平"，以象其事。否九五曰"其亡其亡，系于包桑"，荀彼注云"阴欲消阳，由四及五，故曰其亡其亡。桑者，上玄下黄，以象乾坤。乾职在上，坤体在下。虽欲消乾，系其本体，不能亡也"，此即"危者使平"之意。举否五以例其余。如乾三《文言》曰"终日乾乾，与时偕行"，皆是也。

易者使倾。

陆绩曰：易，平易也。纣安其位，自谓平易，而反倾覆。故《易》爻辞"易者使倾"，以象其事。明夷上六"初登于天，后入于地"之属是也。

疏　《释诂》："平、均、夷、弟，易也。"《庄子·刻意》篇："圣人休休焉，则平易矣。"故云"易，平易也"。易则必倾，纣之事也。纣安其位，乃曰"吾有民有命"，卒至商罪贯盈，天命诛之，是"自谓平易，而反倾覆"。故于爻辞，必"易者使倾"，以象其事。明夷上六曰"初登于天，后入于地"。明夷，自晋来，虞彼注云"晋时在上丽乾，故'登于天，照四国'。今反在下，故'后入于地，失其则'"。侯注云"况纣之时也"。此即"易者使倾"之意，举明夷以概其余也。如乾上九"亢龙有悔，盈不可久也"，皆是也。

案：泰九三曰"无平不陂"，虞彼注"陂，倾，谓否上也。平谓三。天地分，故平。天成地平，谓'危者使平，易者使倾'"。

其道甚大，百物不废。

虞翻曰："大"谓乾道。乾三爻三十六物，故有百物。略其奇八，与大衍之五十同义。

疏 《乾·彖》曰"大哉乾元"，又曰"乾道变化"，故"大谓乾道"。乾阳爻九，四之为三十六，三爻积为一百八，略其奇数八，一爻当一物，故称百物。与天地之数五十有五，大衍略其奇五为五十，其义同也。

愚案：乾之一阳始出于震，震初以恐惧致福，有危象焉。阳息至三，内乾已成，厉而得正，故"虽危无咎"。乾三，即"泰三"也。三言往复平陂，而《易》之大道备矣。陂往，即危倾也。平复，即平易也。"无住不复"，即"危者使平"也。"无平不陂"，即"易者使倾"也。盖"《易》穷则变，变则通，通则久"，故曰"其道甚大，百物不废"也。

惧以终始，其要无咎。此之谓易之道也。

虞翻曰：乾称易道。"终日乾乾"，故，无咎。"危者使平，易者使倾"，"恶盈""福谦"，故"易之道"者也。

疏 易者乾元，易道即乾道，故"乾称易道"。乾九三"君子终日乾乾，夕惕若，厉无咎"。三居内卦之终，接外卦之始，而能惕厉，故曰"惧以终始"。"虽危无咎"，故曰"其要无咎"。盖"惧以终始"，三百八十四爻皆然，而其要归于无咎。"无咎者，善补过者也"。天道福谦，故"危者使平"。"地道变盈"，"人道恶盈"，故"易者使倾"。谦自乾来，上九降三，乾为易道，故云"易之道也"。

系辞下第十二

【原典】

夫乾，天下之至健也，德行恒易以知险[1]。夫坤，天下之至顺也，德行恒简以知阻[2]。能说诸心，能研诸侯之虑，定天下之吉凶，成天下之娓娓者[3]。是故变化云为，吉事有祥。象事知器，占事知来[4]。天地设位，圣人成能。人谋鬼谋，百姓与能。八卦以象告，爻象以情言，刚柔杂居，而吉凶可见矣[5]。变动以利言，吉凶以情迁。是故爱恶相攻而吉凶生，远近相取而悔吝生，情伪相感而利害生。凡《易》之情，近而不相得则凶，或害之，悔且吝。将叛者其辞惭，中心疑者其辞枝，吉人之辞寡，躁人之辞多，诬善之人其辞游，失其守者其辞诎。

【精注】

①德行：指天地的化生万物说。恒易：永恒运动变化。以知险：可以知道艰险，如天有大雨大旱等。②以知阻：可以知道险阻，如地有高山、大川。③说：借作"阅"，查阅。心、虑：指占筮者的内心世界。④云为：言语及行为。象事知器：即上文说的观卦象来制造工具。⑤刚柔杂居：指阳爻与阴爻混杂，分出吉凶来。⑥不相得：指爻与爻之间应相应相比的而未相应相比。或害之：偶或"凶"得以免，最终也必遭祸害。

【今译】

乾，是天下最刚健的象征，它的德行是永恒运动变化着的，可以知道天下事物的艰难险阻。坤，是天下最柔顺的象征，它的德行是永恒简静的，可知道天下事物的险阻。能够在心里查阅天地之道，能够研究诸多思虑，决定天下之事的吉凶，成就天下人的奋勉。所以变化的言语和作为，照吉事去做有祥瑞。因此，人们根据《易》的阴阳变化之道说话做事，可以得到吉祥，视卦象能知道制造器具，通过占问知道未来。天地定位上下，圣人则仿效天地上下对立统一设爻立卦，以成就天地所不能成就之事。通过人的谋划，占问鬼神的谋划，百姓协助能者。八卦用象告诉人，爻辞用变化的情态来说话，刚柔杂处，就可以得知吉凶了。六爻的变化运动可以说不所不利，变化运动具体的情态而转移。所以，阴爻遇阳爻或阳爻遇阴爻相求相爱而产生吉利，而阳爻遇阳爻或阴爻遇阴爻则相敌相恶而产生凶险。刚柔应相求却不能求而彼此疏远而产生困祸，刚柔不相求却有求而产生彼此亲近而产生艰难。爻与爻之间真诚相互感应必有利，虚伪感应则有害。总之，《易》表达事物的情态，人与人相亲近而未相亲近就有凶险，否则就受到外来的伤害，产生悔恨和憾惜。将说背叛行骗的话必然内心惭愧，有疑虑的人，说话必然前言不搭后语。善良的人话少，急躁的人话多，诬蔑善人的人说话游移不定，失去贞操的人说话支支吾吾。

【集解】

夫乾，天下之至健也，德行恒易以知险。

虞翻曰：险，谓坎也。谓乾二五之坤成坎、离，"日月丽天""天险不可升"，故"知险"者也。

疏　习坎，重险也，故"险谓坎也"。乾二五之坤成坎，即坤二五之乾成离。坎月离日，故"日月丽天"。《论语》曰"仲尼，日月也，无得而瑜焉"。又曰"夫子之不可及也，犹天之不可阶而升也"，故云"天险不可升也"。"乾以易知"，故"知险"也。

夫坤，天下之至顺也，德行恒简以知阻。

虞翻曰：阻，险阻也。谓坤二五之乾，艮为山陵，坎为水，巽高兑下。"地险山川丘陵"，故"以知阻"也。

疏　《释名》："水出其后曰阻丘。"此以水为险也，故云"阻，险阻也"，亦谓坎也。坤二五之乾成离，即乾二五之坤成坎。互艮为山陵，体坎为水。离互巽为高，互兑为泽。泽动而下，故云"兑下"。坤为地，故"地险山川丘陵也"。"坤以简能"，故"知阻也"。

能说诸心。

虞翻曰：乾五之坤，坎为心，兑为说，故"能说诸心"。

疏　乾坤二五，交易，坎为心，离互兑为说，故"能说诸心"。

能研诸侯之虑。

虞翻曰：坎心为"虑"，乾初之坤为震，震为"诸侯"，故"能研诸侯之虑"。

疏　坎亟心，故"为虑"，乾初动之坤为震，"震惊百里"，《逸礼·王度记》："诸侯封不过百里。"故"为诸侯"，故"能研诸侯之虑"。"能说诸心"，故能"定天下之吉凶"。"能研诸侯之虑"，故能"成天下之娓娓"，所谓"圣人成能"也。

案：人谋、鬼谋，百姓且与焉，未有诸侯而不与者。爱恶相攻，远近相取，情伪相感，所谓险阻者也，则皆诸侯之险阻者也。研于虑则知，不研则不知。戏之盟，郑惟可以庇民者是从，"将叛者其辞惭"也，非诸侯而何叛也？"叔兮伯兮，靡所与同。叔兮伯兮，褎如充耳"，"失其守者其辞屈"也，非诸侯而何失守也？

定天下之吉凶，成天下之娓娓者。

虞翻曰：谓"乾二五之坤"。成离日坎月，则八卦象具。"八卦定吉凶"，故能"定天下之吉凶"。娓娓，进也。离为龟，乾为蓍。月生震初，故"成天下之娓娓者"，谓莫善蓍龟也。

荀爽曰：娓娓者，阴阳之微，可成可败也。顺时者成，逆时者败也。

疏 虞注：乾、坤二五交易成坎、离，坎、离互艮兑震巽，则八卦象具，是亦"四象生八卦"也。阳生则吉，阴生则凶，是"八卦定吉凶，故能定天下之吉凶"也。"娓"同"亹"。《诗·大雅》："亹亹文王，令闻不已。"不已则进，故"亹"训"进"也。凡事进乃成，故下言成也。"离为龟"，《说卦》文。《杂记》曰"蓍，阳之老也"，故"乾为蓍"。"月生震初"，是乾元也。"知险知阻"，皆以此耳。故"成天下之娓娓者，谓莫善蓍龟也"。

荀注："娓"从尾，《说文》："尾，微也。"《论语》"微生高"，《国策》作"尾生高"。又《庄子·盗跖》注、《汉书人表》注、《东方朔传》注，俱云"尾生即微生高"。又《汉书》"尾生晦"注云"即微生亩"。是"尾""微"古文通，且同物。"娓"从尾，故"娓娓者，阴阳之微"。王弼云"娓娓，微妙之意"是也。阴阳初动，成败未形。如阳生于复，由子历巳成乾。阴生于姤，由午历亥成坤。是"顺时者成"也。

若冬行春令，夏行秋令，如《月令》所纪，是"逆时者败"也。董子《繁露》云："《春秋》至意有二端，小大微著之分也。夫览求细微于无端之处，诚知小之为大也，微之将为著也，吉凶未形，圣人所独立也。"又"圣人能系心于微而致之者也。是故《春秋》之道，以元之气，正天之端，以天之端，正王之政，以王之政，正诸侯之位，五者俱正而化大行"，故曰"成天下之娓娓者"。

是故变化云为，吉事有祥。

虞翻曰：祥，几祥也，"吉之先见者也"。阳出，"变化云为，吉事为祥"，谓复初乾元者也。

疏　《说文》："祥，福也。一云善也。"几初动而祥已兆，故云"祥，几祥也"。即《上传》所谓"几者动之微，吉之先见者也"。元阳初出，"变化云为"，由是始焉。阳为吉为善，故"吉事为祥"。阳初为复，复初即乾，"元者，善之长"，故谓"复初乾元者也"。

象事知器，占事知来。

虞翻曰："象事"谓"坤"，坤为器。乾五之坤成象，故"象事知器"也。"占事"谓乾以知来。乾五动成离则玩其占，故"知来"。

侯果曰：《易》之云为，唯变所适。为善则吉事必应，观象则用器可为，求吉则未形可睹者也。

疏　虞注：坤发事业为事，故"象事谓坤"。坤形为器。乾五之坤，成坎离，日月在天，成象，故"象事知器"。即"以制器者尚其象"也。乾神知来，故"占事谓乾以知来"。乾五动成离目，动则玩其占，故"知来"。即"极数知来之谓占"也。

侯注：即韩注所谓"变化云为者，行其吉事，则获嘉祥之应。观其象事，则知制器之方。玩其占事，则睹方来之验"是也。

天地设位，圣人成能。

虞翻曰：天尊五，地卑二，故"设位"。乾为"圣人"，"成能"，谓"能说诸心，能研诸侯之虑"，故"成能"也。

崔憬曰：言《易》拟天地设乾坤二位，以明重卦之义，所以成圣人伏羲文王之能事者也。

疏　虞注：天尊五，谓乾五。地卑二，谓坤二。"列贵贱者存乎位", 故设位。成能, 谓能说心, 能研虑。圣人体乾元, 故成能也。

崔注: "《易》与天地准", 故 "言《易》拟天地"。《易》设乾坤二位。"因而重之", 为六十四卦, "引而伸之, 触类而长之, 天下之能事毕矣", 故云 "所以成圣人伏羲、文王之能事者也"。

人谋鬼谋, 百姓与能。

虞翻曰: 乾为人, 坤为鬼。乾二五之坤, 坎为谋。乾为百, 坤为姓。故 "人谋鬼谋, 百姓与能"。

朱仰之曰: "人谋", 谋及卿士。"鬼谋", 谋及卜筮也。又谋及庶民, 故曰 "百姓与能" 也。

疏 虞注: 乾阳信为人, 坤阴诎为鬼。乾二五之坤, 成坎聪作谋, 坎主耳, 故为谋也。乾册爻一百八, 略奇为百。"姓" 从女生, 坤为母, 故为姓。乾坤合而成《易》, 故 "人谋鬼谋, 百姓与能"。唯 "圣人成能", 故 "百姓与能" 也。

朱注: 《书·洪范》曰 "谋及卿士, 谋及庶人, 谋及卜筮", 故以 "人谋" 为卿士, "鬼谋" 为卜筮, "百姓与能" 为谋及庶人也。

八卦以象告。

虞翻曰: "在天成象", 乾二五之坤则八卦象成。兑口震言, 故 "以象告" 也。

疏 "在天成象", 如出震见庚之类是也。乾、坤二五交易成坎、离, 坎互震艮, 离互巽兑, 故 "八卦象成"。兑为口, 震为言, 故 "以象告" 也。

爻象以情言。

崔憬曰: 伏羲始画八卦, 因而重之, 以备万物, 而告于人也。"爻" 谓爻下辞, "象" 谓卦下辞。皆是圣人之情, 见乎《系辞》, 而假爻、象以言, 故曰 "爻、象以情言"。

疏 伏羲始画八卦, 因而重之, 为六十四卦, 三百八十四爻, 万有一千五百二十册, 以备万物之数而告于人也。爻, 爻辞也。象, 卦辞也。"圣人之情见乎辞", 而假爻、象以言其

中華藏書

周易全书·最新整理珍藏版

中国书店

一〇〇〇

情，故曰"爻、象以情言"。

案：《乾·文言》曰"利贞者，性情也"，是象有情也。"六爻发挥，旁通情也"，是爻有情也。乾初动为震，震声为言，故"以情言"也。

刚柔杂居，而吉凶可见矣。

虞翻曰：乾二之坤成坎，坤五之乾成离，故"刚柔杂居"。艮为居。"离有巽兑，坎有震艮，八卦体备，故"吉凶可见"也。

崔憬曰：言文王以六爻刚柔相推而物杂居。得理则吉，失理则凶，故"吉凶可见"也。

疏 虞注：阳主升，故乾二升坤五成坎。阴主降，故坤五降乾二成离。"乾刚坤柔"，往来升降，故"刚柔杂居"。坎互艮止为居。乾坤二五交易，成两坎离，离互巽兑，坎互震艮。"八卦小成"，故"八卦体备"。"八卦定吉凶"，离为见，故"吉凶可见也"。

崔注：何休云"一往一来为推"。文王以六爻刚柔相往来，而阴物阳物相杂而居。得乎易，简之理则吉，失乎易，简之理则凶，故"吉凶可见也"。

变动以利言。

虞翻曰：乾变之坤成震，震为言，故"变动以利言"也。

疏 乾元也，变动自乾初始。乾初变之坤成震，震声为言。"变而通之以尽利"，故"以利言"也。如"利见大人"、"利有攸往"之类是也。

吉凶以情迁。

虞翻曰：乾吉坤凶。"六爻发挥，旁通情也"，故"以情迁"。

疏 《释诂》："迁，徙也。"乾阳为吉，坤阴为凶。陆绩《乾·文言》注云"乾六爻发挥变动，旁通于坤，坤来入乾，以成六十四卦，故曰旁通情也"。旁通则迁，迁则吉凶之情生，故曰"吉凶以情迁"。

中華藏書

第一部 周易原典

中国书房

是以爱恶相攻而吉凶生。

虞翻曰：攻，摩也。乾为爱坤为恶。谓"刚柔相摩"。以爱攻恶生吉，以恶攻爱生凶，故"吉凶生也"。

疏 《说文》："攻，击也。"、"摩，研也。"摩、击义相近，故云"攻，摩也"。乾体仁，故为爱。贾逵云"恶生于阴"，坤阴，故为恶。"乾刚坤柔"，"爱恶相攻"，即"刚柔相摩"。故训"攻"为"摩"也。以爱攻恶，阳之息也。阴得正则丽阳，故亦生吉。以恶攻爱，阴之消也。阳失正则硕果消，故亦生凶。阳息吉，阴消凶，故"吉凶生也"。

远近相取而悔吝生。

虞翻曰：远阳谓乾，近阴谓坤。阳取阴生悔，阴取阳生吝。悔吝言小疵。

崔憬曰：远谓应与不应，近谓比与不比。或取远应，而舍近比，或取近比，而舍远应，由此远近相取，所以生悔吝于《系辞》矣。

疏 虞注：《左传》曰"天道远"，故"远阳谓乾"也。《法言》曰"近如地"，故"近阴谓坤"也。阳之情相远，阴之情相近，此谓爻位远近也。阳居阴位失正，故"阳取阴生悔"。阴居阳失正，故"阴取阳生吝"。《参同契》曰"纤介不正，悔吝为贼"。远近相取，不得其正，则悔吝生也。纤介，故"言小疵"也。

崔注：内外相应为远，乘承相比为近。远谓阴阳有应与不应，近谓阴阳有比与不比。或远取阴阳相应，而舍近阴阳不相比者。或取近阴阳相比，而舍远阴阳不相应者。由此远近相取，而阴阳不相应者，故悔吝生于所系之辞矣。

情伪相感而利害生。

虞翻曰：情阳伪，阴也。情感伪，生利，伪感情，生害。乾为利，坤为害。

疏 "情"谓实情，阳实，故云"情阳"。"伪"谓虚伪，阴虚，故云"伪阴也"。情感伪，乾之息也。《太玄》所谓"离乎情者，必著乎伪。离乎伪者，必著乎情"，是也。乾为

中华藏书

周易全书·最新整理珍藏版

中国书店

一〇〇二

利，故生利。伪感情，坤之消也。坤为害，故生害。

凡《易》之情，近而不相得则凶。

韩康伯曰：近，况比爻也。《易》之情刚柔相摩，变动相逼者也。近而不相得，必有乖违之患也。或有相违而无患者，得其应也。相须而偕凶，乖于时也。随事以考之，义可见矣。

疏 况，譬也。近，所以况上下，比爻也。郑注《乐记》"摩，犹迫也"，故"《易》之情刚柔相摩"，即"变动相逼迫者也"。两爻相比迫，而阴阳不相得，必有乖违之患，而凶生矣。或有比相违而无患者，以阴阳得远应也。亦有比相须而偕凶者，阴阳乖时位也。义随爻变，不可一例拘也。

或害之，悔且吝。

虞翻曰：坤为害。以阴居阳，以阳居阴，为"悔且吝"也。

疏 坤阴为害。以阴居阳，以阳居阴，阳皆受阴之害，故"悔且吝"。悔吝，小疵。由悔吝，且人吉凶矣。

将叛者其辞惭。

荀爽曰：谓屯六三"往吝"之属也。

虞翻曰：坎人之辞也。近，面不相得，故叛。坎为隐伏，将叛。坎为心，故渐也。

侯果曰：凡心不相得，将怀叛逆者，辞必惭恶。

疏 荀注：去此往彼，有叛象焉。吝，故"其辞惭"。凡不当往而往者皆是，故"谓屯三往吝之属也"。

虞注：此下明六人之辞，皆近而不相得也。辞，爻辞也。六子称人者，《乾凿度》十二辟卦皆称表。复表日角，郑注云"表者，人形体之章识也"。注中皆称"复人"、"临人"，故六子亦称人也。此坎人之辞也。坎为隐伏，又为盗，故有将叛之象。"惭"从心，坎为心，故"辞惭"也。

侯注：凡人心不相得，将怀叛逆，辞必惭恶。所谓诚于中，形于外也。

中心疑者其辞枝。

荀爽曰："或从王事无成"之属也。

虞翻曰：离人之辞也。火性枝分，故枝疑也。

侯果曰：中心疑贰，则失得无从，故枝分不一也。

疏 荀注：坤六三"或从王事，无成有终"。"或之者，疑之也"。专则成，枝则无成，故谓"或从王事无成之属也"。

虞注：此离人之辞也。离为火。《太玄应》准离，初一曰"六干罗如，五枝离如"，故知"火性枝分"也。枝分不一，故"枝疑"也。

侯注：中怀疑贰，得失无主，故其辞枝分，不一。所谓心"有所恐惧，则不得其正"也。

吉人之辞寡。

虞翻曰：艮人之辞也。

疏 此艮人之辞也。艮六五曰"艮其辅，言有孚，艮阳小为慎"，故"辞寡"也。

躁人之辞多。

荀爽曰：谓睽上九之属也。

虞翻曰：震人之辞也。震为决躁，恐惧虩虩，笑言哑哑，故多辞。

侯果曰：躁人烦急，故辞多。

疏 荀注：睽上九言豕言涂，言鬼言车，言弧言壶，言婚媾，言遇言雨，其辞多矣，故"谓睽上九之属也"。

虞注：此震人之辞也。巽究为躁卦，谓震也。震刚在下而动，故"为决躁"。震声为笑言，《震·卦辞》曰"震来虩虩，笑言哑哑"，故辞多也。

侯注：躁人之性烦急，故辞多。所谓"口费而烦，易出难悔，易以溺人"是也。

诬善之人其辞游。

荀爽曰："游豫"之属也。

虞翻曰：兑人之辞也。兑，为口舌诬乾，乾为善人也。

崔憬曰：妄称有善，故叙其美，而辞必浮游不实。

疏 荀注："游豫"当是"盱豫"之讹。豫六三曰"盱豫悔，迟有悔"。言睢盱而豫有悔，迟而不从亦有悔焉，故其辞游也。

虞注：此兑人之辞也。兑，为巫，又为口舌。月见兑丁，即盈乾甲，是兑乾通气，故"口舌诬乾"。乾为善人，故"诬善"也。游，浮游也。兑为泽，故"其辞游"。

崔注：妄自称善，辞必浮游不实，所谓"美言不信"是也。

失其守者其辞诎。

荀爽曰：谓泰上六"城复于皇"之属也。

侯果曰：失守则沮辱而不信，故"其辞诎"也。爻有此象，故占辞亦从矣。

虞翻曰：巽人之辞也。巽诘诎，阳在初守巽，初阳入伏阴下，故"其辞诎"。此六子也，离上坎下，震起艮止，兑见巽伏。《上经》终坎、离，则《下经》终既济、未济。《上系》终乾坤，则《下系》终六子。此《易》之大义者也。

疏 荀注：泰上六爻辞曰"城复于隍"，是"失其守"也。《象》曰"其命乱也"，阳信为治，阴诎为乱，故"其辞诎"也。

侯注："信"与"申"同。人失其守，则沮辱不信，故"辞诎"。所谓"遁辞知其所穷"也。

虞注：此巽人之辞也。《说文》："诎，诘诎也。"《下传》："其言曲而中。"虞彼注云"曲，诎。阳曲初"。"巽诘诎"，亦谓曲也。乾初在下，故"阳在初守巽"。阳伏巽下，故"其辞诎"。自"将叛"至此，皆六子也。"离上而坎下也。震，起也。艮，止也。兑见而巽伏也"，皆本《杂卦》文。《乾凿度》曰"离为日，坎为月。日月之道，阴阳之经。所以终始万物，故以坎、离为终"。是"《上经》终坎、离"之义也。坎、离合而为既、未济，故"《下经》终既济、未济"也。《上系》终于"乾坤，其《易》之组邪"。乾坤三索而得六子，故《下系》终六子。《经》、《传》之终，皆有精蕴，故云"此《易》之大义也"。

第五章　说卦传①

　　《说卦传》是阐述八卦取象大例的专论，也是探讨《易经》中象产生于推展的重要依据。

说卦传第一

【原典】

　　昔者，圣人之作《易》也，幽赞于神明而生蓍。②

　　参天两地而倚数。③

　　观变于阴阳而立卦，发挥于刚柔而生爻，和顺于道德而理于义，穷理尽性以至于命。④

【精注】

　　①《说卦传》：《易传》三传之一。②幽：隐，深。赞：助。神明：神妙而显明的变化，这里指大自然的造化。蓍：筮法。因为筮法以蓍草为工具，所以行筮成卦也称蓍或揲蓍。③参天两地：即天地两参。倚数：立数。倚，立。天地两参而立数，即天数和地数两相掺杂而确立"大衍之数"。④观变于阴阳而立卦：此句是说"蓍"、"数"出现之后，就可以观察阴阳之变而画爻，定卦。发挥于刚柔而生爻：此句是说七、八、九、六之数已得，阴阳老少既明，从而爻画就可以发挥作用了。

【今译】

　　很久以前，圣人创作《易经》的时候，凭借着精深的思虑并求助于神明的造化，在蓍草上刻字的占卜方式便出现了。

　　其法是把天数一三五七九和地数二四六八十两相掺杂，确定五十五这个大衍之数，再用大衍之数来揲箸求卦。

　　并且观察天地阴阳的变化情状而运演推算，构成卦形，发挥卦中刚爻柔爻的作用而产生变迁，和谐顺从天理人道，运用

中華藏書　第一部　周易原典　一〇〇五

合宜的方法治理天下，并且进而将万事的道理和万物的本性研究到至极，以至于通晓天命。

【集解】

昔者圣人之作易也。

孔颖达曰：据今而称上代，谓之"昔者"。聪明睿知，谓之"圣人"。即伏羲也。案《下系》云"古者庖牺氏之王天下，始作八卦"。今言"作《易》"，明是伏牺，非谓文王也。

疏 "昔者"，上代之称。《中庸》"唯天下至圣，为能聪明睿知，足以有临也"，故"谓之圣人"。《考工记》曰"作者之谓圣"，故言"圣人之作《易》也"。圣人，即伏羲也。《下系》言"庖牺始作八卦"，今称"作《易》"，据后言也。郑氏云"圣人谓伏羲文王"。然画卦始于伏羲，非文王也。

幽赞于神明而生蓍。

荀爽曰：幽，隐也。赞，见也。神者在天，明者在地，神以夜光，明以昼照。蓍者，册也。谓阳爻之册，三十有六，阴爻之册，二十有四，二篇之册，万有一千五百二十。上配列宿，下副物数，生蓍者。谓蓍从爻中生也。

干宝曰：幽，昧，人所未见也。赞，求也。言伏羲用明于昧冥之中，以求万物之性尔，乃得自然之神物。能通天地之精，而管御百灵者，始为天下生用蓍之法者也。

疏 荀注："幽，隐也。赞，见也"，皆《说文》文。王注云"赞，明也"，孔疏"赞者，佐而助成，而令微者得著，故训为明"。明与见同义。幽赞，《中庸》所谓"莫见乎隐"是也。"神者在天"，乾也。"明者在地"，坤也。《系辞上》曰"知几其神乎"，虞彼注云"几，谓阳也"，故"神者在天"。坤二《象》曰"地道光也"，三曰"知光大也"，故"明者在地"。坎中，乾阳也，坎为月，故"神以夜光"。离中，坤阴也，离为日，故"明以昼照"。撲蓍有册，故云"蓍者，册也"。"阳爻之册"谓乾也，每爻三十六，六爻二百一十有六。"阴爻之册"谓坤也，每爻二十四，六爻百四十有四。上、下经二篇之册，万有一千五百二十。"上配列宿"，谓星之数如册数。"下副物数"，谓物之数如册数也。生蓍者，谓蓍之吉凶，从爻中生也。

干注：幽赞者，谓伏羲用明于幽昧，以赞求万物之性也。《系辞上》曰"天生神物，圣人则之"，故云"乃得自然之神物"。下言"参天两地"，故云"能通天地之精"。又言"观变阴阳"，故云"管御百灵"。又言"倚数"、"立卦"、"生爻"，故云"始为天下生用蓍之法者也"。

案：幽，谓赜也，隐也；赞，谓探赜索隐也；"幽赞于神明"，谓通神明之德也。言伏羲探赜索隐，则天八卦，知天数一三五七九，地数二四六八十，乾元消息之数七八九六，而蓍法生焉，故曰"幽赞于神明而生蓍"。

参天两地而倚数。

虞翻曰：倚，立。参，三也。谓分天象为三才，以地两之，立六画之数，故倚数也。

崔憬曰：参，三也。谓于天数五地数五中，以八卦配天地之数。起天三配艮而立三数，天五配坎而立五数，天七配震而立七数，天九配乾而立九数。此从三，顺配阳四卦也。地从二起，以地两配兑而立二数，以地十配离而立十数，以地八配巽而立八数，以地六配坤而立六数。此从两，逆配阴四卦也。其天一地四之数，无卦可配，故虚而不用。此圣人取八卦配天地之数，总五十而为大衍。

案：此说不尽，已释在大衍章中，详之明矣。

疏 虞注："倚，立"，《广雅》文。参，读为三，故云"参，三也"。天象谓在天八卦象，如出震见兑之类。三爻为"三才"，故"谓分天象为三才"。《淮南子》曰"耦以承奇"，故谓"以地两之，立六画之数"。伏羲既立八卦，知阴阳相并俱生，故以乾坤为六画。乾数奇，初三五是也。坤数耦，二四六是也。《乾凿度》曰"三画而成乾，乾坤相并俱生，因而重之，故六画而成'卦'"，是谓"立六画之数，故曰倚数也"。

崔注：崔注《上系》"大衍之数"，引此"参天两地"，云参天者，谓从三始，顺数而至五七九，不取于一也。两地者，谓从二起，逆数而至十八六，不取于四也。此因天地数上，以配八卦而取其数也。盖艮为少阳其数三，故"起天三配艮而立三数"。坎为中阳其数五，故"天五配坎而立五数"。震为长阳其数七，故"天数七配震而立七数"。乾为老阳其数九，故"天九配乾而立九数"。此从三，顺配阳四卦，故曰"参天"。兑为少阴其数二，故"地从二起，以地两配兑而立二数"。离为中阴其数十，故"以地十配离而立十数"。巽为长阴其数八，故"以地八配巽而立八数"。坤为老阴其数六，故"以地六配坤而立六数"。此从两，逆配阴四卦，故曰"两地"。其天一地四之数，在八卦之外，故虚而不用。故天地之数五十有五，虚一与四，止用五十而为大衍也。

案：李氏所释，已悉大衍注中。

案：参两之说，先儒不一。马融、王肃云"五位相合，以阴从阳。天得三，合谓一三与五也。地得两，合谓二与四也"。王弼云"参，奇也。两，耦也。七九阳数，六八阴数"。郑氏云"天地之数备于十，乃三之以天，两之以地，而倚托大衍之数五十也"。必三之以天，两之以地者，天三覆，地二载，欲极于数，庶得吉凶之审也。孔疏又引张氏云"以三中含两，有一，以包两之义，明天有包地之德，阳有包阴之道。故天举其多，地言其少也"。姑录以备考云。

观变于阴阳而立卦。

虞翻曰：谓"立天之道曰阴与阳"。"乾坤刚柔"，立本者。卦谓六爻。阳变成震坎艮，阴变成巽离兑，故"立卦"。六爻三变，三六十八，则有十八变而成卦，"八卦而小成"是也。《系》曰"阳，一君二民。阴，二君一民"，不道乾坤者也。

疏 立卦本于阴阳，故引下文"立天之道曰阴与阳"以明之。《系辞下》曰"刚柔者，立本者也"，谓立"乾刚坤柔"二卦，阴阳各六爻以为之本也。卦谓"六爻"，三才无变也。阳变之坤，成震坎艮，为阳卦。阴变之乾，成巽离兑，为阴卦。故"观变于阴阳而立卦"也。乾三索而得震坎艮，坤三索而得巽离兑，故"六爻三变"。三六十八，所云"十有八变而成卦"也。乾坤变为六子，则"八卦而小成"也。"阳一君二民"，谓震坎艮，为阳卦，皆一阳而二阴也。"阴二君一民"，谓巽离兑，为阴卦，皆二阳而一阴也。乾坤立本，不在阴阳卦例，故"不道乾坤者也"。

发挥于刚柔而生爻。

虞翻曰：谓"立地之道曰柔与刚"。发，动。挥，变。变刚生柔爻，变柔生刚爻，以三为六也。"因而重之，爻在其中"，故"生爻"。

疏 爻有刚柔，故引下文"立地之道曰柔与刚"以明之。乾坤未立，则曰阴阳。乾坤既定，则曰柔刚。阴阳配天，刚柔配地。道有变动故曰爻。故云"发，动。挥，变也"。"刚柔相推，变在其中"。刚变生柔爻，柔变生刚爻，谓九六相变也。重三画以为六爻，故云"以三为六也"。"因而重之"，谓"八卦小成"。触类以长，成六十四卦。则爻变皆在其中，故"生爻"也。

和顺于道德而理于义。

虞翻曰：谓"立人之道，曰仁与义"。和顺谓坤，道德谓乾。以乾通坤，谓之理义也。

疏 易兼三才。阴、阳，天道也；刚、柔，地道也；仁、义，则人道也。故引下文"立人之道，曰仁与义"以明之。坤为义，"义者，利之和"。坤，顺也，故"和顺谓坤"。乾为道、为德，故"道德谓乾"。以坤顺乾，故曰"和顺于道德"。《乾凿度》曰"天动而施曰仁，地静而理曰义"。坤六五"君子黄中通理"，故"以乾通坤，谓之理义也"。谓乾盈积善，坤阴顺阳，牝乾出震者也。

穷理尽性以至于命。

虞翻曰：以乾推坤，谓之"穷理"。以坤变乾，谓之"尽性"。性尽理穷，故"至于命"，巽为命也。

疏 坤为理，乾穷之，谓自复至夬，乾阳推阴，故云"以乾推坤，谓之穷理"。乾为性，坤尽之，谓自姤至剥，坤阴消乾，故云"以坤变乾，谓之尽性"。性尽理穷，故"至于命"，谓以乾通坤，极姤生巽，巽申命，为至命也。此亦"立人之道曰仁与义"之事也。

说卦传第二

【原典】

昔者圣人之作《易》也，将以顺性命之理。是以立天之道，曰阴与阳；立地之道，曰柔与刚；立人之道，曰仁与义。[①]兼三才而两之，故《易》六画而成卦。[②]分阴分阳，迭用柔刚，故《易》六画而成章。[③]

【精注】

[①]性命之理：等于说自然之理，即自然规律，自然指下文的天地人。立人之道，曰仁与义：仁，即爱人之德，主于柔。义，即正大，主于刚。[②]兼三才而两之，故《易》六画而成卦。兼，包括。三才：天地人。两之：两次，包括天地人。[③]分阴分阳，迭用柔刚，故《易》六位而成章。分阴分阳，指天地人三才之道又各分一阴一阳：初位为地之阳，二位为地之阴，三位为人之阳，四位为人之阴，五位为天之阳，上位为天之阴，两两构成对立统一，固定不变。迭用柔刚，指六爻刚柔在六位上是运动变化的，而不是固定不变的，所以称迭用。章，章法，文理。

【今译】

从前，圣人创作《易经》的目的，是要用它来将万物的特性和命运生成、变化的内在规律理顺，使之协调发展。因此，就确定了如下的法则：天划分为阴与阳两个方面，地划分为刚与柔两个方面，人划分为仁与义两个方面，又兼合三画的八卦中的天地人三才而两两相重，所以《易经》就产生了六十四个六画的卦体。每个卦体有六画，六画又分阴位和阳位，交替运用刚爻和柔爻，这样，《易经》的六十四个卦体都具备六个卦位从而蔚然成章。

【集解】

昔者圣人之作易也。

虞翻曰：重言"昔者"，明谓庖牺也。

疏 "谓庖牺"，谓非文王也。

将以顺性命之理。

虞翻曰：谓"乾道变化，各正性命"，以阳顺性，以阴顺命。

疏 坤下伏乾为性，乾下伏巽为命。在阳称变，乾二上之坤五。在阴称化，坤五下之乾二。乾道统坤，阳变阴化，成既济定，故"各正性命"。乾初为性，故"以阳顺性"。巽初为命，故"以阴顺命"。阴与阳、柔与刚、仁与义，原本于性命，所谓理也。下云"兼三才而两之"，是"顺性命之理"也。

是以立天之道，曰阴与阳。立地之道，曰柔与刚。立人之道，曰仁与义。

崔憬曰：此明一卦立爻，有"三才二体"之义。故先明天道既立阴阳，地道又立刚柔，人道亦立仁义，以明之也。何则？在天虽刚，亦有柔德。在地虽柔，亦有刚德。故《书》曰"沈潜刚克，高明柔克"人禀天地，岂可不兼仁义乎？所以易道兼之矣。

疏 此明一卦立为六爻，六爻兼有三才，三才各有二体，爻立即道立矣。天道，阴、阳也。地道，柔、刚也。人道，仁、义也。二体虽有专属，一理自为贯通，分言之，阴阳以象言，刚柔以形言。统言之，则天阳而地阴，天刚而地柔，地之刚柔，原于天之阴阳。故在天虽刚，亦有柔德。在地虽柔，亦有刚德。"沈潜刚克，高明柔克"，《书·洪范》文。孔传"沈潜谓地，虽柔亦有刚，能出金石。高明谓天，言天为刚德，亦有柔克，不干四时"。引之以明天亦称刚柔也。人禀天地阴阳刚柔之德，故有仁义。盖天地人各有乾坤，易则合是六者，兼而有之，故能立三才之道矣。

兼三才而两之，故易六画而成卦。

虞翻曰：谓"参天两地"，乾坤各三爻而成六画之数也。

疏 即上"参天两地"注云"分天象为三才，以地两之，立六画之数"是也。盖天地本有兼才之理，圣人以地两三而成六画，所谓"顺性命之理"也。

分阴分阳，迭用柔刚。

虞翻曰：迭，递也。分阴为柔以象夜，分阳为刚以象昼。"刚柔者，昼夜之象"。昼夜更用，故"迭用柔刚"矣。

疏 《释言》："递，迭也。"故云"迭，递也"。言分阴阳为柔刚，以象昼夜。盖以刚柔有昼夜之象，分之则为刚、柔，迭之则为昼、夜，故引《上系》文以明分迭用事之意。

案：位有阴阳，爻有刚柔。位本一定，故曰"分阴分阳"。爻则屡迁，故曰"迭用柔刚"。

故易六画而成章。

虞翻曰：章谓文理。乾三画成天文，坤三画成地理。

疏 "章谓文理"者，谓天文地理也。《系辞上》曰"仰以观于天文"，故"乾三画成天文"。"俯以察于地理"，故"坤三画成地理"。刚爻柔爻，迭用于阴阳六位之中，故文理相杂而成章。

说卦传第三

【原典】

天地定位，山泽通气，雷风相薄①，水火不相射②，八卦相错。数往者顺，知来者逆，是故《易》逆数也③。

【精注】

①薄：迫，逼迫。此言雷、风兴动虽各异方，却能交相潜入应和。②水火不相射：射，音亦 yì，厌也。此言水火虽异性，却不相厌弃而相资助，即"相通"之义。③是故《易》逆数也：此句并前两句，说明依据阴阳八卦变化之道，可顺推往事，逆知来事，而《易》之功用主要用于"预测未来"，故谓"《易》逆数也"。

【今译】

天和地定出上下位置，山和泽彼此沟通声气，雷和风各自兴动以交相潜入应和，水火异性不相厌弃而相资助：八卦就是这样对立而又统一地互相错杂。（掌握了《周易》的变化哲理，于是）要明白可以顺着推求过去的事理，要懂得可以逆着推知将来的事理，而将来的事理隐奥宏深，所以《周易》的主要功用是逆推来事。

【集解】

天地定位。

虞翻曰：谓乾坤。五贵二贱，故"定位"也。

疏　天地，乾坤也。乾五位上为贵，坤二位下为贱，故定位也。此庖牺以六位之数，观变立卦，则日、月之象，乃成此列焉。位，六画之位也。乾坤贞于二五，乾纳甲、坤纳乙，甲上乙下故定。在天则相得合木也"。

山泽通气。

虞翻曰："同气相求"，故"通气"。

疏　山泽，艮兑也。"同气相求，故通气，盖艮兑贞天位，艮纳丙，兑纳丁，丙五丁上，在天则相得合火也"。

雷风相薄。

虞翻曰：谓震巽。"同声相应"，故"相薄"。

疏　雷风，谓震巽也。"同声相应，故相薄"，盖震巽贞地位，震纳庚，巽纳辛，庚初辛二，在天则相得合金也。

水火不相射。

虞翻曰：谓坎离。射，厌也。水火相通，坎戊离已，月三十日一会于壬，故"不相射"也。

疏　水火，谓坎离也。"射，厌也"，《释诂》文。水火相克而实相通。坎纳戊为月，离纳巳为日。每月三十日，日月一合于壬，故不相厌射也。盖坎离贞人位，坎纳戊在三，离纳巳在四，在天则相得会壬癸，而成象于中为土也。

八卦相错。

虞翻曰：错摩，则"刚柔相摩，八卦相荡"也。

疏　"错"犹"摩"也。"刚柔相摩"，则"八卦相荡"也。盖八卦六位，一阴一阳，故相错。逆上称"错"也。

数往者顺。

虞翻曰：谓坤消从午至亥。上、下，故顺也。

疏　此言阴消也。阴消始午为姤，至亥成坤。坤消自午，右行至亥，从上而下，故曰顺也。

知来者逆。

虞翻曰：谓乾息从子至巳。下、上，故逆也。

疏　此言阳息也。阳息始子为复，至巳成乾。乾息自子，左行至巳，从下而上，故曰逆也。

是故易，逆数也。

虞翻曰：易谓乾，故"逆数"。

疏　卦始于一阳，故"易谓乾"也。《乾凿度》曰"易气从下生"，郑彼注云"易本无形，自微及著，气从下生"。以下爻为始，故曰"逆数也"。

愚案：乾坤初索震巽，再索坎离，三索艮兑，是"逆数也"。

说卦传第四

【原典】

雷以动之，风以散之；雨以润之，日以烜之①；艮以止之，兑以说之；乾以君之，坤以藏之②。

【精注】

①雨以润之，日以烜之：雨，即水，坎象；日，离象；烜，音宣 xuān，晒干，又作"暄"。这两句说明坎、离两卦的不同功用。②说，同"悦"。

【今译】

雷用来振奋鼓动万物，风用来散布流通万物；雨用来将万物滋润，太阳用来晒干万物；艮为山用来抑止万物，兑为泽用来欣悦万物；乾为天用来君临万物，坤为地用来储藏万物。

【集解】

雷以动之。

荀爽曰：谓建卯之月，震卦用事，天地和合，万物萌动也。

疏 雷，震也。建卯之月，震位东方用事之时。春阳方盛，故"天地和合"。《月令》曰"雷乃发声，蛰虫咸动"，故曰"雷以动之"。

风以散之。

荀爽曰：谓建巳之月，万物上达，布散田野。

疏 风，巽也。巽居东南，建巳之月，与巽同位。《说文》："四月阳气已出，万物皆成文章。"故云"万物上达"。《释天》："南风谓之凯风。"万物得凯风，"布散田野"故曰"风以散之"。

雨以润之。

荀爽曰：谓建子之月，含育萌芽也。

疏 上坎为云，下坎为雨，两坎也。建子之月，坎位北方用事之时。《月令》曰"水泉动"，注云"水者，天一之阳所生"。阳生而动，言枯彤者渐滋发，故云"含育萌芽"，而曰"雨以润之"也。

日以烜之。

荀爽曰：谓建午之月，太阳欲长者也。

疏 日，离也。建午之月，离位南方用事之时。离为日，日为太阳之精，故云"太阳欲长者也"。京氏云"烜，乾也"。又《周礼·司烜氏》："掌以夫遂，取明火于日。"故曰"日以烜之"。

艮以止之。

荀爽曰：谓建丑之月，消息毕止也。

疏 艮，居东北。建丑之月，与艮同位。艮，物之所成终，而成始也，是消息毕止之时，故曰"艮以止之"。

兑以说之。

荀爽曰：谓建酉之月，万物成熟也。

疏 建酉之月，兑位西方用事之时。《说文》曰“酉，就也”。言就成熟也，故云“万物成熟也”。兑者，万物之所说，故曰“兑以说之”。

乾以君之。

荀爽曰：谓建亥之月，乾坤合居，君臣位得也。

疏 乾，居西北。建亥之月，与乾同位。消息卦坤成于亥，故云“乾坤合居”。乾为君，坤臣道，故“君臣位得”，而曰“乾以君之”也。

坤以藏之。

《九家易》曰：谓建申之月，坤在乾下，包藏万物也。乾坤交索，既生六子，各任其才，往生物也。又雷与风雨，变化不常，而日月相推，迭有来往，是以四卦以义言之。天地山泽，恒在者也，故直说名矣。

孔颖达曰：此又重明八卦之功用也。上四举象，下四举卦者，王肃以为互相备也。则明雷风与震巽同用，乾坤与天地同功也。

疏 《九家》注：坤位西南。建申之月，与坤同位。申于消息为否，否坤在乾下，以乾包坤，故云“包藏万物也”。乾坤既生六子，各任其才，往生万物。初索震巽，再索坎离，三索艮兑，故先六子而终乾坤。乾但君之，坤但藏之，而无所事也。又雷日风雨变化，往来不定，故言其用。天地山泽，上下流峙有常，故言其体。言用故举其义，言体故举其名。

孔注：“雷风”等言其用，“动散”等言其功，故云“重明八卦之功用也”。或举象，或举卦，义实相备。言风雷而震巽之用在其中，言乾坤而天地之功在其中，由是雨日艮兑之功用，可互推也。

说卦传第五

【原典】

　　帝出乎震①，齐乎巽②，相见乎离③，致役乎坤④，说言乎兑⑤，战乎乾⑥，劳乎坎⑦，成言乎艮⑧。万物出乎震，震东方也。齐乎巽，巽东南也；齐也者，言万物之絜齐⑨也。离也者，明也，万物皆相见，南方之卦也；圣人南面而听天下，向明而治，盖取诸此也⑩。坤也者，地也，万物皆致养焉，故曰致役乎坤。兑，正秋也，万物之所说也，故曰说言乎兑。战乎乾，乾西北之卦也，言阴阳相薄也。坎者，水也，正北方之卦也，劳卦也，万物之所归也，故曰劳乎坎。艮东北之卦也，万物之所成终而所成始也，故曰成言乎艮。

【精注】

　　①帝出乎震：大自然的生机初萌于此。帝，天帝。出：产生万物。②齐乎巽：齐，整齐，指众物齐生并长的状态。③相见乎离：见，显现，指众物旺盛、纷呈其体。④致役乎坤：役，事也，即帮助。"致役"犹言"努力用事"，指万物继续成长。⑤说言乎兑：说，即"悦"；言，语助词。⑥战乎乾：战，接也，指阴阳交配结合，即后文"阴阳相薄"之义。⑦劳乎坎：劳，疲劳。⑧成言乎艮：成，成功，含有前功已成、后功复萌之义；言，焉也，语助词。⑨洁齐：犹言"整洁一致"，形容万物萌生之后顺畅生长的清新整洁状态。⑩圣人南面而听天下，向明而治，盖取诸此也：听，犹言"听政"；向，面向。

【今译】

　　主宰大自然生命的元气使万物出生于（象征东方和春分的）震，发展到（象征东南和立夏的）巽就生长整齐了，纷相显现于（象征南方和夏至的）离，致力用事于（象征西南和立秋的）坤，成熟欣悦于（象征西方和秋分的）兑，交配结合于（象征北方和冬至的）坎，最后成功而又重新萌生于（象征东北和立春的）艮。万物出生于震，因为震卦是象征万物由以萌生的东方。万物之所以在巽生长整齐，是因为巽卦是象征万物和顺生长的东南方；生长整齐，说明万物的成长状况整洁一致。离卦，是光明的象征，万物都旺盛而纷相显现，这是代表南方的卦；圣人坐北朝南而听政于天下，面向光明而治理事务，大概是受了此卦象征的启迪吧。坤卦，是地的象征，万物都致力养育于大地，所以说致力用事于坤。兑卦，象征正秋时节，万物成熟欣悦于此，所以说成熟欣悦于兑。交配结合于乾，乾卦是象征西北阴方的卦，表明阴阳于此交相潜入应和。坎卦，象征着水，是代表正北方的卦，又是喻示勤劬劳倦的卦，万物劳倦必当归藏休息，所以说勤劬劳倦于坎。艮卦是象征东北（终而复始之位）的卦，万物于此成就其终而重发其始，所以说最后成功而又重新萌生于艮。

【集解】

帝出乎震。

崔憬曰：帝者，天之王气也。至春分，则震王而万物出生。

疏 《乾凿度》以为八卦分散用事之序。帝，天皇大帝，阳之主，即太乙也。太乙所临之地，即为"王气"，故云"帝者，天之王气也"。震正东方，《乾凿度》曰"位在二月"，故"至春分，则震气王而万物出生"。乾阳出于震初，故曰"帝出乎震"。

齐乎巽。

崔憬曰：立夏，则巽气王而万物絜齐。

疏 巽，东南之卦，位在四月，故"立夏，则巽气王而万物絜齐"。巽为白，絜齐之象也，故曰"齐乎巽"。

相见乎离。

崔憬曰：夏至，则离王而万物皆相见也。

疏 离，正南之卦，位在五月，故"夏至，则离气王而万物皆相见"。离为目，故"相见乎离"。

致役乎坤。

崔憬曰：立秋，则坤王而万物致养也。

疏 坤，西南之卦，位在七月，故"立秋，则坤气王而万物致养"。役，事也。坤为致、为事，故"致役乎坤"。

说言乎兑。

崔憬曰：秋分，则兑王而万物所说。

疏 兑，正西之卦，位在八月，故"秋分，则兑气王而万物所说"。"说"于文从兑，故曰"说言乎兑"。

战乎乾。

崔憬曰：立冬，则乾王而阴阳相薄。

疏 乾，西北之卦，位在十月，故"立冬，则乾气王而阴阳相薄"。坤上六日"龙战于野"。坤成于亥，亥临于乾，阴疑于阳，故曰"战乎乾"。

劳乎坎。

崔憬曰：冬至，则坎王而万物之所归也。

疏 坎，正北之卦，位在十二月，故"冬至，则坎气王而万物之所归"。郑氏云"水性劳而不倦"，故曰"劳乎坎"。

成言乎艮。

崔憬曰：立春，则艮王而万物之所成终成始也。以其周王天下，故谓之帝。

疏 艮，东北之卦，位在正月，故"立春，则艮气王万物之所成终成始"，故曰"成言乎艮"。四正四维，每岁一周，故云"周王天下"。《说文》"帝者，谛也，王天下之号也"。周王天下，故谓之帝。自"帝出乎震"以下，皆出《周易探玄》。

万物出乎震。震，东方也。

虞翻曰：出，生也。震初不见东，故不称东方卦也。

疏 《释训》："男子谓姊妹之子为出。"故云"出，生也"。震初出庚，不见于东，故不称东方卦。注明八卦在天之列，是其本也。《乾凿度》："岁三百六十日而天气周，八卦用事各四十五日，方备岁焉。"震生于东方，故曰"万物出乎震"。

齐乎巽。巽，东南也。齐也者，言万物之絜齐也。"

虞翻曰：巽阳隐初，又不见东南，亦不称东南卦，与震同义。巽阳藏室，故絜齐。

疏　《乾凿度》曰"巽散之于东南"，故曰"巽，东南也"。阳伏巽初，故云"巽阳隐初"。巽见辛，又不见东南，故亦不称东南卦，与震同义也。巽阳退藏于密，以神明其德，故以"巽阳藏室，为万物之絜齐也"。

离也者，明也。万物皆相见，南方之卦也。

虞翻曰：离为日，为火，故明。日出照物，以日相见，离象三爻皆正，日中正南方之卦也。

疏　"离为日、为火"，《下传》文。日火外景，故明。离明照于四方，故"日出照物，以日相见"。又离为目，故曰"万物皆相见"。离卦三爻，阴阳皆正。日中正位南方，又离长之南方，故曰"南方之卦也"。

圣人南面而听天下，向明而治，盖取诸此也。

虞翻曰：离，南方，故南面。乾为治。乾五之坤，坎为耳，离为明，故以听天下，向明而治也。

疏　离位，正南，故曰"南面"。《周书·明堂》曰"天子之位，负斧依南面立"，是南面之事也。乾天下治为治。乾五之坤二成坎，即坤二之乾五成离，故"坎为耳，离为明"。坎耳，故"以听天下"。离明，故"向明而治也"。

坤也者，地也。万物皆致养焉，故曰"致役乎坤。"

虞翻曰：坤阴无阳，故道广布，不主一方，含弘光大，养成万物。

疏　坤，纯阴无阳之卦。坤曰广生，故"道广布"。土王四季，故"不主一方"。《乾凿度》曰"坤位在未"。《参同契》曰"土王四季，罗络始终。青黑赤白，各居一方。皆禀中宫，戊己之功"。未在西南，《彖传》曰"西南得朋"，故，用事于西南。青黑赤白，皆禀中央，故居中央。《白虎通》谓"土王四季，居中央，不名时也"。坤为地道，纯阴无阳，特就阳盛之位而在西南，故不言卦，不言方也。"含宏光大"，《坤·象传》文。崔氏彼注云"含育万物为宏，光华万物为大"。惟其"含宏光大"，是以"养成万物"。《乾凿度》曰"坤养之于西南方"，故曰"万物皆致养焉"。"故曰致役乎坤"者，解上"致役乎坤"也。下仿此。

兑，正秋也。万物之所说也，故曰说言乎兑。

虞翻曰：兑三，失位不正，故言"正秋"。兑象不见西，故不言西方之卦，与坤同义。兑为雨泽，故"说万物"。震为言，震二动成兑，言从口出，故"说言"也。

疏 兑三阴失位，嫌阴不正，故言"正秋"，以正之也。又兑为四正卦也，辰在酉，故曰"正秋"。兑见丁，不见西方，故，不言西方之卦。与坤藏乙，不言西南同义也。兑为泽，坎象半见为"雨泽"。故"说万物"。震善鸣为言。阳息震，至二成兑，兑为口，兑言从口出，兑又为说，故"说言也"。

战乎乾。乾，西北之卦也。言阴阳相薄也。

虞翻曰：乾刚正五，月十五日，晨象西北，故"西北之卦"。薄，入也。坤十月卦，乾消剥入坤，故"阴阳相薄也"。

疏 乾，刚正乎五位，月于十五日暮盈于甲，晨象西北，故曰"西北之卦也"。阳消入坤，故云"薄，入也"。坤辟于亥，为十月卦，剥九月卦。乾居西北亥位，消剥则入坤矣。乾阳坤阴，同居于亥，阴疑于阳必战，故"阴阳相薄也"。

坎者，水也。正北方之卦也。劳卦也，万物之所归也，故曰劳乎坎。

虞翻曰：归，藏也。坎二失位不正，故言"正北方之卦"，与兑"正秋"同义。坎月夜中，故"正北方"。

崔憬曰：以坎是正北方之卦，立冬以后，万物归藏于坎。又阳气伏于子，潜藏地中，未能浸长，劳局众阴之中也。

疏 虞注：《春官·太卜》："掌三《易》之法，二曰《归藏》。"郑注"归藏者，万物莫不归而藏之于中"，故云"归藏也"。坎二阳失位，嫌阳不正，故言"正北方之卦"，以正之也。与兑三不正称"正秋"同义。坎月夜中正北，故"正北方"。又坎四正卦，辰在子，故曰"正北方之卦也"。水性劳而不倦，故曰"劳卦也"。《月令》"仲冬之月，言助天地之闭藏"，故曰"万物之所归也"。

崔注：坎位正北，《乐记》曰"冬，藏也"，《乾凿度》曰"坎藏之于北方"，故"立冬以后，万物归藏于坎"也。子于辟卦为复，故云"阳气伏于子"。乾阳动于坤初，潜藏地中，未能如临之刚浸而长，是阳气"劳局众阴之中也"。曹丕《与吴质书》"未足解其劳结"，"劳局"即"劳结"之义。复一阳局于五阴为劳，坎一阳局于二阴亦为劳，故曰"劳卦也"。

艮，东北之卦也。万物之所成终而所成始也，故曰"成言乎艮"。

虞翻曰：艮三得正，故复称卦。万物成始乾甲，成终坤癸。艮东北是甲癸之间，故"万物之所成终而成始"者也。

疏 艮三阳得正，故复称卦也。乾纳甲，甲居东方，故"万物成始乾甲"。坤纳癸，癸居北方，故"成终坤癸"。艮见于丙，而言"东北是甲癸之间"者，乾十五日，坤三十日，艮二十三日，去乾坤各八日，故称"甲癸之间"。甲癸之间，即东北也。始于甲，终于癸，故"万物之所成终而成始也"。

说卦传第六

【原典】

神也者，妙万物而为言者也①。动万物者，莫疾乎雷；挠万物者，莫疾乎风；燥万物者，莫熯乎火；说万物者，莫说乎泽；润万物者，莫润乎水；终万物始万物者，莫盛乎艮。②故水火相逮，雷风不相悖，山泽通气，然后能变化，既成万物也。③

【精注】

①妙万物：即妙育万物。②挠：吹拂长养，弯曲，这里有倒伏的意思。熯（hàn）：燥热。③逮：及。悖：背逆。既：尽，都。

【今译】

所谓的大自然的神奇造化，是就它能够奇妙地化育万物而言的。鼓动万物者，以雷最为迅猛；吹拂万物者，没有比风更疾速的；干燥万物者，以火最为炽热；愉悦万物者，以泽最为和乐；滋润万物者，没有比水更湿润的；使万物最终完成的生长过程而又重新萌生者，以艮最为隆盛。所以水火性质虽然迥异却能够相互济成，雷风动态虽然迥异却不会相互违逆，山泽高低虽然迥异却能够相互沟通气息，然后大自然才能运动变化而创造出万物。

【集解】

神也者，妙万物而为言者也。

韩康伯曰：于此言"神"者，明八卦运动，变化推移，莫有使之然者。神则无物，妙万物而为言也。明，则雷疾风行，火炎水润，莫不自然相与，而为变化，故能万物既成。

疏　八卦运动，变化推移，莫有使之然者，神之为也。神非物，而妙乎物者也。《说文》"神"字下云"天神，引出万物者也"。"妙万物"者，"引出万物"也。明乎神之所为，则雷之所以疾，风之所行，火之所以炎，水之所以润，莫不自然相与，而极变化之妙。惟其神妙万物，故能"万物既成"也。

愚案：《系辞上》曰"阴阳不测之谓神"。阴阳，谓乾坤也。又曰"知变化之道者，其知神之所为乎"。虞彼注云"至神谓易，隐初人微，知几其神乎"。盖阳隐阴初，即乾坤之元。"妙"即"微"也，《申鉴》曰"理微谓之妙"是也。乾坤之元，变化不测，故曰"神，妙万物而为言也"。下文言六子之功用，而不及乾坤，以神即乾坤也。

动万物者，莫疾乎雷。

崔憬曰：谓春分之时，雷动，则草木滋生，蛰虫发起。所动万物，莫急于此也。

疏　《月令》"仲春之月，雷乃发声"，故"谓春分之时雷动"也。又曰"桐始华萍始生"，是"草木滋生"也。又曰

"蛰虫咸动"，是"蛰虫发起"。所动万物，莫急于此，故曰"动万物者，莫疾乎雷"也。

桡万物者，莫疾乎风。

崔憬曰：言风能鼓桡万物，春，则发散草木枝叶，秋，则摧残草木枝条，莫急于风者也。

疏 《方言》、《博雅》皆云"楫谓之桡"。《释名》："楫拨木舟，行捷疾也。"巽为木，故言桡。桡能拨物，故"言风能鼓桡万物"也。孔氏云"桡散万物"，是"桡"有"散"义，故云"春则发散草木枝叶"也。《左传·成公二年》曰"师徒桡败"，是"桡"有"摧"义，故云"秋则摧残草木枝条"也。春生秋凋，莫急于风，故曰"桡万物者，莫疾乎风"。

燥万物者，莫熯乎火。

崔憬曰：言火能干燥万物，不至润湿。于阳物之中，莫过乎火。熯，亦燥也。

疏 "火就燥"，故言"言能干燥万物"。《玉篇》："火阳，气用事，万物随变。"故云"不至润湿"。"于阳物之中，莫过乎火"，谓"莫熯乎火"也。《说文》："燥，干也；熯，干貌。"故云"熯，亦燥也"。

说万物者，莫说乎泽。

崔憬曰：言光说万物，莫过以泽而成说之也。

疏 兑上六《象》曰"未光也"。"上天下泽"，《履·象传》曰"光明也"，谓三互离也。"泽上于天"，《夬·象传》曰"其危乃光也"，谓上六位危，乃光也。是兑有光义，故言"光说万物"。万物说乎雨泽，故"莫过以泽成其说也"。

润万物者，莫润乎水。

言滋润万物，莫过以水而润之。

疏 《书·洪范》"水曰润下"，故"言滋润万物，莫过以水而润之也"。

终万物始万物者，莫盛乎艮。

崔憬曰：言大寒、立春之际，艮之方位。万物以之始，而为今岁首。以之终，而为去岁末。此则叶夏正之义，莫盛于艮也。此言六卦之神用，而不言乾坤者，以乾坤而发天地，无为而无不为，能成雷风等有为之神妙也。艮不言山，独举卦名者，以动桡燥润，功是雷风水火。至于终始万物，于山义则不然，故言"卦"。而余皆称物，各取便而论也。

疏　大寒在丑，立春在寅。大寒立春之际，正届东北，艮之方位也。东始立春，故"万物以之始，而为今岁首"。北终大寒，故"以之终，而为去岁末"。夏正建寅为岁首，故云"此则叶夏正之义"。成终成始，故曰"莫盛乎艮"也。此但言六子之神用，而不言乾坤。以乾坤为天地阴阳变化，无为而无不为，故能成六子有为之神妙。盖六子皆乾坤之神，即其用事者是也。艮不言山，言卦者，以动桡燥润，是雷风水火之功。至于终始万物，则非山所能为，故言其体，而不言其象。与称物者，各取其便也。

故水火相逮。

孔颖达曰：上章言水火不相入，此言"水火相逮"者，既不相入，又不相及，则无成物之功。明性早不相入，而气相逮及。

疏　《说文》："逮，及也。"孔释"水火不相射"为"不相入"，故言既不相入，又不相及，则水火无成物之功。明水火之性，虽不相入，而坎离之气，则实相及，以坎离本旁通也。

雷风不相悖。

孔颖达曰：上言"雷风相薄"，此言"不相悖"者，二象俱动，若相薄而相悖逆，则相伤害，亦无成物之功。明虽相薄，而不相逆者也。

疏　《玉篇》："悖，逆也。"前言"相薄"，此言"不相悖"。雷风俱有动象，若相薄而又相悖逆，即两相伤害，为无成物之功。震巽"同声相应"，故"虽相薄而不相逆者也"。

山泽通气。

崔憬曰：言山泽虽相悬远，而，气交通。

疏 山高泽下，其势悬远。艮兑"同气相求"，故"气交通"也。

然后能变化，既成万物也。

虞翻曰：谓乾变而坤化。"乾道变化，各正性命"，成既济定，故"既成万物"矣。

疏 阳，主变，乾二升坤五。阴，主化，坤五降乾二。是"乾道变化"，六爻"各正性命"，成既济定，故"既成万物也"。既，尽也。谓上下无常，刚柔相易也。乾坤六爻，分阴分阳。坎离相易，则二五正，"水火相逮"也。震巽相易，则初四正，"雷风不相悖"也。艮兑相易，则三上正，"山泽通气"也。故成既济定，而尽成万物也。

说卦传第七

【原典】

乾，健也①，坤，顺也②。震，动也③，巽，入也④。坎，陷也⑤，离，丽也⑥。艮，止也⑦，兑，说也⑧。

【精注】

①乾，健也：六龙循环不停为乾，所以是健。②坤，顺也：坤为"利牝马之贞"，所以是顺。③震，动也：震为巨雷，震动四方，所以是动。④巽，入也：巽为长风，无孔不入，所以是入。⑤坎，陷也：坎为水泽，物进则陷，所以是陷。⑥离，丽也：离为炬火，火必附丽于物，所以是丽。⑦艮，止也：艮为高山，岿然不动，所以是止。⑧兑，说也：说，通"悦"。兑为大泽，能供养水族和人，使之欢悦，所以是悦。

【今译】

乾卦代表天，是刚健的，坤卦代表地，是柔顺的。震卦代表雷，是震动万物的，巽卦代表风，是进入万物的。坎卦代表水，意味陷没，离卦代表火，意味附丽。艮卦代表山，表示静止，兑卦代表泽，表示和悦。

以上第七章。本章所指出八经卦的性质或情况，求之六十四卦而皆合，为历来治《易》者所遵奉。

【集解】

乾，健也。

虞翻曰：精刚自胜，动行不休，故，健也。

疏 《乾·文言》曰"纯粹精"，故为精。"刚健中正"，故为刚。《象》曰"君子以自强不息"，《老子》曰"自胜者强"，《商君》曰"自胜之谓强"，故云"精刚自胜"。"天行健"，故以"动行不休"为健也。

坤，顺也。

虞翻曰：纯柔，承天时行，故顺。

疏 六爻皆阴，故"纯柔"。《坤·文言》曰"地道其顺乎，承天而时行"。以阴顺阳，故曰"顺也"。《泰·象传》曰"内健而外顺"，故乾健而坤顺也。

震，动也。

虞翻曰：阳出动行。

疏 阳出震初，始动而行，故曰"震，动也"。《屯·象传》："动乎险中。""动"谓震也。

巽，入也。

虞翻曰：乾初入阴。

疏 乾初灭入坤中成巽，故曰"巽，入也"。

坎，陷也。

虞翻曰：阳陷阴中。

疏 一阳陷于两阴之中，故曰"坎，陷也"。《需·象传》曰"刚健而不陷"，"陷"是坎也。

离，丽也。

虞翻曰：日丽乾刚。

疏 离本阴卦，而阳精所舍。阴坩丽于阳，象日之坩丽于天，故曰"离，丽也"。《离·象传》"重明以丽乎正，柔丽乎中正"，《晋·象传》："顺而丽乎大明。""丽"是离也。

艮，止也。

虞翻曰：阳位在上，故止。

疏 艮一阳在上，乾阳至艮而止，故曰"艮，止也"。《蒙·象传》："险而止。""止"是艮也。

兑，说也。

虞翻曰：震为大笑。阳息震成兑，震言出口，故说。

疏 震声为大笑。阳息于震，至二成兑，兑为口，震为言，震言出兑口，故曰"兑，说也"。《履·象传》："说而应乎乾。""说"是兑也。

说卦传第八

【原典】

乾为马，坤为牛，震为龙，巽为鸡，坎为豕，离为雉，艮为狗，兑为羊。[①]

【精注】

①乾为马：以下八句是举八种动物说明八卦拟物取象之例。雉，野鸡。

【今译】

乾卦就像马所提供的帮助；坤卦就像牛所提供的帮助；震卦就像豪杰之士提供的帮助；巽朴的谦让恭顺就像鸡的觅食；坎卦的低洼不平就像猪的视觉；离卦就像野鸡的诚恳结伴；艮卦就像狗的作为，兑卦不像羊的绒毛。

【集解】

乾为马。

孔颖达曰：《乾·象》："天行健。"故为马。

疏 此一节明"远取诸物"也。马行至健，《乾·象》"天行健"，故为马。《洪范·五行传》曰"王之不极，时则有马祸"，郑彼注云"天行健。马，畜之疾行者也，属王极"。乾为王，马属王极，故"乾为马"。

坤为牛。

孔颖达曰：坤象地，任重而顺，故为牛。

疏 牛性顺，能任重。坤象地，任重而顺故为牛。《五行传》曰"思之不容，时则有牛祸"，郑注云"牛，畜之任重者也，属皇极"。坤为土，思心曰土，牛属皇极，故"坤为牛"。

震为龙。

孔颖达曰：震象龙动，故为龙。

疏 龙飞腾升降，至动之物，故震象能动而为龙也。以上三条，皆孔氏《正义》也。《五行传》曰"王之不极，时则有龙蛇之孽"，郑注云"龙，虫之生于渊，行于无形，游于天者，屈天"。乾为龙，乾息自初，初九"潜龙勿用"，乾初即震初，故"震为龙"。一说震东方岁星木，木为青龙，故为龙。王充《论衡》云"龙无尺木，无以升天"，以震木与龙同气也。

巽为鸡。

《九家易》曰：应八风也。风应节而变，变不失时。鸡时至而鸣，与风相应也。二九十八，主风精为鸡，故鸡十八日剖而成雏。二九顺阳历，故鸡知时而鸣也。

疏 "巽为风"，故"应八风也"。《史记·律书》："东北方条风，立春至，东方明庶风，春分至，东南方清明风，立夏至，南方景风，夏至至，西南方凉风，立秋至，西方阊阖风，秋分至，西北方不周风，立冬至，北方广莫风，冬至至。"故云"风应节而变，变不失时"也。鸡时至而鸣，与风相应，故"巽为鸡"也。巽数八，二九十八，主风精，故为鸡。鸡字应风，故"十八日剖而成雏"也。九阳数，故"二九顺阳历"。《春秋说题辞》："鸡为积阳，阳出鸡鸣。"故云"鸡知时而鸣也"。

坎为豕。

《九家易》曰：污辱卑下也。六九五十四，主时精为豕，故豕怀胎四月而生"。宣时理节，是其义也。

疏 《埤雅》："坎性趋下。"豕能俯其首，又喜卑秽，故云"污辱卑下也"。坎数五，《淮南子》曰"六九五十四，四主时，时主豕，故豕四月而生"。时谓四时，节谓八节，故云"宣时理节，是其义也"。

离为雉。

孔颖达曰：离为文明，雉有文章，故"离为雉"。

疏 离为日、火，有文明。雉为华虫，有文章。又离为飞鸟，值南方朱雀，故为雉。

艮为狗。

《九家易》曰：艮止，主守御也。艮数三，七九六十三，三主斗，斗为犬，故，犬怀胎三月而生。斗运行十三时日出，故，犬十三日而开目。斗屈，故犬卧屈也。斗运行四帀，犬亦夜绕室也。火之精，畏水不敢饮，但舌踢水耳。犬斗，以水灌之则解也。犬近奎星，故犬淫，当路不避人者也。

疏 艮，止也，主守御，故象狗也。艮数三，艮三主斗者，艮时行为时，斗建四时，故艮三主斗也。《春秋考异邮》曰"犬，斗精也"。七九六十三，阳气通，故狗三月而生，是其义也。斗之运行如杓指，寅日出，从寅至寅帀一日，是"行十三时日出，故犬生十三日而开目"也。斗一至四，为魁，五至七，为杓。其形曲屈，故犬卧亦形屈也。斗一夜连四帀，故犬亦夜行绕室也。犬禀阳气，故为火精，畏水不敢饮，但以舌踢之耳。犬斗，以水灌之，则解，水克水也。西方七宿，娄与奎次，是娄金狗近奎木狼也。《史记·天官书》："奎曰封豕，主沟渎。"故"犬淫当路，不避人者也"。

兑为羊。

孔颖达曰：兑为说，羊者，顺从之畜，故为羊。

疏 兑说有顺象。王廙云"羊者，顺从之畜，故为羊也"。"兑，正秋也"。《易纬·是类谋》曰"西岳亡玉羊"，羊是西方之畜，故"兑为羊"。又"兑为刚卤"，郑氏谓"其畜好刚卤"，是也。

说卦传第九

【原典】

乾为首，坤为腹，震为足，巽为股，坎为耳，离为目，艮为手，兑为口。①

【精注】

①乾为首：以下八句是举人体八种器官讲明八卦拟物取象之例。

【今译】

乾卦是开发大脑的；坤卦是满足生活；震卦是行动给予；巽卦是恭敬得体；坎卦就像耳朵倾听；离卦就像眼睛看到并记住；艮卦是用手阻拦；兑卦是说出需要。

【集解】

乾为首。

孔颖达曰：乾尊而在上，故为首。

疏 此一节明"近取诸身"。《乾凿度》："孔子曰：'八卦之序成立，则五气变形，故圣人生，而应八卦之体，得五气以为常。'"是也。"天尊地卑，乾坤定矣"。乾尊而在上，故为首。乾为圆，首圆在上，故象天也。

坤为腹。

孔颖达曰：坤能包藏含容，故为腹也。

疏 "坤以藏之"，故"能包藏"。"含宏光大"，故"能含容坤阴中虚，故为腹也"。又《释名》："腹，富也。"坤为富，故为腹。

震为足。

孔颖达曰：震动用，故为足。

疏 爻位，初为足，震阳在下能动，故为足。

巽为股。

孔颖达曰：巽为顺，股顺随于足，故巽为股。

周易全书·最新整理珍藏版

中国书店

疏 《巽·象传》曰"柔皆顺乎刚"，故"巽为顺"。巽下开，似股之二，而随于足，又为进退，故为股。

坎为耳。

孔颖达曰：坎北方主聪，故为耳。

疏 《洪范传》谓"坎北方属听"，故为耳。

离为目。

孔颖达曰：离南方主视，故为目。

疏 《洪范传》谓"离南方属视"，故为目。《淮南·精神》曰"耳目者，日月也。离日坎月，离目坎耳"，故"坎马耳，离为目"。

艮为手。

孔颖达曰：艮为止，手亦止，持于物使不动，故"艮为手"。

疏 艮，止也，又为拘，以手持物为拘。震足艮手，反对之象。足动于下，手止于上，故"止持于物，使不动"也。又震艮皆阴阳五画，象指。震在下，故为足。艮在上，故为手。

兑为口。

孔颖达曰：兑为说，口所以说言，故"兑为口"。

疏 兑，说也。说言出于口，故为口。"震为声，阳息至二，成兑，震声出焉"。郑云"上开似口"，故兑为口。此节郑氏古文，在"乾为马"上，当从之。

说卦传第十

【原典】

乾天也，故称乎父；坤地也，故称乎母；震一索而得男，故谓之长男；巽一索而得女，故谓之长女；坎再索而得男，故谓之中男；离再索而得女，故谓之中女；艮三索而得男，故谓之少男；兑三索而得女，故谓之少女。[①]

【精注】

①乾天也，故称乎父：以下诸句是以人的家庭组成为喻，说明八卦含有父母及其所生三男三女之象。

【今译】

乾，象征着天，所以称为父；坤，象征着大地，所以称为母。父母阴阳互求，而得男女，震是初次求合所得的男性，所以称为长男；巽是初次求合所得的女性，所以称为长女。坎是再次求合所得的男性，所以称为中男；离是再次求合所得的女性，所以称为中女。艮是三次求合所得的男性，所以称为少男；兑是三次求合所得的女性，所以成为少女。

【集解】

乾，天也，故称乎父。坤，地也，故称乎母。

崔憬曰：欲明六子，故先说乾称天父，坤称地母。

疏　欲明六子，故先说父母。乾天，阳也，人之所资，始者也，故为父。坤地，阴也，人之所资生者也，故称母。

震一索而得男，故谓之长男。巽一索而得女，故谓之长女。

坎再索而得男，故谓之中男。离再索而得女，故谓之中女。

艮三索而得男，故谓之少男。兑三索而得女，故谓之少女。

孔颖达曰：索，求也。以乾坤为父母，而求其子也。得父气者为男，得母气者为女。坤初求得乾气为震，故曰"长男"。坤二得乾气为坎，故曰"中男"。坤三得乾气为艮，故曰"少男"。乾初得坤气为巽，故曰"长女"。乾二得坤气为离，故曰"中女"。乾三得坤气为兑，故曰"少女"。此言，所以生六子者也。

疏　《曲礼》："大夫以索牛。"郑注"索，求得而用之"，故云"索，求也"。乾资始，坤资生，故"以乾坤为父母，而求其子也"。"乾道成男，坤道成女"，故"得父气者为男，得母气者为女"也。此上王肃义也。震初得乾为长男，坎二得乾为中男，艮上得乾为少男。巽初得坤为长女，离二得坤为中女，兑上得坤为少女。此乾坤，所以生六子也。又震巽一索，坎离再索，艮兑三索，故曰"易，逆数也"。

中华藏书　第一部 周易原典　中国书店

说卦传第十一

【原典】

乾为天，为圜①，为君，为父，为玉，为金，为寒，为冰，为大赤，为良马，为老马，为瘠马，为驳马②，为木果③。

坤为地，为母，为布④，为釜，为吝啬，为均，为子母牛，为大舆，为文⑤，为众，为柄，其于地也为黑。

震为雷，为龙，为玄黄，为专⑥，为大途，为长子，为决躁，为苍筤竹⑦，为萑苇⑧，其于马也为善鸣，为馵足⑨，为作足⑩，为旳颡⑪，其于稼也为反生⑫，其究为健，为蕃鲜⑬。

巽为木，为风，为长女，为绳直，为工，为白，为长，为高，为进退，为不果，为臭⑭，其于人也为宣发，为广颡，为多白眼，为近利市三倍，其究为躁卦。

坎为水，为沟渎，为隐伏，为矫揉，为弓轮，其于人也为加忧，为心病，为耳痛，为血卦，为赤，其于马也为美脊，为亟心⑮，为下首，为薄蹄⑯，为曳，其于舆也为多眚，为通，为月，为盗，其于木也为坚多心⑰。

离为火，为日，为电，为中女，为甲胄，为戈兵，其于人也为大腹，为乾卦⑱，为鳖，为蟹，为蠃，为蚌，为龟，其于木也为折上槁⑲。

艮为山，为径路，为小石，为门阙，为果蓏⑳，为阍寺㉑，为指，为拘，为鼠，为黔喙之属㉒，其于木也为多节。

兑为泽，为少女，为巫，为口舌，为毁折，为坿决，其于地也为刚卤，为妾，为羊。

【精注】

①圜：圆环，此处含周转之义。②驳马：健猛之马，旧称此马有牙如锯，能食虎豹。③木果：谓树木果实。④布：古代货币名。⑤文：文饰，含章理畅顺之义。⑥一说"专"为"尃"：音孚fū，花朵。花开必欣欣上动，故被取为"震"象。⑦苍筤竹：筤，音郎láng，"苍筤"指竹初生而色青嫩。⑧萑苇：萑，音环huán，"萑苇"为两种芦类植物，即"蒹葭"。

⑨駧足：駧，音注 zhù，谓马的后足为白色。⑩作足：谓马足腾起好动，作，起也。⑪的颡：的，白也；颡，额颠。指额头白色之马。⑫反生：指顶着种子的甲壳破土萌生。⑬蕃鲜：谓春季草木茂盛鲜明。蕃，犹"繁"，指草木蕃育之盛；鲜，鲜明。⑭臭：音嗅 xiù，气味。⑮亟心：犹言"焦心"。⑯薄蹄：谓马蹄迫地，即言以蹄踢地。⑰坚多心：指坚硬而多小刺之木，含物触则险之义。⑱乾卦：乾，音干 gān，谓干燥之卦。⑲科上槁：指中空而上截枯槁之木，科，木中空。⑳果蓏：蓏，音裸 luǒ，指瓜类植物的果实。㉑阍寺：阍，音昏 hūn，宫门，又指"阍人"，即守宫门者；寺，谓"寺人"，古代执守宫中的小臣，犹后世的宦官。㉒黔喙之属：嘴为黑色的猛禽。

【今译】

乾为天象，为圆环象，为君主象，为父象，为玉象，为金象，为寒象，为冰象，为大红颜色象，为良马象，为老马象，为瘦马象，为驳马象，为树木果实象。

坤为地象，为母象，为钱币流布之象，为锅斧象，为吝啬象，为平均象，为育子牛的母牛象，为大车象，为文彩章理象，为众多象，为柯柄象，对于地来说为黑色土壤之象。

震为雷象，为龙象，为青黄颜色交杂之象，为花朵象，为宽阔大路象，为长子象，为刚决躁动象，为青嫩幼竹象，为萑苇象；对于马来说为，擅长鸣啸，为左后足长有白毛的马象，为前两足腾举的马象，为额首斑白的马象；对于禾稼来说为戴着种子胚壳萌生之象；此卦发展至极则化为刚健之象；为草木繁育鲜明之象。

巽为树木象，为风象，为长女象，为笔直的准绳象，为工巧象，为白色象，为细长象，为高象，为抉择进退之象，为迟疑不决之象，为气味象；对于人来说为头发稀少，额首宽广，眼白偏多，为好利而交易必获三倍利益者之象；此卦发展至极则演变为急躁卦。

坎为水象，为沟洼渎泊象，为隐伏象，为矫揉屈曲象，为弯弓转轮象；对于人来说为频生忧虑象，为常患心病象，为耳内疾痛象；为鲜血卦之象，为红色象；对于马来说则脊背美丽，内心焦急，为头部下垂的马象，为脚蹄频频踢地的马象，为艰难地拖曳着行走的马象；对于车辆来说为行驶多灾的车象；为贯通象，为月亮象，为盗贼象；对于树木来说为坚硬多生小刺之象。

离为火象，代表着太阳、闪电、中女、护身甲胄、戈矛兵器；对于人来说为妇女大腹怀孕象；为干燥卦之象，为鳖象，为蟹象，为螺象，为龟象；对于树木来说为柯杆中空而上部枯槁之象。

艮为山象，为斜径小路象，为小石象，为门阙象，为果瓜象，为阍人寺人象，为手指象，为拘象，为鼠象，为黑喙刚猛的禽鸟象；对于树木来说为多生节纽之象。

兑为泽象，为少女象，为巫师象，为口舌象，为毁灭摧折象，为附从他人的决断之象；对于地来说为土壤刚硬，寸草不生；为妾象，为羊象。

【集解】

乾为天。

宋衷曰：乾动作不解，天亦转运。

疏 "乾动作不解"者，健也。"天亦转运"者，天行健也。天健即乾健也，故"乾为天"。

为圜。

宋衷曰：动作转运，非圜不能，故为圜。

疏 《大戴礼·天圆》曰"夫子曰'天道曰圆，地道曰方。'"《考工记》曰"盖之圜也，以象天也"。《吕氏春秋》曰"何以说天道之圜也？精气，一上一下，圜周复匝，无所稽留，故曰天道圜"。盖天动作转运于上，非圜不能，故为圜。

为君。

虞翻曰：贵而严也。

疏 乾五在上为贵，乾位西北，其气寒凝为严，故云"贵而严"也。

为父。

虞翻曰：成三男，其取类大，故为父也。

疏　乾成三男，阳为大，取其类大，故为父也。

为玉，为金。

崔憬曰：天体清明而刚，故"为玉、为金"。

疏　天体清明而刚，玉取其刚，金取其清，且刚纯精粹，在物唯金玉有其德，故"为玉、为金"。

为寒，为冰。

孔颖达曰：取其西北冰寒之地。

崔憬曰：乾主立冬以后，冬至以前，故"为寒，为冰"也。

疏　孔注：乾位西北，为冰寒之地，故有此象。

崔注：乾位在亥，主立冬以后，冬至以前。上言，寒冰之地，此言，寒冰之时，故"为寒、为冰也"。

为大赤。

虞翻曰：太阳为赤，月望出入时也。

崔憬曰：乾，四月，纯阳之卦，故取盛阳色，"为大赤"。

疏　虞注：《释名》："赤者赫也，太阳之色。"故"太阳为赤"。月至望，盈乾甲。乾于月望出入时，其色大赤，故曰"月望出入时也"。

崔注：乾辟于巳为四月，纯阳之卦，故取盛阳之色，为大赤。《白虎通》："赤者，盛阳之气，故周为天正，色尚赤。"

为良马。

虞翻曰：乾善，故良也。

疏　上云"乾为马"。《说文》："良，善也。"乾元善长，故"为良马"。

为老马。

《九家易》曰：言气衰也。息至巳，必当复消，故"为老马"也。

疏　老，言气衰也。阳息至巳成乾，必当复消于午成姤，故乾"为老马"也。乾盈于甲，当退于辛，亦为老。

为瘠马。

崔憬曰：骨为阳，肉为阴。乾纯阳爻骨多，故"为瘠马"也。

疏 "骨为阳，肉为阴"，郑氏义也。乾六爻皆阳，骨多之象，故"为瘠马"。

为驳马。

宋衷曰：天有五行之色，故"为驳马"也。

疏 《考工记》："画绘之事杂五色，东方谓之青，南方谓之赤，西方谓之白，北方谓之黑，天谓之玄，地谓之黄。"凡五而目有六者，玄与黑同而异也。五方之色单，而天之玄，乃全乎五方之色，故云"天有五行之色"也。其色不纯，故"为驳马"，以纯乾言之，则"为良马"。上则得乎艮之终，而"为老马"。中则得乎坎之脊，而"为瘠马"。初则得乎震，震玄黄之杂也，故"为驳马"。

为木果。

宋衷曰：群星著天，似果实著木，故"为木果"。

疏 孔氏云"取其果实著木，有似星之著天也"。

愚案：乾纳甲，甲木，阳功成也。木果，木功成也。剥上九曰"硕果不食"，谓一阳在上也。剥极必复，降而生震。震之一阳在下，即自剥之一阳在上而来，是果复生木而为震也。乾终始纯阳，故"为木果"。

坤为地。

虞翻曰：柔道静。

疏 坤为柔道，"至静而德方"，故为地。

为母。

虞翻曰：成三女，能致养，故"为母"。

疏 坤成三女，皆致养焉，故"为母"。荀氏云"阴之尊也"。

为布。

崔憬曰：遍布万物于致养，故"坤为布"。

疏 虞氏云"坤道广布，不止一方"，故"遍布万物于致养"，而为本也。又"为布"者，布阴功也。《月令·仲夏》曰"毋暴布"，郑彼注云"不以阴功于太阳之事"，是也。

为釜。

孔颖达曰：取其化生成熟，故"为釜"也。

疏 "坤化成物"，故"取其化生成熟而为釜也"。

为吝啬。

孔颖达曰：取地生物而不转移，故"为吝啬"也。

疏 扬子《太玄》"圆则杌檀，方则吝丞"，故"取地生物而不转移"也。阴道畜聚，阴之翕也，故"吝啬"。

为均。

崔憬曰：取地生万物，不择善恶，故"为均"也。

疏 地道均平，故"不择善恶"。"吝啬"是"其静也翕"，"均"是"其动也辟"。

为子母牛。

《九家易》曰：土能生育，牛亦含养，故"为子母牛"也。

疏 "坤为牛"，坤土有生育之德，牝牛亦有含养之功。盖坤凝乾，则象牝马。丽阳则象牝牛。"子母牛"者，牝牛也。又《左传·昭公四年》："纯离为牛。"离，坤之子也。坤离皆牛，故"为子母牛"。

为大舆。

孔颖达曰：取其能载，故"为大舆"也。

疏 《坤·象传》曰"坤厚载物"，故"取其能载"。大有九二曰"大车以载"，故"为大舆也"。

愚案：大舆即大车。《考工记》："大车崇九尺。"郑注"大车，平地任载之车，共驾牛"。《诗·小雅》"无将大车"，亦然。《诗》又曰"我车我牛"，《书》则曰"肇牵车牛，远服贾者"，皆大车也。坤为牛、为地、为载，以牛驾车，任载行地，故"为大舆"。

中華藏書

周易全书·最新整理珍藏版

为文。

《九家易》曰：万物相杂，故"为文"也。

疏 "万物皆致养焉"，故曰万物。"物相杂，故曰文"，故"万物相杂而为文也"。《楚语》"左史倚相曰'地事文'"。《逸礼·三正记》曰"质法天，文法地"。《白虎通》曰"天为质，地受而化之，养而成之"，故为文。

为众。

虞翻曰：物三称群。阴为民，三阴相随，故"为众"也。

疏 《诗·小雅》："或群或友。"毛传"兽三成群"，故云"物三成群"。又《国语》曰"三人为众"。盖"众"于文从皿，从似，"似"即"众"本字，三人之象也。坤阴为民，三阴相随，有似象焉，故"为众"。

为柄。

崔憬曰：万物依之为本，故"为柄"。

疏 虞《系》注云"柄，本也"。本乎地者亲下，故"万物依之为本，而为柄也"。一说"柄"当从古文作"枋"，"枋"与"方"同。《象传》曰"至静而德方"，《九家易》"坤为方"是也。

其于地也为黑。

崔憬曰：坤十月卦，极阴之色，故其于色也为黑矣。

疏 坤辟亥，十月之卦，北方，极阴之色也，故"于地为黑"。极阳色赤，极阴色黑。虞谓乾于月望，出入时为大赤，坤于地为黑，其义一也。又天玄近黑，以乾居西北近坎也。地纁黄近赤，以坤居西南近离也。而乾为盛阳，又得南方之色，为大赤。坤为盛阴，又得北方之色，为黑。

震为雷。

虞翻曰：太阳火，得水有声，故为雷也。

疏 乾坤以坎离战阴阳，交会于壬而生震，故云"太阳火，得水也有声，故为雷"。乾阳初交坤阴为震，故《淮南子》曰"阴阳相薄为雷"也。

为駹。

虞翻曰：駹，苍色。震东方，故为駹。旧读作"龙"，上巳为"龙"，非也。

疏 《汉书·匈奴传》："围高帝于白登，汉兵不得相救。匈奴骑，其西方尽白，东方尽駹，北方尽骊，南方尽騂。"注云"駹，青马也"。此云"駹，苍色"者，下云"苍莨竹"。《九家》注云"青也"，是"苍即青也"。震东方木，其色青，故"为駹"。今本作"龙"，郑读为"龙"，云"取日出色也"。虞本作"駹"，故云"旧读作龙"，上巳为"龙"，故非也。

为玄黄。

虞翻曰：天玄地黄，震天地之杂物，故"为玄黄"。

疏 天色玄，地色黄。乾始交坤为震，天地之杂物也，故"为玄黄"。

为专。

虞翻曰：阳在初隐静，未出触坤，故专，则"乾静也专"。延叔坚说以"专"为"旉"，大布非也。

疏 阳在初，乾初其体隐静，未出触坤，潜而勿用，故专。虞下注云"震内体为专"，所谓"乾，其静也专"是也。延叔坚以"专"为"旉"，大布，"旉"古"布"字，故云"大布"。坤已为布，此不得更云布，故知非也。

案：今本作"旉"，干氏注云"花之通名，铺为花貌谓之薮"，义亦通也。

为大途。

崔憬曰：万物所出在春，故"为大途"，取其通生性也。

疏 王廙云"大途，万物所出"。盖万物出乎震，其时为春，故"为大途"，取其通生万物之性也，又坤为国。《考工记》："匠人曰国中九经九纬，经途九轨。"震阳居于神初，阳数九，是九轨为大途也。

为长子。

虞翻曰：乾一索，故"为长子"。

中华藏书 第一部 周易原典 中国书房

疏 一索得男，故"为长子"。

为决躁。

崔憬曰：取其刚在下动，故"为决躁"也。

疏 刚动于下，足之躁也，故"为决躁"。又阳息至二成兑，兑在夬为决，震外体为躁，故"为决躁"也。

为苍筤竹。

《九家易》曰：苍筤，青也。震阳在下，根长坚刚。阴爻在中，使外苍筤也。

疏 《说文》："苍，草色也。"草色青，故谓苍筤为青也。震一阳在下，有根长坚刚之象。阴爻在中，中虚之象。东方色苍，故"使外苍筤也"。

愚案：竹、萑苇，皆根骈而茎分。震之一阳在下，二阴在上似之。木则根歧而干双，巽之一阴在下，二阳在上似之。

为萑苇。

《九家易》曰：萑苇，蒹葭也。根茎丛生，蔓衍相连，有似雷行也。

疏 《说文》："苇，大葭也。"故云"萑苇，蒹葭也"。根茎丛生，蔓衍相连，郑氏以为竹类，是也。相连，故似雷行。

其于马也，为善鸣。

虞翻曰：为雷，故善鸣也。

疏 乾为马，震得乾之初。雷有声，故善鸣。

为馵足，为作足。

虞翻曰：马白后左足为馵。震为左、为足、为有，初阳白，故"为作足"。

疏 《释兽》曰"左白馵"。《说文》曰"馵，马后左足白也"。震在东，故"为左足"。"有"当作"后"，震"后有则"，故"为后"。巽阳在上为白，伏震，震阳在初，故为白。左白足，故"为馵足"。王劭云"马行，先作弄四足"。作，起也。震足起，故"作足"。《鲁颂》曰"思马斯作"是也。

中華藏書

第一部 周易原典

中国书房

为旳颡。

虞翻曰：旳，白。颡，额也。震体头在口上，白，故旳颡。《诗》云"有马白颠"是也。

疏 《博雅》："旳，白也"。《玉篇》："颡，额也。"震反生，以初为颡。乾为首，兑为口，震乾初在兑上，故"体头在口上"。初阳白，故"为旳颡"。"有马白颠"，《诗·秦风》文。毛传"白颠，旳颡也"，故引以为证。

其于稼也，为反生。

宋衷曰：阴在上，阳在下，故"为反生"。谓枲豆之类，戴甲而生。

疏 《洪范》王肃注云"种之曰稼"。震阳出坤，如种出土，故震取象于稼。阴为形在上，阳为气在下，故"为反生"。"枲豆之类，戴甲而生"，郑氏以为"生而反出"，是也。又坤元资生，乾阳反生，故"为反生"。又"反"虞作"阪"，注云"陵阪也"。陵阪所生，则亦枲豆之属也。

其究为健，为蕃鲜。

虞翻曰：震巽相薄，变而至三，则下象究。与四成乾，故"其究为健、为蕃鲜"。巽究为躁卦，躁卦则震。震雷巽风无形，故卦特变耳。

疏 震巽"雷风相薄"，震变至三成巽。究于三，故下象言究也。下象已变，二与四互成乾。乾，健也，故"为健"。蕃鲜，白也。究成巽白，故"为蕃鲜"。震究为蕃鲜，蕃鲜谓巽也。巽究为躁卦，躁卦谓震也。震雷巽风，变化无形，且阴阳之始，故皆言究。他卦不言究，此独言究，故云"特变"。

巽为木。

宋衷曰：阳动阴静，二阳动于上，一阴安静于下，有似于木也。

疏 阳主动，阴主静。二阳动于上，象枝叶。一阴安静于下，象根干，故"有似于木也"。又柔爻为草，刚爻为木。震为苍筤竹、为萑苇、为稼，皆柔爻。巽为木，谓刚爻也。

中华藏书

周易全书·最新整理珍藏版

中国书店

为风。

陆绩曰：风，土气也。巽，坤之所生，故"为风"。亦取静于本，而动于末也。

疏　《庄子》："大块噫气，其名为风。"故云"风，土气也"。巽阴自坤来，故云"坤之所生"，坤为土，故"为风"。一阴静下，二阳动上，故"亦取静于本，而动于末也"。

为长女。

荀爽曰：柔在初。

疏　柔在初爻，一索得女，故"为长女"。

为绳直。

翟玄曰：上二阳共正一阴，使不得邪僻，如绳之直。

孔颖达曰：取其号令齐物，如绳直也。

疏　翟注：《洪范》"木曰曲直"。阴失位于初，二得中，三得正，故"上二阳共正一阴"。阳直以正阴曲，阴顺乎阳，故"使不得邪僻"。《说命》曰"木从绳则正"，木曲，则绳之使宜，所谓"齐乎巽"也，故"为绳直"。

孔注：巽申命，故为号令。巽絜齐，故云"齐物"。号令齐物，如绳直以正木也。

为工。

荀爽曰：以绳木，故"为工"。

虞翻曰："为近利市三倍"，故"为工"。子夏曰："百工居肆"。

疏　荀注：凡规矩准绳，皆所以齐物。"齐乎巽"，故"为工"。

虞注：巽近市利，《汉书·刑法志》："开市肆以通之。"是"市"即"肆"也。《论语》"子夏曰'百工居肆，以成其事'"，故近市为工。

愚案：《考工记》："审曲面执，以饬五材，以辨民器，谓之百工。"材有五而皆从木，故谓之工。《左传》曰"山有木，工则度之"。巽为木，故为工。

为白。

虞翻曰：乾阳在上，故白。

孔颖达曰：取其风吹去尘，故絜白也。

疏 虞注：坤于地为黑，以其极阴也。坤阴为黑，故乾阳为白。巽二阳在上，故"为白"。

孔注：巽为絜齐，风吹去尘，有絜齐之象，故"为白"。

为长。

崔憬曰：取风行之远，故"为长"。

疏 风行至远，故"为长"。又五行惟木称长，如《左传》"长木之摽"是也。

为高。

虞翻曰：乾阳在上，长故高。

孔颖达曰：取木生，而高上。

疏 虞注：乾阳在上，惟长故高。

孔注：木生而上，故曰高。

为进退。

虞翻曰：阳初退，故进退。

荀爽曰：风行无常，故进退。

疏 虞注：阴长，故"阳初退"。阴进阳退，故"为进退"。

荀注：风行无常，忽进忽退，故"为进退"。

为不果。

荀爽曰：风行或东或西，故不果。

疏 风行或东或西，进退无常，故"不果"。又乾为木果，巽阴消初。渐及于上，故"不果"。

为臭。

虞翻曰：臭，气也。风至知气。巽二入艮鼻，故"为臭"。《系》曰"其臭如兰"。

疏 臭者，凡气之总名，故云"臭，气也"。气随风动，故"风至知气"。巽二变成艮，《九家易》"艮为鼻"，故"巽二入艮鼻为臭"也。《系》释同人九五爻辞，五应在二，六二互巽，故曰"其臭如兰"。

其于人也，为宣发。

虞翻曰：为白，故宣发。马君以"宣"为寡发，非也。

疏 乾为人，下四象皆取乾，故称"于人"。郑氏云"头发颠落曰宣。取四月靡草死，发在人体，犹靡草在地"。《楚辞·大招》："天白颢颢。"《说文》："颢，白貌。"是"颢落曰宣"，谓发早白也。为白，故发宣。"宣发"今本作"寡发"，从马君也。寡于巽无取，故云"非也"。"宣""鲜"同音，"宣"即"蕃鲜"，亦训"白"也。古"宣""鲜"字，皆读为"斯"。《诗·瓠叶》曰"有兔斯首"，郑笺云"斯，白也"。《左传·宣公二年》："于思于思。"贾逵云"头白貌"。"思""斯"同音"宣"，读如"斯"，故训为"白"也。

为广颡。

虞翻曰：变至三，坤为广。四动成乾为颡。在头口上，故为"广颡"。与震"的颡"同义。震一阳，故"的颡"。巽变乾二阳，故"广颡"。

疏 变至三，其究为震，二互四为坤，坤广生，故"为广"。巽四动，则外体成乾为首，故"为颡"。巽口在下，颡在头口上，故"为广颡"。与震的颡，头在口上同义。震一阳在下，故"旳颡"。巽变乾二阳，至四成坤，故"广颡"。

为多白眼。

虞翻曰：为白，离目上向，则白眼见，故"多白眼"。

疏 巽六画卦，互体离，离为目。三互五成离，故"目上向"。"巽为白"，故"多白眼"。

为近利市三倍。

虞翻曰：变至三，成坤中，为近。四动乾，乾为利，至五成噬嗑，故称市。乾三爻为三倍，故"为近利市三倍"。动上成震，故"其究为躁卦"。八卦诸爻，唯震巽变耳。

疏 变至三，互四成坤，近如地，故为近。四动，外体乾，乾美利为利，变至五，体成噬嗑，"日中为市，取诸噬嗑，故为市"。五未变时，乾三阳爻为三倍，故"为近利市三倍"。上变则巽成震，震决躁，故"其究为躁卦"。八卦诸爻，唯巽震特变，义已见前。

其究为躁卦。

虞翻曰：变至五，成噬嗑为市。动上成震，故"其究为躁卦"。明震内体为专，外体为躁。

疏 自巽初变，至上成震，故"其究为躁卦"。震一阳静于内，故"内体为专"。四阳动于外，故"外体为躁"。震，阳之始，故言"卦"。

坎为水。

宋衷曰：坎阳在中，内光明，有似于水。

疏 坎一阳在二阴之中，其内光明，有似于水。寻，《说文》曰"☵，准也"，☵即☵之纵文也，又曰"北方之行，象众水并流，中有微阳之气也"，故"坎为水"。

为沟渎。

虞翻曰：以阳辟坤，水性流通，故"为沟渎"也。

疏 "坤，其动也辟"，阳动阴中，故云"以阳辟坤"。坤为土，水性流通于坤土之中，故其象"为沟渎也"。

为隐伏。

虞翻曰：阳藏坤中，故"为隐伏"也。

疏 一阳藏于两阴之中，故"为隐伏"。

为矫揉。

宋衷曰：曲者，更直为矫，直者，更曲为揉。水流有曲直，故"为矫揉"。

疏 使"曲者，更直为矫，直者，更曲为揉"。水流随地，有曲有直，故"为矫揉"也。

为弓轮。

虞翻曰：可矫揉，故"为弓轮"。坎为月，月在于庚为弓，在甲象轮，故弓轮也。

疏 可矫曲为宜，揉宜为曲，故"为弓轮"。坎为月，弓象初月，轮象满月。月在于庚，出震时也。初生明，故"为弓"。又月在丁上弦，在丙，下弦，故《参同契》曰"上弦兑数八，下弦艮亦八"。上弦下弦亦"为弓"。月在甲，盈乾时也，望则月圆，故"为轮"。贾谊《新书》曰"古之为路舆，三十辐以象月"是也。

其于人也，为加忧。

虞翻曰：两阴失心为多眚，故"加忧"。

疏 亦乾为人也。"失"当为"夹"。初三两阴夹心，多眚之象。阳陷阴中，险难可忧，故"加忧"。

为心病。

虞翻曰：为劳而加忧，故"'心病'。亦以坎为心。坎二折坤，"为心病"。

疏 坎，劳卦也。既为劳，而又加忧，故"为心病"。《说文》："心，人心，土藏，在身之中。象形。"坤为身，阳在坤中，故"为心"。坤，土也。二折坤土，故"为心病"。《说文》又谓"博士说，以为火藏"，即心为大火也。《月令》："季夏，祭先心。"亦取火王之义。坎水克火，故"为心病"。

为耳痛。

孔颖达曰：坎，劳卦也。又主听，听劳则耳痛。

疏 坎为耳主听，坎为劳，听劳则耳痛。且为疾多眚，故痛也。

为血卦，为赤。

孔颖达曰：人之有血，犹地有水。赤，血色也。

案：十一月一阳爻生在坎，阳气初生于黄泉，其色赤也。

疏 孔注：《释名》"血，滅也，出于肉，流而滅滅也"，《说文》"滅，水多貌"，故云"人之有血，犹地有水"也。赤，亦血之色也。

案：坤上六"其血玄黄"，文言曰"犹未离其类也，故称血焉"。坎正十一月，阴阳会于壬，牝坤生复，故坎"为血卦"。

案：十一月一阳初生，其爻为复，其时为坎，故云"一阳
爻生在坎"也。《檀弓》："周人尚赤。"郑注"以建子之月为
正，物萌色赤"，《白虎通》："十一月之时，阳气始养根株。
黄泉之下，万物皆赤。"故云"阳气生于黄泉，其色赤也"。

其于马也，为美脊。

宋衷曰：阳在中央，马脊之象也。

疏 坎秉乾气，故亦"于马也"。一阳在两阴中央，脊之
象也，故为马脊。

为亟心。

崔憬曰：取其内阳刚动，故"为亟心"也。

疏 阳刚在中，象背为背，象胸为心。内阳刚动，故"为
亟心"。亟，疾也。

为下首。

荀爽曰：水之流，首卑下也。

疏 象水之流，故其首卑下也，又乾为首，陷于阴下，故
"为下首"。

为薄蹄。

《九家易》曰：薄蹄者在下，水又趋下，趋下则流散，流
散则薄，故"为薄蹄"也。

疏 蹄在下，水性趋下，分流易散，故薄也。又蹄象震
足，震象半见，故薄蹄。

为曳。

宋衷曰：水摩地而行，故曳。

疏 郑注《乐记》："摩，犹迫也。"谓水迫地而行，为
曳也。

愚案：《仪礼·士相见礼》："执玉者，则唯舒武，举前曳
踵。"郑注"备蹎跲也"。震象半见，足没坎水，故不敢疾趋，
而曳踵也，亦谓马也。

其于舆也，为多眚。

虞翻曰：眚，败也。坤为大车，坎折坤体，故为车多眚也。

疏　《夏官·大司马》："冯弱犯寡则眚之。"郑注"眚，损也"。"败"亦训"损"，故云"眚，败也"。坤为大举，故有舆象，坎折坤二，则坤毁，故"多眚也"。王廙云"眚，病也"，从《说文》"眚，目病"之义，亦可从也。

为通。

虞翻曰：水流渎，故通也。

疏　《风俗通·山泽篇》："渎者，通也。所以通中国垢浊。"故云"水流渎，故通也"。

为月。

虞翻曰：坤为夜，以坎阳光坤，故"为月"也。

疏　坤柔为夜，以坎阳光于坤阴，故"为月"。

愚案：《淮南·天文训》："月，天之使也。""积阴之寒气，大者为水，水气之精者为月"，坎为水，故"为月也"。又纳甲坎纳戊，故晦夕朔旦，坎象流戊。坎为月之本体，故"为月"。

为盗。

虞翻曰：水流潜窃，故"为盗"也。

疏　象水流地中，潜窃而行，故"为盗也"。

愚案：《诗·小雅》"君子信盗"，毛传"盗，逃也"，《风俗通》言其"昼伏夜奔逃避"也，是"盗"亦取隐伏阳，藏阴中之义也。

其于木也，为坚多心。

虞翻曰：阳刚在中，故"坚多心"，棘枣属也。

孔颖达曰：乾震坎皆以马喻。乾至健，震至动，坎至行，故皆可以马为喻。坤则顺，艮则止，巽亦顺，离文明而柔顺。兑柔说，皆无健，故不以马为喻也。唯坤卦"利牝马"，取其行，不取其健，故曰牝也。坎亦取其行，不取其健，其外柔，故"为下首、薄蹄、曳"也。

疏 坎离俱有木象，离体巽，坎体震故也。坎阳刚在中，阳刚故坚，在中故多心也。《埤雅》"大者枣，小者棘，于文并从两一束"。《说文》："束，木铓也。"多束则多心，故云"棘枣属也"。

孔注：乾健，故喻马。震动坎行，又禀乾气，故皆可以马喻。坤艮巽离兑皆无健。艮上虽禀乾阳，其象为止，故皆不以马为喻也。坤虽柔顺而凝乾元，故"利牝马"，亦取其行，不取其健，故云牝马，亦不列于《说卦》也。坎中阳爻虽健，亦取水行之象，非取其健也。且中虽健，外皆柔，故"为下首、薄蹄、曳也"。

离为火。

崔憬曰：取卦阳在外，象火之外照也。

疏 阳爻在外，象火外照，故为火。孔氏又以为"取南方之是也"。

为日。

荀爽曰：阳外光也。

疏 亦取阳光外照也，《淮南·天文训》："积阳之热气生火，火气之精者为日。""故阳燧见日，则然而为火"。是"为火"，故"为日"也。又纳甲离纳巳，日中离日就巳，离为日之本体，故"为日"。

为电。

郑玄曰：取火明也。久明似日，暂明似电也。

疏 电有光，取火之明也。《释名》："电，殄仁见则殄灭也。"故云"久明似日，暂明似电也"。火也、日也、电也，皆阳光外见也。

为中女。

荀爽曰：柔在中也。

疏 柔爻在中，再索而得女也，故"为中女"。

为甲胄。

虞翻曰：外刚，故为甲。乾为首，巽绳贯甲，而在首上，故为胄。胄，兜鍪也。

疏　阳刚在外，取其坚，故为甲。坤二之乾成离。坤为身，甲所以护身也。乾为首，胄所以护首也。巽象半见于乾上，中贯之，故"巽绳贯甲，而在首上为胄"也。"胄，兜鍪也"，《说文》文。

为戈兵。

虞翻曰：乾为金，离火断乾，燥而炼之，故"为戈兵"也。

疏　体乾为金，离火断乾金，燥而炼之，故"为戈兵"。《考工记》所谓"铄金以为刃"是也。

其于人也，为大腹。

虞翻曰：象日常满，如妊身妇，故"为大腹"。乾为大也。

疏　体乾，故曰"于人"。《礼统》："日，实也。"故"象日常满"。离者，阴之受阳，故象"妊身妇"。坤为腹，乾为大，故"为大腹"也。

为乾卦。

虞翻曰：火日蝷燥物，故"为乾卦"也。

疏　上云"日以烜之"，又云"燥万物者，莫熯乎火"，故"为乾卦"。坎为乾精，离为乾气，故皆称"卦"。

为鳖，为蟹，为蠃，为蚌，为龟。

虞翻曰：此五者，皆取外刚内柔也。

疏　离为甲，五者皆甲虫之属。郑氏云"皆骨在外"，故云"外刚内柔也"。

其于木也，为科上槁。

虞翻曰：巽木在离中，体大过死。巽虫食心则折也。蠹虫食口木，故"上槁"。或以离火烧巽，故"折上槁"。

宋衷曰：阴在内则空中，木中空则上科槁也。

疏　六画卦离互巽，故"巽木在离中"。自二至五体以大过，棺椁死象。"巽虫"者，巽为风，《易本命》曰"二九十八，十八主风、主虫，故虫八日化"。王充《论衡》曰"夫虫,风气所生,仓颉知之,故凡虫为风之字",取气于风,故云"巽虫"也。离互巽虫食心则木折也。又互兑为口。"蛊虫食口",谓虫口食水也,虫食其下,故上枯槁也。或以离火烧巽木,故折上槁,义亦通。

宋注:阳实阴虚,故"阴在内则中空"。郑氏云"阴在内为疾",故木中空则上科槁也。"折",别本作"科"。

艮为山。

宋衷曰:二阴在下,一阳在上。阴为土,阳为木。土积于下,木生其上,山之象也。

疏 巽阳爻象木,阴爻象草,故以二阴在下为土,一阳在上为木。木生土上,山之象也。

愚案:《周语》曰"山,土之聚也"。《乾凿度》引《地形》曰"山者,艮也。地土之余,积阳成体,石亦通气,万灵所止"。一阳止于坤土之上,故"艮为山",又《春秋说题辞》曰"阴含阳,故石凝为山"。艮二阴含一阳,即石凝为山之象也。

为径路。

虞翻曰:艮为山中径路。震阳在初,则为大涂。艮阳小,故"为径路"也。

疏 艮为山,故云"山中径路"也。震阳在初为本,本大,则阳大,阳大,则为大涂。艮阳在上为末,末小故阳小,阳小故"为径路"。又郑氏"田间之道曰径路"。艮为之者,取山间兔鹿之蹊。

为小石。

陆绩曰:艮,刚卦之小,故"为小石"者也。

疏 艮阳在上,故为"刚卦之小"。石,土之阳也。艮为山,阳小,故"为小石"。

为门阙。

虞翻曰:乾为门,艮阳在门外,故"为门阙"。两小山,阙之象也。

疏 易出于乾，故"乾为门"。艮阳，乾三也，在门外，故"为门阙"。《广韵》"阙在门两旁，中央阙然为道也"。艮下二耦，象两小山，故云"阙之象也"。

为果蓏。

宋衷曰：木实谓之果，草实谓之蓏。桃李瓜瓞之属，皆出山谷也。

疏 果从木，故"木实谓之果"。蓏从草，故"草实谓之蓏"。桃李果属，瓜瓞蓏属，皆出山谷，故"为果蓏"。

愚案：乾为木果，以其纯阳也。艮上一阳自乾来，故"为果"。又"为蓏"者，阳爻似果，阴爻似蓏。犹巽阳爻为木，阴爻为草也，又果蓏能成终而成始，故象艮也。

为阍寺。

宋衷曰：阍人主门，寺人主巷。艮为止，此职皆掌禁止者也。

疏 《天官·阍人》："掌守王宫中门之禁。"故云"阍人主门"。又《寺人》："掌王之内人，及女宫之戒令。"《诗·巷伯》郑笺"巷伯，奄官掌王后之命，于宫中为近，故谓之巷伯"，故云"寺人主巷"。盖阍人主门，守王宫者也，止人之不应人。寺人主巷，掌后命者也，止人之不当出。艮为门阙，又为止，此职皆掌禁止门阙，故"为阍寺"。

为指。

虞翻曰：艮手多节，故"为指"。

疏 艮为手，又为木多节。手而多节，指之象也。故"为指"。

为拘。

虞翻曰：指屈伸制物，故"为拘"。"拘"旧作"狗"，上已"为狗"，字之误。

疏 上云"为指"，指屈伸能制物，故"为拘"。"拘"旧作"狗"。上文已云"为狗"，不得复云"狗"，故知，为字之误也。

愚案：《说文》："拘，止也。"拘从手，取手能止物之义。艮为手、为止，故"为拘"。随上六下应六三，三互艮，上系于三，故曰"拘系之"是也。

为鼠。

虞翻曰：似狗而小，在坎穴中，故"为鼠"。晋九四是也。

疏 艮为狗，鼠形似狗而小也。坎象半见，故"在坎穴中"。似狗而在穴，故"为鼠"。晋九四互艮，故曰，"硕鼠"是也。

愚案：《左传·襄公二十三年》："臧武仲谓齐景公曰：'抑君似鼠，昼伏而夜勤。'"盖鼠阴物，艮二阴伏于下，见阳则止，是昼伏夜动之象也，故"为鼠"。一说鼠之前爪四指，阴也，后爪五指，阳也。故为阴阳之始终，而象艮。

为黔喙之属。

马融曰：黔喙，肉食之兽，谓豺狼之属。黔，黑也。阳玄在前也。

疏 兽黔喙者皆肉食，若豺狼之属。郑氏以为，虎豹之属，取其为山兽是也。《说文》："黔，黎也。"谓黑色也。乾阳在上，其色玄，故云"阳玄在前也"。

案： 乾为首在上，坤二阴似口在下，坤亦色黑，故"为黔喙之属"也。

其于木也，为多节。

虞翻曰：阳刚在外，故"多节"。松柏之属。

疏 艮亦体震，故亦象木。艮阳刚在外，多节之象，若松柏之属也。

愚案：震为木之始，故"反生"。艮属木之终，故"多节"。盖木老则多节。《杂卦》曰"节者，止也"，艮于木亦取多节，则止之义也。水泽有互艮象，故亦名节也。

兑为泽。

虞翻曰：坎水半见，故"为泽"。

宋衷曰：阴在上，令下湿，故"为泽"也。

中华藏书

周易全书·最新整理珍藏版

中国书店

疏 虞注：《周语》曰"泽，水之所钟也"。《左传·宣公十二年》："知庄子曰'在师之临，川壅为泽。'"杜注"坎为川，今变为兑，兑为泽，是以见壅"。盖一阳壅于下，坎水半见于上，故"为泽"也。

宋注：一阴在上，令下润湿，润泽之象也，故"为泽"。

为少女。

虞翻曰：坤三索，位在末，故少也。

疏 坤三索而得女，阴位在末，故"为少女"。

为巫。

虞翻曰：乾为神，兑为通，与神通气。女，故为巫。

疏 乾阳之伸，故"为神"。兑"山泽通气"，故"为通"。兑息即乾，故"与乾神通气"，《楚语》曰"在女曰巫"。少女，故"为巫"也。

为口舌。

虞翻曰：兑为震声，故"为口舌"。

疏 震以阳为声，兑息自震，故"兑为震声"。上阴象口，中阳象舌，故"为口舌"。

为毁折。

虞翻曰：二折震足，故"为毁折"。

疏 震息成兑，故云"二折震足"。兑西方金，克震东方木。金克木，故"为毁折"。

为坿决。

虞翻曰：乾体未圜，故"坿决"也。

疏 乾为圜，息未成乾故"未圜"。阳已至二，阴犹坿之，故"乾体未圜"，当决而去之也。孔疏"兑西方之卦，又兑主秋也。取秋物成熟，槁秆之属，则毁折也。果蓏之属，则坿决也"。

其于地也，为刚卤。

虞翻曰：乾二阳在下，故刚。泽水润下，故咸。

朱仰之曰：取金之刚不生也。刚卤之地不生物，故"为刚卤”者也。

疏　兑得坤三，在地之上，故言“于地”。“立地之道，曰柔与刚”，乾二阳在下，故刚。《洪范》曰“水曰润下”，又曰“润下作咸”，泽水润下为咸，故卤。

朱注：兑，西方卦，金象也。金刚故不生。《说文》：“卤，西方咸地也。”西方多刚卤之地，不能生物，故“为刚卤”也。

为妾。

虞翻曰：三少女位贱，故“为妾”。

疏　孔氏云“少女从姊为娣”，故云“位贱为妾”也。

为羊。

虞翻曰：羊，女使。皆取位贱，故“为羊”。旧读以震駹为龙。艮拘为狗，兑羊为羊，皆已见上，此为再出，非孔子意也。震已为长男，又言长子，谓以当继世，守宗庙，主祭祀，故详举之。三女皆言长、中、少，明女子各当外成，故别见之，此其天例者也。

疏　郑氏云“羊，女使”。虞作“羊”，亦云“女使”，从郑训也。少女位贱，故“为羊”。又《郑本》作“阳”，云“此‘阳’读若‘养’，无家女，行赍炊爨，今时有之，贱于妾也”。寻《公羊传·宣公十二年》：“厮役扈养。”注云“炊烹者曰养”。据此则当作“养”，如颐之言“养”，以及蒙之“养正”，皆体艮，故言养也。

案：旧本震为龙、艮为狗、兑为羊已见，不得再见。如巽鸡。坎豕、离雉，《传》不再出，其明征也，故“龙”当为“駹”，“狗”当为“拘”，“羊”当为“羊”。今据郑注，则“羊”又当为“养”也。震已言一索为长男，又言长子者，序卦曰“主器者，莫若长子”。《震·象传》曰“出可以守宗庙社稷，以为祭主也”。故长子责重，详举之而不及中男少男也。三女详举者，以女子各当外适成家，故别见也。此六子或及或不及之大例也。

第六章　序卦传①

《序卦传》是《易经》六十四卦排列次序的推衍纲要，揭示了各卦之间的相承相受。上经三十卦，主要说天道；下经三十四卦，主要说人伦。

上　经

【原典】

有天地，然后万物生焉②。盈天地之间者唯万物，故受之以《屯》③。屯者，盈也④。屯者，万物之始生也。物生必蒙⑤，故受之以《蒙》。蒙者，蒙也，物之稚也。物稚不可不养也，故受之以《需》。需者，饮食之道也。饮食必有讼⑥，故受之以《讼》。讼必有众起，故受之以《师》。师者，众也。众必有所比⑦，故受之以《比》。比者，比也。比必有所畜⑧，故受之以《小畜》。物畜然后有礼，故受之以《履》。履者，礼也⑨。履而泰然后安，故受之以《泰》。泰者，通也。物不可以终通，故受之以《否》。物不可以终否，故受之以《同人》⑩。与人同者，物必归焉，故受之以《大有》⑪。有大者不可以盈，故受之以《谦》。有大而能谦必豫，故受之以《豫》⑫。豫必有随，故受之以《随》。以喜随人者必有事⑬，故受之以《蛊》。蛊者，事也。有事而后可大，故受之以《临》。临者，大也。物大然后可观，故受之以《观》。可观而后有所合，故受之以《噬嗑》⑭。嗑者，合也。物不可以苟合而已，故受之以《贲》。贲者，饰也。致饰然后亨则尽矣，故受之以《剥》⑮。剥者，剥也。物不可以终尽剥，穷上反下，故受之以《复》⑯。复则不妄矣，故受之以《无妄》。有无妄，物然后可畜。故受之以《大畜》。物畜然后可养，故受之以《颐》。颐者，养也。不养则不可动，故受之以《大过》。物不可以终过，故受之以《坎》。坎者，陷也。陷必有所丽⑰，故受之以离者，丽也。

【精注】

①《序卦传》：《易传》三传之一。分析、解说《易经》六十四卦的编排次序，主旨在于揭示诸卦前后相承的意义。②有天地：这里包涵着《乾》、《坤》两卦，所以未提《乾》《坤》两卦的名称，译文中补上。③受：《广雅·释诂》："受也，继也。"承受，承接。④同上："屯，满也。"这个解释是承上的"盈"来的，转入下文的"物之始生"。与《屯》卦传释屯为难不同，是各有取义。⑤蒙：指蒙昧，幼稚，知识未开通。"物之初生"，比孩童，故蒙昧。⑥讼：争讼。饮食不足，容易发生争讼。⑦比：亲附。众人中一定有互相亲附的，就不争讼了。⑧畜：积蓄。⑨物畜然后有礼：把积蓄的物分给大家，要不争，就要规定各人所得的多少，这个规定就是礼。⑩同人：与人同心同行。⑪大有：所有者大，所有者多。⑫豫：安乐。⑬有事：为人干事。⑭有所合：与人意相合。噬嗑：吃物而合其口，这里光取合意。⑮致饰：文饰到极点，尽量修饰，即文饰过头。致：极。亨尽：美尽。文饰过头，转而为丑。剥：剥落去掉过头的文饰。⑯穷上反下：把过头的文饰剥落完了，这是穷上。再回到恰当的文饰上来，这是反下。反同返。复是回复。⑰丽：附丽，依附。

【今译】

乾为天，坤为地，有了天地然后万物才产生。充满天地间的是万物，所以承接万物初生和充满天地的是《屯》卦。屯，表示充满。屯又是物的开始生长。物初生之时必然蒙昧幼稚，所以承接象征蒙昧幼稚的是《蒙》卦。蒙就是蒙昧的意思。物的幼稚不可不养育，所以承接象征它的是《需》卦。需表示饮食之道，面临饮食不足的情况，必然发生争讼，所以承接它的是《讼》卦。争讼必然引起众多人的奋起，所以承接象征它的是《师》卦。师是士卒众多之地，人事众多，必然有所亲比，所以承接象征它的是《比》卦。比是亲密比辅之意，亲比必然有所蓄积，所以承接象征它的是《小畜》卦。有所蓄积之后，需要礼仪规范行为，所以承接象征它的是《履》卦。履是象征循礼而行致安泰，所以承接象征它的是《泰》卦。泰是通泰，但事物的发展不可能永远通泰，所以用《否》卦承接着它。否是闭塞不通，但事物不可能永远闭塞，所以承接象征它的是《同人》卦。跟人相同的，事物一定有所归属，所以承接象征它的是《大有》。大有所获者是不可以志得意满的，所以承接象征它的是《谦》卦。大有所获而又能谦虚者，必然安乐，所以承接象征它的是《豫》卦，大有所获而能谦虚及一定有人追随，所以承接象征它的是《随》卦。以喜悦之心追随于人者，必然有所用事，所以承接象征它的是《蛊》卦。蛊代表事情，有事情然后通过治理可以壮大，所以承接象征居高临下的《临》卦。临是光大，事物光大然后可观，所以承接象征它的是《观》卦。可观而后有所结合，所以承接象征它的是《噬嗑》卦。嗑是相合，事物不可以苟且结合，所以承接象征它的《贲》卦。贲是文饰的意思，如若文饰过分了，那么事物美就完了，所以承接象征它的是《剥》卦。剥是剥落，事物不可能永远剥落，上面剥落完了回到下面再上升，所以承接象征它的是《复》卦。一旦回复正道就不会再胡作非为，所以承接象征它的是《无妄》卦。没有虚妄的境界，就可以大有蓄积外物，所以承接象征它的是《大畜》卦。事物有大蓄而后方可以养育，所以承接象征它的是《颐》卦。颐就是养育，不养育就不可以有作为，所以承接象征它的是《大过》卦。事物不可能永远过错，因过极必险，所以承接象征它的是《坎》卦。坎是险陷，遭遇险陷必然是要有所附丽。目的在于获援除险，所以承接象征它的是《离》卦。离就是依附的意思。

【集解】

有天地，然后万物生焉。

干宝曰：物有先天地而生者矣，今正，取始于天地。天地之先，圣人弗之论也。故其所法象，必白天地而还。《老子》曰"有物混成，先天地生，吾不知其名，强字之曰道"。《上系》曰"法象莫大乎天地"。《庄子》曰"六合之外，圣人存而不论"。《春秋谷梁传》曰"不求知所不可知者，智也"。而今后世，浮华之学，强支离道义之门，求人虚诞之域，以伤政害民。岂非"谗说殄行"，大舜之所疾者乎。

疏 物有先天地而生者，道是也。"正"，当作"止"。今《易》首乾坤，止取始于天地者，以天地之先，圣人弗论，惧其沦于玄虚也，故其所法象，必自既有天地而还，而以乾坤为首焉。《老子·道经》曰"有物混成，先天地生"，此即太极也。又曰"吾不知其名，字之曰道"，以其为天地万物之所共由，故名之以道也。《系辞上》曰"法象莫大乎天地"，故天尊地卑，而乾坤以定。"六合之外，圣人存而不论"，《庄子·齐物论》文。"知其不可知，知也"，《谷梁传·隐公三年》文，与此微异。引之以明首乾坤，而不及天地以先之意也。"而今"以下，盖伤晋世浮华虚诞，支离道义，而伤政害民也。"谗说殄行"，《虞书·舜典》文。

盈天地之间者唯万物，故受之以屯。屯者，盈也。

荀爽曰：谓阳动在下，造生万物于冥昧之中也。

疏 已详《屯·彖传》"天造草昧"注。兹不复赘，后仿此。

屯者，万物之始生也。

韩康伯曰：屯刚柔始交，故为"万物之始生也"。

崔憬曰：此仲尼序文王次卦之意。不序乾坤之次者，以"一生二，二生三，三生万物"。则天地次第可知，而万物之先后，宜序也。"万物之始生"者，言刚柔始交，故万物资始于乾，而资生于坤也。

疏 韩注："乾刚坤柔"，继之以屯，故云"刚柔始交"。内体震。震，东方之卦，"万物出乎震"，故云"万物之始生也"。

崔注：已详卦首。

物生必蒙，故受之以蒙。蒙者，物之稚也。

崔憬曰：万物始生之后，渐以长稚，故言"物生必蒙"。

郑玄曰：蒙，幼小之貌。齐人谓"萌"为"蒙"也。

疏 已详。

物稺不可不养也。故受之以需。需者，饮食之道也。

荀爽曰：坎在乾上，中有离象，水火交和，故为"饮食之道"。

郑玄曰：言孩稺不养，则不长也。

疏 荀注：坎水在乾上，中互离火。水上火下，是"水火交和"，而有烹饪之象也，故为"饮食之道"。

郑注：《诗·卫风》："众稺且狂。"毛传"幼，稺"，故"言孩稺"。《孟子》曰"苟得其养，无物不长"，故云"不养，则不长也"。

饮食必有讼，故受之以讼。

韩康伯曰：夫有生则有资，有资则争兴也。

郑玄曰：讼，犹争也。言饮食之会，恒多争也。

疏 韩注：承"物生必蒙"来，故云"有生"。《仪礼·聘礼》："问岁月之资。"郑注"资，行用也"。物生则需用，而为饮食，饮食资用，则争兴而为讼焉。

郑注：已详。

讼必有众起，故受之以师。师者，众也。

《九家易》曰：坤为众物，坎为众水。上下皆众，故曰"师"也。"凡制军，万有二千五百人为军。天子六军，大国三军，次国二军，小国一军。军有将，皆命卿也。二千五百人为师，师帅皆中大夫，五百人为旅，旅帅皆下大夫也"。

崔憬曰：因争必起相攻，故"受之以师"也。

疏 《九家》注："坤为众"，又"万物资生"，故云"坤为众物"。坎折坤二，又伏坤下。《晋语》"坎，劳也，水也，众也"，韦注"水亦众之类"，故"坎为众水"。上坤下坎，皆有众象，故曰师也。"凡制军"以下，皆本《夏官·大司马》文。

崔注：已详。

众必有所比，故受之以比。

韩康伯曰：众起而不比，则争无息。必相亲比，而后得宁也。

疏 承"讼必有众起"来，言众起，而不相亲比，则争兴无由息也。众必亲比，然后争息而众得宁焉。

比者，比也。比必有所畜，故受之以小畜。

韩康伯曰：比非大通之道，则各有所畜，以相济也。由比而畜，故曰小畜，而不能大也。

疏 比近于私，故"非大通之道"。私比，则各有所畜以相济，故由比而有所畜者，小畜而不能大也。又详见比卦。

物畜然后有礼，故受之以履。履者，礼也。

韩康伯曰：礼所以适时用也，故既畜则须用，有用则须礼也。

疏 《礼器》："礼时为大。"故云"礼所以适时用也"。物畜则用以通之，孟子曰"用之以礼"，故"有用则须礼也"。

履然后安，故受之以泰。泰者，通也。

荀爽曰：谓乾来下降，以阳通阴也。

姚信曰：安上治民，莫过于礼。有礼然后泰，泰然后安也。

疏 荀注：乾天在上，坤地在下。今乾来，下降成泰，天地交，故云"以阳通阴也"。

姚注：《孝经》曰"安上治民，莫善于礼"。盖有礼则"辨上下，定民志"，"上下交而其志同"，故泰也。《曲礼》："有礼则安"故"泰然后安也"。

物不可以终通，故受之以否。

崔憬曰：物极则反，故不终通而否矣。所谓"城复于隍"。

疏 已详。

物不可以终否，故受之以同人。

韩康伯曰：否则思通，人人同志，故可出门同人，不谋而合。

疏 不通故否，"否终则倾"。故否极思通，人人同志，《彖传》曰"唯君子，为能通天下之志"是也。故可出门同

中華藏書

周易全书·最新整理珍藏版

中国书店

人，不谋而合。"柔得位得中而应乎乾"是也。

与人同者，物必归焉，故受之以大有。

崔憬曰：以欲从人，物必归己，所以成大有。

疏　已详。

有大者不可以盈，故受之以谦。

崔憬曰：富贵而自遣其咎，故"有大者不可盈"。当须谦退，天之道也。

疏　已详。

有大而能谦必豫，故受之以豫。

郑玄曰：言国既大而有谦德，则于政事恬豫。"雷出地奋，豫"。豫，行出而喜乐之意。

疏　已详。

豫必有随，故受之以随。

韩康伯曰：顺以动者，众之所随也。

疏　已详。

以喜随人者必有事，故受之以蛊。蛊者，事也。

《九家易》曰：子行父事，备物致用，而天下治也。"备物致用，立成器以为天下利，莫大于圣人"。子修圣道，行父之事，以临天下，无为而治。

疏　已详。

有事然后可大，故受之以临。临者，大也。

荀爽曰：阳称大，谓二阳动升，故曰大也。

宋衷曰：事立功成，可推而大也。

疏　荀注：阳息称大，临九二荀彼《象》注云"阳感至二，当升居五"，故谓"二阳动升"。阳动而升，故曰"大也"。

宋注：《系辞上》曰"有功则可大"，又曰"可大则贤人之业"。盖坤为事业富有，故"可大"。临外体坤，故"事立功成，可推而大也"。

物大然后可观，故受之以观。

虞翻曰：临反成观，二阳在上，故"可观"也。

崔憬曰：言德业大者，可以观政于人也。**疏**　虞注：临下二阳，反上成观。以五阳观示坤民，故"可观也"。

崔注：已详。

可观而后有所合，故受之以噬嗑。嗑者，合也。

虞翻曰：颐中有物食，故曰合也。韩康伯曰：可观，则异方合会也。

疏　虞注：《颐·象传》曰"颐中有物曰噬嗑"，虞彼注云"物谓四，颐中无物，则口不噬，故以颐中有物食，为合也"。

韩注：中正以观，则下观而化，故"可观，则异方合会也"。噬嗑自否来，否坤为方，刚柔分为"异方"。雷下电上，合而成章，是"异方合会"也。

物不可以苟合而已，故受之以贲。贲者，饰也。

虞翻曰：分刚上，文柔，故饰。

韩康伯曰：物相合，则须饰以修外也。

疏　虞注：贲自泰来，分泰上之柔，来文二刚。《礼·乐记》曰"文采节奏，声之饰也"，故曰饰也。

韩注：《诗》云"金玉其相"，即"物相合"也。又云"追琢其章"，即"饰以修外也"。

致饰而后亨则尽矣，故受之以剥。剥者，剥也。

荀爽曰：极饰反素，文章败，故为剥也。

疏　贲上九曰"白贲无咎"，是"极饰反素"也，素则文章败，故为剥也。又韩注云"极饰则实丧也"。

物不可以终尽剥，穷上反下。

虞翻曰：阳四月穷上，消遘至坤者也。

疏　阳至四月，乾穷于上。至五月，一阴消姤。至九月，成剥，十月成坤。至十一月，阳反下出复，故曰"穷上反下"。

中華藏書

第一部 周易原典

中国书房

故受之以复。

崔憬曰：夫易穷则有变，物极则反于初，故剥之为道，不可终尽，而受之于复也。

疏　已详。

复则不妄矣，故受之以无妄。

崔憬曰：物复其本，则为诚实，故言"复则无妄矣"。

疏　已详。

有无妄，物然后可畜，故受之以大畜。

荀爽曰：物不妄者，畜之大也。畜积不败，故大畜也。

疏　"物不妄者"，则"茂对时，育万物"，故云"畜之大也"。"刚健笃实，辉光日新"，是"畜积不败，故大畜也"。

物畜然后可养，故受之以颐。颐者，养也。

虞翻曰："天地养万物，圣人养贤人以及万民"。

崔憬曰："大畜刚健，辉光日新"，则可"观其所养"，故言"物畜然后可养也"。

疏　虞注：引《象传》文，以明物畜可养义。

崔注：已详。

不养则不可动，故受之以大过。

虞翻曰：人颐不动则死，故"受之以大过"。大过否卦，棺椁之象也。

疏　人赖颐动以养生，颐不动则死，故"受之以大过"。"大过否闭"之卦，棺椁取大过，故云"棺椁之象也"。"否"疑作"死"，大过棺椁，故云死卦。

物不可以终过，故受之以坎。坎者，陷也。

韩康伯曰：过而不已，则陷没也。

疏　大过上九曰"过涉灭顶"，是"过而不已"也。"凶"则"陷没"而成坎也。

陷必有所丽，故受之以离。离者，丽也。

韩康伯曰：物极则变，极陷则反所丽。

疏 "物穷则变"，阴极变阳，阳极变阴也。盖坎一阳陷于两阴，离一阴丽于两阳，故坎陷已极，则反变为离，而有"所丽"也。

下　经

【原典】

有天地然后有万物，有万物然后有男女，有男女然后有夫妇，有夫妇然后有父子，有父子然后有君臣，有君臣然后有上下，有上下然后礼义有所错①。夫妇之道不可以不久也，故受之以《恒》②；恒者，久也。物不可以久居其所，故受之以《遯》；遯者，退也。物不可以终遯，故受之以《大壮》。物不可以终壮，故受之以《晋》；晋者，进也。进必有所伤，故受之以《明夷》；夷者，伤也。伤于外者必反其家，故受之以《家人》。家道穷必乖③，故受之以《睽》；睽者，乖也。乖必有难，故受之以《蹇》；蹇者，难也。物不可以终难，故受之以《解》；解者，缓也。缓必有所失，故受之以《损》。损而不已必益，故受之以《益》。益而不已必决④，故受之以《夬》；夬者，决也。决必有所遇，故受之以《姤》；姤者，遇也。物相遇而后聚，故受之以《萃》；萃者，聚也。聚而上者谓之升，故受之以《升》。升而上者必困，故受之以《困》。困乎上者必反下，故受之以《井》。井道不可不革，故受之以《革》。革物者莫若鼎，故受之以《鼎》。主器者莫若长子，故受之以《震》⑤；震者，动也。物不可以终动，止之，故受之以《艮》；艮者，止也。物不可以终止，故受之以《渐》；渐者，进也。进必有所归，故受之以《归妹》。得其所归者必大，故受之以《丰》；丰者，大也。穷大者必失其居，故受之以《旅》。旅而无所容，故受之以《巽》；巽者，入也。入而后说之，故受之以《兑》；兑者，说也。说而后散之，故受之以《涣》；涣者，离也。物不可以终离，故受之以《节》。节而信之，故受之以《中孚》。有其信者必行之，故受之以《小过》⑥。有过物者必济，故受之以《既济》。物不可穷也，故受之以《未济》终焉⑦。

【精注】

①错：同措，措置，安排。②夫妇之道不可以不久也，故受之以《恒》：这是兼合《咸》、《恒》两卦而言。《咸》卦明"交感"，即"夫妇之道"；《恒》卦谓恒久，则此道永恒不可易。③物不可以终遯：遯，同遁，逃走，离开。家道穷必乖：此谓家道失节，则至穷乖。乖，乖违，错乱。④益而不已必决：决，兼含溃决与决除之义；夬，即决断清除。此言增益不已必致盈溢流溃而被决除。⑤主器者莫若长子，故受之以《震》："鼎"义有二，既为烹饪之器，又为象征权力的法器，前文"革物"取烹饪义，此处"主器"则取法器义。"震"又有"长男"象，故此处专明长子主权，亦取卦义一端之例。⑥有其信者必行之，故受之以《小过》：此言履行诚信，不妨小有过越，即"言必信，行必果"之意。⑦物不可以穷也，故受之以《未济》终焉：这是说明事物虽有"既济"之时，但以发展的眼光看，"既济"中必含有"未济"的因素，因此《周易》最后一卦以《未济》告终。

【今译】

有了天地然后才有万物，有了万物然后才有男女，有了男女然后才能有丈夫和妻子，有了夫妇以繁衍后代然后才产生父子，有了父子然后人类发展渐多而需加强治理才出现了君臣，有了君臣然后才形成上下尊卑的名分，有了上下尊卑的区别然后礼义才有所措置。于是象征"交感"的《咸》卦所揭示的道理是夫妇的结合是不可能长久的，所以《咸》卦之后接着是象征"恒久"的《恒》卦；恒，是恒久的意思。物不可能长久安居于一个处所，所以接着是象征"退避"的《遯》卦；遯，是退避远去的意思。凡物不可能终久退避（必将重新振兴盛大），所以接着是象征"大为强盛"的《大壮》卦。物不可能终久安守壮盛而无所进取，所以接着是象征"晋长"的《晋》卦；晋，是进长的意思。往前进长必然会受到伤害，所以接着是象征"光明殒伤"的《明夷》卦；夷，是损伤的意思。在外遭受损伤的人必然要返回家中以求家人的慰藉，所以接着是象征"一家人"的《家人》卦。家道失于节制必致困穷而产生种种乖睽事端，所以接着是象征"乖背睽违"的《睽》卦；睽，是乖睽的意思。物既乖睽必然导致蹇难，所以接着是象征"蹇难"的《蹇》卦；蹇，是蹇难困难的意思。物不可能终久蹇难，所以接着是象征"舒解"的《解》卦；解，是舒展缓解的意思。过于舒缓必然有所损失，所以接着是象征"减损"的《损》卦。不停地自我减损以施益他人必然也受人增益，所以接着是象征"增益"的《益》卦。增益不止必致盈满流溃而被断然决除，所以接着是象征"决断"的《夬》卦；夬，是破裂的意思。破裂必然会有喜遇，所以接着是象征"相遇"的《姤》卦；姤，是相遇的意思。物相遇合而后会聚，所以接着是象征"会聚"的《萃》卦；萃，是会聚的意思。会聚而能上进者便称之为升迁，所以接着是象征"上升"的《升》卦。上升不止必然导致困穷，所以接着是象征"困穷"的《困》卦。困穷于上的必然要返归于下以求安居，所以接着是象征"水井"的《井》卦。水井的发展规律是历久必秽而不能不适时加以变革整治，所以用象征"变革"的《革》卦承接着《井》卦。变革事物没有比鼎器化生为熟更显著的，所以接着是象征"鼎器"的《鼎》卦。主持鼎器以示掌握权力的人没有比长子更有威望的，所以接着是象征权威"雷动"的《震》卦；震，有长子之象又是雷震奋动的意思。事物不能终久处于奋动状态，应当适当抑止，所以接着是象征"抑止"的《艮》卦；艮是静止的意思。事物不可能终久静止而必将逐渐前进，所以接着是象征"渐进"的《渐》卦；渐，是渐进的意思。渐进必将有所依归，找到归宿，所以接着是象征"嫁出少女"以获归宿的《归妹》卦。物既获得依归必然趋向丰大，所以接着是象征"丰大"的《丰》卦；丰，是丰大的意思。穷极丰大的人必将丧失安居的处所，所以接着是象征"行旅"的《旅》卦。行旅而无处容身务必顺从于人才能进入客居之所，所以接着是象征"顺从"的《巽》卦；巽含有顺从则能入的意思。进入适宜的处所后心中就会高兴、欣悦，所以接着是象征"欣悦"的《兑》卦；兑，是欣

中华藏书

第一部 周易原典

中国书房

悦的意思。心中欣悦然后能推散其所悦，所以接着是象征"涣散"的《涣》卦；涣，是涣发离散的意思。任何事物都不会永远涣发离散，所以接着是象征"节制"的《节》卦。有所节制就应当用诚信来守持，所以接着是象征"中心诚信"的《中孚》卦。坚守诚心的人必然要过为果决地履行职责，所以接着是象征"小有过越"的《小过》卦。有超过外物本领的人办事必能成功，所以接着是象征"事已成"的《既济》卦。事物的发展不可能穷尽而成功之后又将带来新的未成功的因素，所以接着是象征"事未成"的《未济》卦以作为《周易》六十四卦的终结。

【集解】

有天地。

虞翻曰：谓天地否也。

疏 乾上坤下，故谓"天地否也"。

然后有万物。

虞翻曰：谓否反成泰。"天地壹壹，万物化醇"，故"有万物"也。

疏 否反泰类，故谓"否反成泰"。"天地壹壹，万物化醇"，《系辞下》文。虞彼注云"谓泰上也，先说否，否反成泰，故不说泰。天地交，万物通，故化醇"。所以"有天地，然后有万物"也。

有万物，然后有男女。

虞翻曰：谓泰已有否，否三之上，反正成咸。艮为男，兑为女，故"有男女"。

疏 泰至四成乾，至七月成否。否于时为秋，《释名》："秋，就也，言万物成就也。""有万物"，故云"泰已有否"也。咸自否来，故"否三七反正"，则成男女。内艮少男，外兑少女，故曰"有男女"也。

有男女，然后有夫妇。

虞翻曰：咸反成恒，震为夫，巽为妇，故"有夫妇"也。

疏 咸、恒亦反其类也，故咸反则成恒。震上长男为夫，巽下长女为妇，故曰"有夫妇也"。

有夫妇，然后有父子。

虞翻曰：谓咸上复，乾成遯。乾为父，艮为子，故"有父子"。

疏 咸上复还乾位，其体成遯。上乾为父，下艮为子，故曰

有父子，然后有君臣。

虞翻曰：谓遯三复，坤成否。乾为君，坤为臣，故"有君臣"也。

疏 遯三变复坤，其体为否。上乾为君，下坤为臣，故"有君

有君臣，然后有上下。

虞翻曰：否乾君尊上，坤臣卑下。"天尊地卑"，故"有上下"也。

疏 否乾君尊在上，坤臣卑在下。"天尊地卑，乾坤定矣"，故曰"有上下也"。

有上下，然后礼义有所错。

虞翻曰：错，置也。谓天君父夫，象尊错上。地妇臣子，礼卑错下。坤，地道、妻道、臣道，故"礼义有所错"者也。

干宝曰：错，施也。此详言人道，三纲六纪，有自来也。人有男女，阴阳之性，则自然有夫妇配合之道，有夫妇配合之道，则自然有刚柔尊卑之义。阴阳化生，血体相传，则自然有父子之亲。以父立君，以子资臣，则必有君臣之位，有君臣之位，故有上下之序。有上下之序，则必礼以定其体，义以制其宜。明先王制作，盖取之于情者也。《上经》始于乾、坤，有生之本也。《下经》始于咸、恒，人道之首也。《易》之兴也，当殷之末世，有妲己之祸，当周之盛德，有三母之功。以言天不地不生，夫不妇不成，相须之至，王教之端。故《诗》以《关雎》为《国风》之始。而《易》于咸、恒，备论礼义所由

生也。

疏 "错，置也"，已详《上系》"苟错诸地"。天君父夫皆阳也，在天成象，故云"象尊错上"。地妇臣子皆阴也，知崇礼卑，卑法地，故云"礼卑错下"。坤，"地道也、妻道也、臣道也"，"苟错诸地而可矣"。礼义皆属坤，故曰"礼义有所错"也。

干注：错施，犹错置也。《白虎通》曰"三纲者，君为臣纲，父为子纲，夫为妻纲。六纪者，师长君臣之纪，诸父兄弟父子之纪，诸舅朋友夫妇之纪"。《上经》首言天地，《下经》首言人道，此则详言由天地而及人道，故言"三纲六纪，有自来也"。男阳女阴，故"自然有夫妇配合之道"。夫，刚而尊，妇，柔而卑，故"自然有刚柔尊卑之义"。阳变则阴化，阳施则阴生。以阴承阳，则血体相传，故"自然有父子之亲"。以父之尊而立为君，以子之卑而资为臣，君臣定，故"上下有序"也。《郊特牲》曰"夫妇有别，然后父子亲，父子亲，然后义生，义生，然后礼作"，《礼运》曰"礼者，义之实也"，是礼因义生也。《礼器》曰"礼也者，犹体也"，故"必礼以定其体"。《中庸》曰"义者，宜也"，故"必义以制其宜"。《礼运》曰"人情者，圣王之田也。修礼以耕之，陈义以种之"，故云"先王之制作，盖取之于情者也"。咸、恒《象传》皆言"天地万物之情"，是其义也。《上经》始于乾、坤，乾大生，坤广生，故云"有生之本也"。《下经》始于咸、恒，咸二少相感，恒二长相与，故云"人道之首也"。《易》之兴，当殷周之际。《晋语》："殷伐有苏氏，有苏氏以妲己女焉。妲己有宠而亡殷。"故云"殷之末世，有妲己之祸"。《诗·大雅》"思齐太任，文王之母。思媚周姜，京室之妇。太姒嗣徽音，则百斯男"，又《帝王世纪》"妃太公之女曰邑姜，修教于内"，故云"当周之盛德，有三母之功"。《谷梁传》曰"独阳不生，独天不生"，故言"天不地，则不生，夫不妇，则不成"。夫妇相须，以为王教之端，即匡衡所谓"纲纪之首，王化之端"是也。《诗序》："《关雎》后妃之德也，《风》之始也，所以封天下而正夫妇也。"故孔子删《诗》，以《关雎》

为《风》始。及其序《易》，《上经》首乾、坤，《下经》首咸、恒，于咸、恒之始，备论天地。盖溯夫妇之所由成，以明礼义之所由生。欲人重人伦，修人事，参三才而立极也。

夫妇之道，不可以不久也，故受之以恒。恒者，久也。

郑玄曰：言夫妇当有终身之义。"夫妇之道"，谓咸、恒也。

疏 已详。

物不可以终久于其所，故受之以恒。恒者，退也。

韩康伯曰："夫妇之道"，以恒为贵。而物之所居，不可以终恒，宜与时升降，有时而遁者也。

疏 已详。

物不可以终遁，故受之以大壮。

韩康伯曰：遁"君子以远小人"，遁而后通，何可终邪。阳盛阴消，君子道胜也。

疏 已详。

物不可以终壮，故受之以晋。晋者，进也。

崔憬曰：不可以终壮于阳盛，自取触藩。宜"柔进而上行"，受兹锡马。

疏 已详。

进必有所伤，故受之以明夷。夷者，伤也。

《九家易》曰：日在坤下，其明伤也。言晋极当降，复入于地，故曰明夷也。

疏 已详。

伤于外者，必反于家，故受之以家人。

虞翻曰：晋时在外，家人在内，故反家人。

韩康伯曰：伤于外者，必反诸内矣。

疏 虞注：晋时离在外，明夷反晋，离在内，明则伤矣。明夷五上变巽，成家人，离在内，巽在外，巽为进退，知进必有伤，故退而反于家，为家人。

韩注：已详。

中華藏書

第一部 周易原典

中国书房

家道穷必乖，故受之以睽。睽者，乖也。

韩康伯曰：室家至亲，过在失节，故家人之义，唯严与敬。"乐胜则流，礼胜则离"，家人尚严，其弊必乖者也。

疏 "乐胜则流，礼胜则离"，《礼·乐记》文。崔言"失节则穷"，韩云"尚严必乖"。卦首存崔注，《序卦》存韩注，义实相须也。但《家人·象传》曰"家人有严君焉"，九三爻辞曰"家人嗃嗃，悔厉吉。妇子嘻嘻，终吝"，则崔说尤合经旨也。

乖必有难，故受之以蹇。蹇者，难也。

崔憬曰：二女同居，其志乖而难生，故曰"乖必有难"也。

疏 已详。

物不可以终难，故受之以解。解者，缓也。

崔憬曰：蹇终则"来硕吉，利见大人"，故言"不可终难，故受之以解"者也。

疏 已详。

缓必有所失，故受之以损。

崔憬曰：宥罪缓死，失之则侥幸，有损于政刑，故言"缓必有所失，故受之以损"。

疏 已详。

损而不已必益，故受之以益。

崔憬曰：损终则"弗损益之"，故言"损而不已必益"。

疏 已详。

益而不已必决，故受之以夬。夬者，决也。

韩康伯曰：益而不已则盈，故"必决"也。

疏 已详。

决必有遇，故受之以姤。姤者，遇也。

韩康伯曰：以正决邪，必有喜遇。

疏 阳正阴邪，以五阳决一阴，故云"以正决邪"。兑为

中華藏書

第一部 周易原典

喜说，反入于巽，故云"必有喜遇"。

物相遇而后聚，故受之以萃。萃者，聚也。

崔憬曰："天地相遇，品物咸章"，故言"物相遇而后聚"也。

疏　已详。

聚而上者谓之升，故受之以升。

崔憬曰：用大牲而致孝享，故顺天命，而升为王矣，故言"聚而上者谓之升"。

疏　已详。

升而上者必困，故受之以困。

崔憬曰：冥升在上，以消不富则穷，故言"升而不已必困"也。

疏　已详。

困乎上者必反下，故受之以井。

崔憬曰：困极于臲卼，则反下以求安，故言"困乎上必反下"。

疏　已详卦首。但"臲卼"彼作"劓刖"，从此为是。

井道不可不革，故受之以革。

韩康伯曰：井久则浊秽，宜革易其故。

疏　已详。

革物者莫若鼎，故受之以鼎。

韩康伯曰：革去故，鼎取新，既以去故，则宜制器立法，以治新也。鼎所以和齐生物，成新之器也，故取象焉。

疏　已详。

主器者莫若长子，故受之以震。震者，动也。

崔憬曰：鼎所亨任，享于上帝，主此器者，莫若冢嫡，以其为祭主也，故言"主器者莫若长子"。

疏　已详。

物不可以终动，止之，故受之以艮。艮者，止也。

崔憬曰：震极则"征凶"，"婚媾有言"，当须止之，故言

"物不可以终动"，故"止之"也。

疏　已详。

物不可以终止，故受之以渐。渐者，进也。

虞翻曰：否三进之四，巽为进也。

疏　否三进之四，成渐，巽为进退，故为进，而云"渐者，进也"。

进必有所归，故受之以归妹。

虞翻曰：震嫁兑，兑为妹。嫁，妇也。

疏　震长兄嫁兑少女，故"兑为妹"。妇人谓嫁曰归，故云"嫁，归也"。

得其所归者必大，故受之以丰。丰者，大也。

崔憬曰：归妹者蛭娣媵，国三人九女，为大援，故言"得其所归者必大"也。

疏　已详。

穷大者必失其居，故受之以旅。

崔憬曰：谚云"作者不居，兑穷大甚，而能处乎"，故必获罪去邦，羁旅于外也。

疏　已详。

旅而无所容，故受之以巽。巽者，入也。

韩康伯曰："旅而无所容"，以巽，则得所，入也。

疏　旅体似离，离四《象》曰"无所容也"。又在旅家，羁旅亲寡，宜无所容。巽顺，则无往而不得所，入也。

入而后说之，故受之以兑。兑者，说也。

虞翻曰：兑为讲习，故"学而时习之，不亦说乎"。

疏　《兑象》曰"君子以朋友讲习"，故"兑为讲习"。"学而时习之，不亦说乎"，《论语》文。理义说心，必入而后说也，故兑次巽也。

说而后散之，故受之以涣。涣者，离也。

虞翻曰：风以散物，故离也。

疏 巽反成兑，兑又互巽。巽为风，"风以散之"，物散，故离也。

物不可以终离，故受之以节。

韩康伯曰：夫事有其节，则物之所同守而不散越也。

疏 《左传》子臧曰"圣达节，次守节，下失节"。节互震为守，故"事有其节，则物之所同守"，又互艮以止之，故"不散越也"。

节而信之，故受之以中孚。

韩康伯曰：孚，信也。既已有节，则宜信，以守之矣。

疏 "中孚，信也"。《地官》"掌邦节"，郑彼注云"以王命往来，必有节以为信"，故曰"节而信之"。既已有节，则当信，以守之而勿失也。

有其信者必行之，故受之以小过。

韩康伯曰：守其信者，则失贞而不谅之道，而以信为过也，故曰小过。

疏 已详。

有过物者必济，故受之以既济。

韩康伯曰：行过乎恭，礼过乎俭，可以矫世励俗，有所济也。

疏 已详。

物不可穷也，故受之以未济终焉。

韩康伯曰：有为而能济者，以己穷物。物穷则乖，功极则乱，其可济乎？故"受之以未济"。

疏 博施于民，而能济众，是"有为而能济者，以己穷物"者也。物至而反，故"物穷则乖，功极则乱"。济者其可久济乎？故"受之以未济"终焉。《乾凿度》曰"孔子曰'阳三阴四，位之正也。故《易》卦六十四，分为上下，象阴阳也。夫阳道纯而奇，故上第三十，所以象阳也。阴道不纯而耦，故下篇三十四，所以法阴也。乾坤者，阴阳之根本，万物之祖宗也，为上篇始者，尊之也。离为日，坎为月。日月之道

中華藏書

周易全书·

最新整理珍藏版

阴阳之经，所以终始万物，故以坎、离为终。咸、恒者，男女之始，夫妇之道也。人道之兴，必由夫妇，所以奉承祖宗，为天地主也。故为下篇始者，贵之也。既济、未济为最终者，所以明戒慎而存王道'。孔子曰'泰者，天地交通，阴阳用事，长养万物也。否者，天地不交，阴阳不用事，止万物之长也，上经象阳，故以乾为首，坤为次，先泰而后否；损者，阴用事，泽损山而万物损也，下损以事其上；益者，阳用事，而雷风益万物也。上自损以益下。《下经》以法阴，故以咸为首，恒为次，先损而后益。各顺其类也'"。

案：乾、坤至履，十变而成泰、否、咸、恒至解，十变而成损、益。盖阴阳之气，至是一周也。

第七章　杂卦传①

《杂卦传》犹言"杂糅众卦，错综其义。"主要内容是将六十四卦重新编为三十二对"错综卦"，旨在阐发事物的发展在正反相对因素中体现出来的变化规律。

杂卦传

【原典】

乾刚坤柔，比乐师忧；临、观之义，或与或求。②屯见而不失其居，蒙杂而著。③震起也，艮止也；损、益盛衰之始也。④大畜时也，无妄灾也。⑤萃聚而升不来也，谦轻而豫怠也。噬嗑食也，贲无色也；兑见而巽伏也。随无故也，蛊则饰也。⑥剥烂也，复反也。晋昼也，明夷诛也；井通而困相遇也。咸速也，恒久也；涣离也，节止也⑦，解缓也，蹇难也。⑧睽外也，家人内也；否、泰反其类也。⑨大壮则止，遁者退也。大有众也，同人亲也；革去故也，鼎取新也；小过过也，中孚信也。丰多故，亲寡旅也；离上而坎下也。⑩小畜寡也，履不处也。⑪需不进也，讼不亲也。⑫大过颠也；姤遇也，柔遇刚也。⑬渐女归待男行也。颐养正也，既济定也。⑭归妹女之终也，未济男之穷也。⑮夬决也，刚决柔也，君子道长，小人道忧也。

【精注】

①《杂卦传》：《易传》之一。其取名为"杂"，乃是"杂糅众卦，错综其义"，即杂取六十四卦，不依原来顺序加以解说，而是把六十四卦重新加以划分、编排，分成两两对举的三十二组，以精要的语言概括各卦卦旨。②刚：乾卦为天，为健，具有阳刚之美，故称刚。③见：通"现"，指生机呈现，如屯卦中一阳动于震下。④起：震卦由阳爻起始。上：艮卦以阳爻终止。⑤时：因时而畜，故能大畜。灾：即使"不妄为"

有时也会飞来灾祸。⑥无故：随卦为追随，而追随则不能心怀成见，故称无故。故，故旧，这里指成见。⑦复反也：反，同返，回去。速：咸卦为感应，而感应瞬间即可实现，故称速。久：恒卦为久长，故称久。离：涣散必离，故涣卦为离散。止：节卦为节制，故称止。止，制约的意思。⑧缓：解卦为松懈舒缓，故称缓。蹇卦为坎坷艰难，故称难。⑨外：睽卦为乖违于外，故称外。内：家人卦为和睦于内，故称内。反其类：否卦和泰卦的爻均为三阳三阴，但是阴阳颠倒，故否卦为阴塞而泰卦为畅通，恰反其类。⑩多故：丰卦为丰至极点而多事，故称多故。故，事。亲寡：旅卦为旅行在外亲朋稀少，故称亲寡。上：离卦为火焰炎上，故称上。下：坎卦为水势流下，故称下。⑪寡：小畜为畜积甚少，故称寡。不处：履卦为阴爻居阳位而未安处中道，故称不处。⑫不进：需卦为险坎而不能躁进，故称不进。不亲：讼卦为争斗纷纭难以相亲，故称不亲。⑬颠：大过卦为颠殒常理，故称颠。柔遇刚：姤卦为一阴遇五阳，故称柔遇刚。⑭定：《吕氏春秋》高诱注："定犹成也。"即成功的意思。⑮女之终：归妹卦为女子终得依归之时，故称女之终。男之穷：未济卦为男子穷极行事之际，故称男之穷。

【今译】

乾卦与坤卦是阴阳爻相反的"错卦"。乾卦六爻皆阳，充满阳刚之气；坤卦六爻皆阴，具有阴柔之德。比卦与观卦是卦形上下反对的"综卦"。比卦亲密比附，所以欣乐；师卦兵众兴动，战事将起，所以充满忧愁。临卦与观卦是"综卦"。临、观两卦，一者上临下是给予，一者下观上为营求。屯卦与蒙卦是"综卦"。屯卦生机初现，虽然艰难，但是却不会失去安居之所；蒙卦启发愚昧虽然事物繁杂，但是却效果昭著。震卦和艮卦是"综卦"。震卦由阳爻起始，象征奋动振起；艮卦以阳爻终止，象征稳静安止。损卦和益卦是"综卦"。是盛大和哀微的开始。损极必益，益极而损，所以损卦和益卦都是事物盛衰互转的起点。大畜卦和无妄卦是"综卦"。大畜卦象征意欲大量蓄积，必须善于把握时机；无妄卦象征即使"不妄为"有时也会飞来灾难，蕴含谨防横祸之诚。萃卦与升卦是"综卦"。萃卦会聚共同相处，而升卦上升却不返还。谦卦和豫卦是"综卦"。谦卦象征重人必然轻己，而豫卦象征欣悦过度必然导致怠惰。噬嗑卦和贲卦是"综卦"。噬嗑卦是咬合如口进食；贲卦是修饰而不加色彩，以免掩去本质。兑卦和巽卦是"综卦"。兑卦阴爻在上，是看见；巽卦是阴爻在下，如逊伏。随卦和蛊卦既是"综卦"又是"错卦"。随卦象征处事毫无成见，蛊卦象征拯弊治乱。剥卦和复卦是"综卦"。剥卦象征烂熟必然剥落，复卦象征重新复返正本。晋卦和明夷卦是"综卦"。晋卦卦形上卦为离卦而离为日，下卦为坤卦而坤为地，日在地上象征白昼光明；明夷则恰好与晋卦相反，上为坤卦，而下为离卦，日入地下，象征光明消灭。井卦与困卦是"综卦"。井卦象征水取不尽而滋养广通，困卦象征上阴遮下阳而前途受阻。咸卦和恒卦是"综卦"。咸卦感应神速，瞬间即通；恒卦恒心永长，历久不衰。涣卦和节卦是"综卦"。涣卦象征涣散必离，节卦象征节制而止。解卦和蹇卦是"综卦"。解卦松懈舒缓，蹇卦坎坷艰难。睽卦和家人卦是"综卦"。睽卦象征睽违家人漂泊在外，家人卦象征全家团聚一堂。否卦和泰卦既是"综卦"又是"错卦"。否卦和泰卦都是三阳爻、三阴爻，但是阴阳正相颠倒：否卦三阴在下而三阳在上，泰卦三阴在上而三阳在下，二者象征相反的事类。大壮卦和遁卦是"综卦"。大壮卦喻示强盛时应适可而止，遁卦喻示势穷时应当尽快退避。大有卦和同人卦是"综卦"。大有卦以一阴爻而居君位，有还柔得众之义；同人卦则以一阴爻而居二得中，意为朋友相亲。革卦与鼎卦是"综卦"。革卦是革除故旧，鼎卦是烹食取新。小过卦与中孚卦是"错卦"。小过卦四阴爻、二阳爻，为阴稍多于阳；中孚卦中心虚空，为心怀诚信。丰卦与旅卦是"综卦"。丰卦喻示丰大则多事，旅卦意为旅行在外则可以亲近的人稀少。离卦和坎卦是"错卦"。离卦为火，火焰炎上；坎卦为水，水势流下。小畜卦和履卦是"综卦"。小畜卦一阴在上养众阳而蓄力不足，所以称寡；履卦一阴在下居阳位而未居中道，所以称不足处。需卦和讼卦是

"综卦"。需卦上卦为险坎，所以不能躁进；讼卦下卦为水，上卦为天，水向下流，天水分离，象征争斗纷纭难以相亲。大过卦颠殒常理；姤卦一遇五阳，为阴柔不期而遇阳刚之象。渐卦如女子出嫁，等待男子礼备而成双。颐卦象征养身持正，培养正气，既济卦象征事成安定。归妹卦象征女子终得归宿，未济卦象征男子走入穷途。夬卦五阳共决上爻一阴，处事决断，象征君子之道不断上升，小人之道不断下降。

【集解】

乾刚坤柔。

虞翻曰：乾刚金坚，故刚。坤阴和顺，故柔也。

疏　上"刚"当作"阳"。八卦配五行，乾为金，古人以金象阳也。金性坚，故刚。虞《序卦》注云"和顺谓坤"。坤阴故和顺，和顺故柔也。

比乐师忧。

虞翻曰：比五得位"建万国"，故乐。师三失位"舆尸"，故忧。

疏　比五阳得位，《象》曰"建万国，亲诸侯"，故乐。师三阴失位，爻辞曰"师或舆尸"，故忧也。盖，比居则民乐，师兴则民忧也。

临、观之意，或与或求。

荀爽曰：临者"教思无穷"，故为与。观者"观民设教"，故为求也。

疏　临之"教思无穷"，施自我也，故为与。观之"观民设教"，取诸彼也，故为求。

屯见而不失其居，蒙杂而著。

虞翻曰：阳出初震，故见。"盘恒，利居贞"，故"不失其居"。蒙二阳在阴位，故"杂"。初杂为交，故"著"。

疏　屯体震阳出震初，故见。所谓"莫见乎隐"是也。初九爻辞曰"盘桓，利居贞"。初得正，故"不失其居"也。蒙二阳在阴位，是阴阳杂居也，故为"杂"。阴阳初杂，是其交也。"物相杂，故曰文"，文明，故"著"也。

震，起也。艮，止也。

虞翻曰：震阳动行，故"起"。艮阳终止，故"止"。

疏 震阳动行于初，故"起"。艮阳终止于上，故"止"。

损、益，衰盛之始也。

虞翻曰：损，泰初益上，衰之始。益，否上益初，盛之始。

疏 初位为始，损自泰来，损泰初益上，故为"衰之始"也。益自否来，损否上益初，故为"盛之始"也。

案：经文诸本作"盛衰之始也"。《吕氏音训》："盛衰'，陆氏曰郑虞作'衰盛。'"《会通》引《释文》同，今本《释文》阙。

大畜，时也。无妄，灾也。

虞翻曰：大畜五之复二成临，时舍坤二，故"时也"。无妄上之遯初，子弑父，故"灾"者也。

疏 大畜五由萃五也，消息卦萃五之复二成临，通萃为大畜，故云"五之复二成临"也。五下居二，故云"时舍坤二"也。舍若赦，时舍故时也。无妄自遯来，"无妄上之遯初"者，以遯阴消至二为艮子弑父，故"灾"。上之初为无妄，所以救之也。

愚案：二卦皆取上爻。大壮初之上成大畜，上九《象》曰"道大行也"。上体艮，艮时行则行，故曰"时也"。遯上之初成无妄，上九《象》曰"穷之灾也"，上体乾，乾上九《文言》亦曰"穷之灾也"。故曰"灾也"。

萃聚而升不来也。

虞翻曰：坤众在内，故"聚"。升五不来之二，故"不来"。之内曰来也。

疏 萃内体坤，坤为众，故"坤众在内"，为"聚"。《管子·君臣篇》"明君顺人心，安性情，而发于众心之所聚"是也。升二五失位，二阳当升，然后五阴下降。二不先升，则

"五不来之二"，故曰"不来"。爻例，之内曰来也。盖升取自内升外，不取外来之内，故"不来也"。

谦轻而豫怡也。

虞翻曰：谦三位贱，故"轻"。豫荐乐祖考，故"怡"。"怡"或言"怠"也。

疏 剥上降三成谦。"三多凶，五多功，贵贱之等也"。五贵三贱，贱故"轻"也。《豫·象》曰"先王以作乐崇德，殷荐之祖考"，《释文》："怡，说也。"豫悦，故怡也。他本作"怠"，"怠"亦音"怡"。《史记·始皇纪》："视听不怠。"刘歆《烈女赞》："言行不怠。"注并音"怡"，故此作"怡"也。

噬嗑，食也。贲，无色也。

虞翻曰："颐中有物"，故"食"。贲离日在下，五动巽白，故"无色也"。

疏 颐四变，成噬嗑，故"颐中有物"，为"食"也。贲离日在下，日无光也。五利变之正，故动成巽白，上九曰"白贲"，故"五色也"。

兑见而巽伏也。

虞翻曰：兑阳息二，故见，则"见龙在田"。巽乾初入阴，故"伏也"。

疏 兑阳息至二为见。乾九二曰"见龙在田"，是其义也。巽乾初入阴，阳伏巽下，故"伏也"。

随无故也，蛊则饰也。

虞翻曰：否上之初，君子弗用，故"无故也"。蛊，泰初上饰坤，故"则饰也"。

疏 否上之初成随，初即乾初也，乾初九曰"潜龙勿用"，故云"君子勿用"，故，谓阳也。否本阴卦，随则通阳，故"无故也"。蛊自泰来，泰初之上饰坤，故"则饰也"。

案："随无故"者，舍己从人也。"蛊则饰"者，乱极思治也。又《荀子》曰"持之有故"。《庄子》曰"去智与故"。《淮南子》曰"不设智故"。故者，一成之意见也。随时则无一成之意见，故"无故也"。

剥，烂也。复，反也。

虞翻曰：剥生于姤，阳得阴孰，故烂。复，刚反初。

疏 剥阴生于姤，一阳在上，得阴而孰，"孰"同"熟"。《方言》："火熟曰烂。"故曰"烂也"。韩氏谓"物熟则剥落"是也。剥上一阳，反下在复，故云"复，刚反初"也。

晋，昼也。明夷，诛也。

虞翻曰：诛，伤也。离日在上，故"昼也"。"明入地中"，故"诛也"。

干宝曰：日上中，君道明也。明君在上，罪恶必罚也。

疏 《说文》曰"夷，伤也"，故"诛"亦云"伤也"。离日在上，大明白照，故曰"昼也"。"明入地中"，其明已伤，故曰"诛也"。言阳当有所诛伤也。

干注：日在上居中，五为君位。君道明，天子当阳，故曰"昼也"，昼反为明夷。"明君在上"，谓晋也。"罪恶必罚"，谓明夷之罚，即诛以驭其过，故曰"诛也"。

井通而困相遇也。

虞翻曰：泰初之五为坎，故"通"也。困三遇四，故"相遇也"。

疏 井自泰来，泰初之五为坎。坎为通，故"通也"。困三伏阳出，四之正，故"相遇也"。

案：自乾、坤至此三十卦，自咸、恒至夬三十四卦。卦虽以杂名，而上下经数适相当，则未尝杂也。

咸，速也。恒，久也。

虞翻曰：相感者"不行而至"，故"速也"。"日月久照"，"四时久成"，故"久也"。

疏 咸，感也。感应相与，不行自至，故曰"速也"。《恒·象传》曰"日月得天，而能久照，四时变化，而能久成"，故曰"久也"。

涣，离也。节，止也。

虞翻曰：涣散，故"离"，节制数度，故"止"。

疏　涣外体巽，巽为风。"风以散之"，散故"离也"。《节·象》曰"君子以制数度"。节互艮为止，故"止也"。盖涣、节皆有坎水，"风以散之"则"离"，泽以潴之，则"止也"。

解，缓也。蹇，难也。

虞翻曰：雷动出物，故缓。蹇险在前，故难。

疏　解，震宫三世卦。又外体震为雷、为动、为出，雷动出物，至艮乃成，故"缓"。又《解·象》曰"君子以赦过宥罪"，即"议狱缓死"之意，故曰"缓也"。蹇坎为险。《彖传》曰"蹇，难也，险在前也"，故曰"难也"。

睽，外也。家人，内也。

虞翻曰：离女在上，故"外也"。家人女正位乎内，故"内"者也。

疏　二卦以离为内外者，离位二五，在外不得正，故为睽。在内得正，故为家人。睽离女在上，故为外。家人离女在下，女正位内，故为"内也"。

否、泰反其类也。

虞翻曰：否反成泰，泰反成否，故"反其类"。"终日乾乾"，反复之道。

疏　否反则成泰，泰反则成否，阴阳刚柔，各反其类。乾九三曰"终日乾乾，反复道也"，虞彼注云"至三体复，故反复道，谓否、泰反其类也"。

大壮则止，遯则退也。

虞翻曰：大壮止阳，阳故止。遯阴消阳，阳故退。巽为退者也。

疏　大壮止于四阳者，惧阴伤阳也，阳故止。遯阴消阳至二，阴进"阳故退"。遯又互巽，为退也。

愚案：此承否、泰言也。大壮阳息，至四伤泰，止则可以保泰也。遯阴消至二，再消体否，退则不至成否也。

大有，众也。同人，亲也。

虞翻曰：五阳并应，故"众也"。夫妇同心，故"亲也"。

疏 大有柔得尊位大中，上下五阳皆应，故曰"众也"。《系辞上》说同人曰"二人同心，其利断金"，虞彼注云"二人谓夫妇。谓同人反师，震为夫，巽为妇，坎为心，巽为同"。是夫妇同心，故"亲也"。

革，去故也。鼎，取新也。

虞翻曰：革更故去，鼎亨饪故"取新也"。

疏 革者更改，所以"去故"。鼎者亨饪，所以"取新"，又革内离火，外兑西方金。以火克金，故曰"去故"。鼎内巽木，外离火。以木钻火，故曰"取新"。

小过，过也。中孚，信也。

虞翻曰：五以阴过阳，故"过"。"信及豚鱼"，故"信也"。

疏 小过五，以阴过阳，是"小者过也"。《中孚·象传》曰"信及豚鱼"，故"信也"。

丰多故。亲寡，旅也。

虞翻曰：丰大，故多。旅无容，故"亲寡"。六十四象，皆先言卦，及道其指。至旅体离四焚弃之行，又在旅家，故独先言。"亲寡"，而后言"旅"。

疏 故，故旧也，丰大，则多故旧也。"旅而无所容"，无交，故"亲寡"也。《杂卦》皆先举其卦，后及其指。旅自四至上体离，离四焚弃无所容，以无所容之人，而又在旅家，故先言"亲寡"，而后及其卦也。

愚案："乾坤凿度"坿载孔子筮其命，得旅，请益于商瞿氏。曰"子有圣智而无位"。孔子泣而曰："天也，命也。凤鸟不来，河无《图》至。呜呼！天命之也。"《杂卦传》于旅，独变其文，盖伤之也。

离上而坎下也。

韩康伯曰：火炎上，水润下也。

疏 《洪范》曰"火曰炎上，水曰润下"是其义也。又离自遯来，遯初之五，故"上"。坎自观来，观上之二，故

"下"。

小畜，寡也。履，不处也。

虞翻曰：乾四之坤初成震，一阳在下，故"寡也"。乾三之坤上成剥，剥穷上失位，故"不处"。

疏虞《小畜·象传》注云"与豫旁通，豫四之坤初为复"。此云"乾四之坤，初成震"，豫四即乾四也。小畜伏豫，以一阴畜复，是"一阳在下"，故"寡也"。剥上反三为谦，谦三之坤初，息履为旁通，故本剥言之。谦三即乾三，故云"乾三之坤上成剥"。剥穷于上，又失阴位，且履以谦三行乾，故"不处也"。

案：小畜四，一阴得位而畜众阳，以寡敌众，故曰"寡也"。履三一阴不得位而履众阳，不遑定处，故"不处也"。且履六爻皆言"履"，故"不处"。

需，不进也。讼，不亲也。

虞翻曰："险在前也"，故"不进"。天水违行，故"不亲也"。

疏　需坎险在前，故"不进"。讼乾天与坎水违行，故"不亲"。

大过，颠也。

虞翻曰：颠，殒也。顶载泽中，故"颠也"。

疏　《小尔雅》："颠，殒也。""载"当作"灭"，大过上六"过涉灭顶"。兑为泽在上，顶灭泽中，故"颠也"。又韩氏云"本末弱"。

姤，遇也，柔遇刚也。

虞翻曰：坤遇乾也。

疏　姤，一阴自坤来，坤柔乾刚，故"坤遇乾也"。

渐，女归待男行也。

虞翻曰：兑为女，艮为男。反成归妹，巽成兑。故女归待艮成震乃行，故"待男行也"。

疏　"兑为女"当作"巽为女"。渐外巽为女，内艮为

中华藏书

第一部 周易原典

中国书店

一〇八九

男。反成归妹，则巽在外，反内成兑女。故女之归，必待艮在内，反外成震男，震又为行，故"待男行也"。

颐，养正也。

虞翻曰：谓养三五。五之正为功，三出坎为圣，故曰"颐，养正"。与"蒙以养正，圣功"同义也。

疏 颐体以蒙，故言"养正"。三五不正，故"谓养三五"也。

"五多功"，故"之正则为功"也。蒙坎心为思，"思曰睿，睿作圣"。颐三体震为出，故云"出坎为圣"也。《蒙·象传》曰"蒙以养正，圣功也"。虞彼注云"体颐故养"，故二卦"养正"同义也。

既济，定也。

虞翻曰：济成六爻得位，定也。

疏 水上火下，济既成矣。六爻皆得正位，故"定也"。

归妹，女之终也。

虞翻曰："归妹，人之终始"。女终于嫁，"从一而终"，故"女之终也"。

疏 《归妹·象传》曰"归妹，人之终始也"。卦自泰三之四，内体兑为妹，归则女道从此终。外体震为起，妹归则生人之道，从此始；故为"人之终始"，而谓女终于出嫁也。归妹以长男嫁少女，恒以长男聚长女，卦体相同。《恒·六五·象》曰"妇人贞吉，从一而终"，与归妹有同义焉，故引，以为女终之证也。

愚案：陆氏云："兑归魂，配六十四之终也。兑少女，为八卦终。归妹，兑之归魂，故曰'女之终也'。"

未济，男之穷也。

虞翻曰：否艮为男位。否五之二，六爻失正，而来下阴。未济主月晦，乾道消灭，故"男之穷也"。

疏 未济自否来，否互艮为男位，故言男也。"否五下之二"，六爻皆失正位，是五来下于阴位，成未济也。"未济主月晦"者，否成未济，否消至上成坤，月三十日灭坤，故"主月晦"。至晦则乾道消灭已尽，故为"男之穷也"。又三阳失正，阳穷于上，"乾道成男"，故为"男之穷也"。

夬，决也，刚决柔也。君子道长，小人道消也。

虞翻曰：以乾决坤，故"刚决柔也"。乾为君子，坤为小人，乾息，故"君子道长"。坤体消灭，故"小人道消"。论武王伐纣。自大过至此八卦，不复两卦对说。大过死象，两体姤、夬，故次以姤而终于夬。言君子之决小人，故"君子道长，小人道消"。

干宝曰：凡《易》既分为六十四卦以为上、下《经》，天人之事，各有始终。夫子又为《序卦》，以明其相承受之义，然则文王周公所遭遇之运，武王成王所先后之政，苍精受命短长之期，备于此矣。而夫子又重为《杂卦》，以易其次第。《杂卦》之末，又改其例，不以两卦反覆相酬者，以示来圣后王，明"道非常道，事非常事也"。"化而裁之存乎变"，是以终之以夬，言能决断其中，唯阳德之主也。故曰"易穷则变，通则久"。总而观之，伏羲义黄帝，皆系世象贤，欲使天下世有常君也。而尧舜禅代，非黄农之化，朱均顽也。汤武逆取，非唐虞之迹，桀纣之不君也；伊尹废立，非从顺之节，使太甲思愆也；周公摄政，非汤武之典，成王幼年也。凡此皆圣贤所遭遇巽时者也。夏政尚忠，忠之弊野，故殷自野以教敬。敬之弊鬼，故周自鬼以教文。文弊薄，故《春秋》阅诸三代，而损益之。颜回问为邦，子曰"行夏之时，乘殷之辂，服周之冕"。弟子问政者数矣，而夫子不与言三代损益，以非其任也。回则备言，王者之佐，伊尹之人也，故夫子及之焉。是以圣人之于天下也，同不是异不非。百世以俟圣人而不惑，一以贯之矣。

疏 虞注：以乾刚决坤柔，故曰"刚决柔也"。泰内阳为君子，故"乾为君子"。外阴为小人，故"坤为小人"。夬、乾息至五，故"君子道长"。成乾则坤体消灭，故"小人道消"。阳道长而阴道消，此武王伐纣之时也。"自大过至此，不复两卦对说"者，以大过棺椁死象，下体似姤，上体似夬，故"次以姤而终于夬"。夬言君子之决小人，故"君子道长，小人道消也"。寻姤为小人之始，渐君子之行。颐君子之始，既济君子之成，归妹阴终，未济阳穷也。

干注：先儒以为《上经》言天事，始于乾、坤，终于坎、离。《下经》言人事，始于咸、恒，终于既、未济。故云"上下《经》天人之事，各有始终"也。夫子复为《序卦》，所以明六十四卦相次之义也。干氏说《易》，多传人事，每援文王、武王、周公、成王已然之迹以为证。如乾内三爻言文王，外三爻言武王。坤六五、用六以及蒙卦，皆言周公成王之类，故云"文王周公所遭遇之运，武王成王所先后之政"也。《曲礼》"孟春之月，其帝太皞，其神句芒"，郑注"此苍精之君，木官之臣"。《家语·五帝德》"周人以木德王"。故云"苍精受命，短长之期，备于此矣"。谓备于六十四卦也。夫子又为《杂卦》，以易《序卦》之次第。末自大过以下，又改其例，不以两卦对举，反覆相酬者，以明《易》不可以常道常事拘也。盖"化而裁之存乎变"，故未济之后，终之以夬，言欲决断其中，必以阳刚之德为主也。十二"盖取"终以夬者，谓"易以书契，百官以治，万民以察"，所以开万世之文明。《杂卦》终以夬者，谓以"刚决柔，君子道长，小人道消"，所以，立百王之治法。盖启上古之朴陋，与决小人之阴柔，总不外乾刚之能断，以成易道之善变而已矣。《系》曰"易穷则变，变则通，通则久"。自古圣人，莫不以是，法乎易道。自伏羲画易，以至黄帝，皆能裁化存变，创为良法，可以世守而勿失。至尧舜则变而为禅代，汤武则变而为逆取，伊尹变而为废立，周公变而为摄政，此皆圣贤之遭遇异时，而其事不得不变者也。三代异尚，详于《表记》。至春秋而文盛之弊，失之于薄。孔子合三代之法，而损益酌中。故《论语》："颜渊问为邦，子曰行夏之时，乘殷之辂，服周之冕。"盖以颜子有王佐之才，伊尹之选，故以是告之，而千古之治法以昭。此又孔子之善，以变通法《易》，而不异于帝王之道者也。干氏于篇末，详论帝王圣

贤之事，以明穷变通久之道，欲学者知"圣人之于天下，同不
是异不非。百世以俟圣人而不惑，一以贯之"者，皆得乎至
精、至变、至神之用，而《易》之不可以常道、常事拘也益
明矣。

第二部 朱熹说易

第一篇　易学启蒙

　　《易学启蒙》围绕《周易本义》卷首九图作论，虽名为"启蒙"，却非真的仅是给初学者开蒙之用，而是为了阐发九图的哲学意义，系统发挥朱熹的象数之学。

序

　　圣人观象以画卦、揲蓍以命爻，使天下后世之人，皆有以决嫌疑、定犹豫，而不迷于吉凶悔吝之途，其功可谓盛矣。然其为卦也，自本而干，自干而枝，其势若有所迫，而自不能已。其为蓍也，分合进退，纵横逆顺，亦无往而不相值焉。是岂圣人心思智虑之所得为也哉？特气数之自然，形于法象，见于图书者，有以启于其心，而假手焉耳。近世学者，类喜谈《易》，而不察乎此。其专于文义者，既支离散漫，而无所根著；其涉于象数者，又皆牵合傅会，而或以为出于圣人心思智虑之所为也。若是者，予窃病焉。因与同志，颇辑旧闻，为书四篇，以示初学，使毋疑于其说云。

淳熙丙午暮春既望

云台真逸手记

第一章　本图书第一

《易大传》曰："河出图，洛出书，圣人则之。"

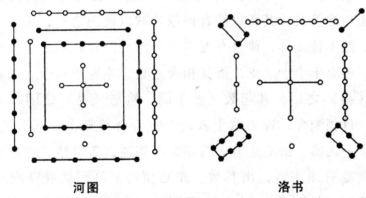

河图　　　　　　　　洛书

孔安国云：河图者，伏羲氏王天下，龙马出河，遂则其文，以画八卦。洛书者，禹治水时，神龟负文，而列于背，有数至九，禹遂因而第之，以成九类。

刘歆云：伏羲氏继天而王，受河图而画之，八卦是也。禹治洪水，赐洛书，法而陈之，九畴是也。河图洛书，相为经纬；八卦九章，相为表里。

关子明云：河图之文，七前六后，八左九右。洛书之文，九前一后，三左七右，四前左，二前右，八后左，六后右。

邵子曰："圆者，星也。历纪之数，其肇于此乎？""方者，土也，画州井地之法，其放于此乎？""盖圆者，河图之数；方者，洛书之文，故羲文因之而造《易》，禹箕叙之而作《范》也。"

蔡元定曰：古人传记自孔安国、刘向父子、班固皆以为《河图》授羲，《洛书》锡禹。关子明、邵康节皆以十为《河图》，九为《洛书》，盖《大传》既陈，天地五十，有五之数。《洪范》又明言天乃锡禹《洪范》，九畴而九宫之数；戴九履一，左三右七，二四为肩，六八为足，龟背之象也。案：刘牧意见以九为《河图》，十为《洛书》，托言出于希夷，既与诸儒旧说不合，又引《大传》以为二者皆出于伏羲之世，其《易》置图书并无明验，但谓伏羲兼以图书，则《易》、《范》之数，诚相表里为可疑耳，其实天地之理一而已矣。虽时有古今先后之不同，而其理则不容于有二也。故伏羲但据河图以作《易》，则不必预见《洛书》而已，逆与之合矣。

大禹但据《洛书》以作《范》，则亦不必追考《河图》而已，暗与之符矣。其所以然者何哉？诚以此理之外，无复他理故也。然不特此耳，律吕有五声十二律，而其相策之数究于六十日，各有十干十二支，而其相乘之数，亦究于六十。二者皆出于《易》之后，其起数又各不同，然与《易》之阴阳策数多少，自相配合，皆为六十者，无不若合符契也。下至运气，参同太一之属，虽不足道，然亦无不相通，盖自然之理也。假令今世复有图书者，出其数，亦必相符，可谓伏羲有取于今日，而作《易》乎！《大传》所谓"河出图，洛出书，圣人则之"者，亦泛言圣人作《易》、作《范》其原皆出于天之意，如言以卜筮者，尚其占与莫大乎蓍龟之类，《易》之书岂有龟与卜之法乎？亦言其理无二而已尔。

天一、地二，天三、地四，天五、地六，天七、地八，天九、地十。天数五、地数五，五位相得而各有合。天数二十有五，地数三十，凡天地之数，五十有五。此所以成变化而行鬼神也。

此一节夫子所以发明河图之数也。天地之间一气而已，分而为二则为阴阳，而五行造化，万物始终，无不管于是焉，故河图之位，一与六共宗，而居乎北，二与七为朋，而居乎南，三与八同道，而居乎东，四与九为友，而居于西，五与十相守，而居乎中。盖其所以为数者不过一阴一阳，一奇一偶，以两其五行而已。所谓天者，阳之轻清，而位乎上者也；所谓地者，阴之重浊，而位乎下者也。阳数奇，故一三五七九皆属乎天，所谓天数五也。阳数偶，故二四六八十，皆属乎地，所谓地数五也。

天数、地数各以类而相求，所谓五位之相得者然也。天以一生水，而地以六成之；地以一生火，而天以七成之；天以三生木，而地以八成之；地以四生金，而天以九成之；天以五生土，而地以十成之。此又其所谓各有合焉者也。积五奇而为二十五，积五偶而为三十，合是二者而为五十有五。此河图之全数，皆夫子之意，而诸儒之说也。

至于洛书，则虽夫子之所未言。然其象其说已具于前，有以通之。则刘歆所谓经纬表里者可见矣。或曰：河图洛书之位与数，其所以不同何也。曰：河图以五生数，统五成数，而同处其方。盖揭其全以示人，而道其常数之体也。洛书以五奇数统四偶数，而各居其所。盖主于阳以统阴，而肇其变数之用也。

曰：其皆以五居中者何也？曰：凡数之始，一阴一阳而已矣。阳之象圆，圆者径一而围三；阴之象方，方者径一而围四。围三者以一为一，故参其一阳而为三；围四者以二为一，故两其一阴而为二，是所谓参天两地者也。三二之合则为五矣。此河图洛书之数，所以皆以五为中也。

然河图以生数为主，故其中之所以为五者，亦具五生数之象焉。其下一点天一之象也。其上一点地二之象也。其左一点天三之象也。其右一点，地四之象也。其中一点，天五之象也。洛书以奇数为主，故其中之所以为五者，亦具五奇数之象焉。其下一点，亦天一之象也。其左一点，亦天三之象也。其中一点，亦天五之象也。其右一点，则天七之象也。其上一点，则天九之象也。

其数与位，皆三同而二异。盖阳不可易，而阴可易。成数虽阳，固亦生之阴也。

曰：中央之五，既为五数之象矣。然其为数也，奈何？曰：以数言之，通乎一圆，由内及外，固各有积，实可纪之数矣。然河图之一二三四，各居其五象本方之外，而六七八九十者，又各因五而得数，以附于其生数之外。洛书之一三七九，亦各居其五象本方之外，而二四六八者，又各因其类，以附于奇数之侧。盖中者为主，而外者为客；正者为君，而侧者为臣，亦各有条而不紊也。

曰：其多寡之不同，何也？曰：河图主全，故极于十，而奇偶之位均，论其积实，然后见其偶赢，而奇乏也。洛书主变，故极于九，而其位与实，皆奇赢而偶乏也，必皆虚其中也。然后阴阳之数，均于二十，而无偏耳。

曰：其序之不同，何也？曰：河图以生出之次言之，则始下次上，次左次右以复于中，而又始于下也。以运行之次言之，则始东，次南、次中、次西、次北，左旋一周，而又始于东也；其生数之在内者，则阳居下左，而阴居上右也。其成数之在外者，则阴居下左，而阳居上右也。洛书之次，其阳数，则首北，次东、次中、次西、次南。其阴数则首西南，次东南、次西北、次东北也。合而言之，则首北，次西南、次东、次东南、次中、次西北、次西、次东北而究于南也。其运行，则水克火、火克金、金克木、木克土，右旋一周，而土复克水也，是亦各有说矣。

曰：其七八九六之数不同，何也？曰：河图六七八九，既附于生数之外矣，此阴阳老少，进退饶乏之正也。其九者，生数一三五之称也。故自北而东，自东而西，以成于四之外。其六者，生数二四之积也。故自南而西，自西而北，以成于一之外。七则九之，自西而南者也。八则六之，自北而东者也。此又阴阳老少，互藏其宅之变也。洛书之纵横十五，而七八九六，迭为消长，虚五分十，而一含九，二含八，三含七，四含六，则参伍错综，无适而不遇其合焉。此变化无穷之所以为妙也。

曰：然则圣人之则之也，奈何？曰：则河图者虚其中，则洛书者总其实也。河图之虚五与十者，太极也。奇数二十偶数二十者，两仪也。以一二三四为六七八九者，四象也。析四方之合，以为乾坤离坎，补四隅之空，以为兑震巽艮者，八卦也。洛书之实，其一为五行，其二为五事，其三为八政，其四为五纪，其五为皇极，其六为三德，其七为稽疑，其八为庶证，其九为福极，其位与数尤晓然矣。

曰：洛书而虚其中则亦太极也。奇偶各居二十则亦两仪也。一二三四而含九八七六，纵横十五，而互为七八九六，则亦四象也。四方之正，以为乾坤离坎，四隅之偏，以为兑震巽艮，则亦八卦也。河图之一六为水，二七为火，三八为木，四九为金，五十为土，则固《洪范》之五行，而五十有五者，又九畴之子目也。是则洛书固可以为《易》，而河图亦可以为《范》矣。且又安知图之不为书，书之不为图也耶？

曰：是其时，虽有先后，数虽有多寡，然其为理，则一而已。但《易》乃伏羲之所先得乎图，而初无所待于书，《范》则大禹之所独得乎书，而未必追考于图耳。且以河图而虚十，则洛书四十，有五之数也。虚五则大衍五十之数也。积五与十，则洛书纵横十五之数也。以五乘十，以十乘五，则又皆大衍之数也。洛书之五，又自含五而得十，而通为大衍之数矣。积五与十则得十五，而通为河图之数矣。苟明乎此则横斜曲直，无所不通，而河图洛书，又岂有先后彼此之间哉！

中華藏書

周易全书·最新整理珍藏版

中国书房

第二章　原卦画第二

古者包羲氏之王天下也，仰则观象于天，俯则观法于地。观鸟兽之文，与地之宜，近取诸身，远取诸物，于是始作八卦，以通神明之德，以类万物之情。

易有太极，是生两仪，两仪生四象，四象生八卦。

《大传》又言：包羲画卦，所取如此，则《易》非独以河图而作也。盖盈天地之间，莫非太极阴阳之妙。圣人于此，仰观俯察，远求近取，固有以超然而默契于其心矣。故自两仪之未分也，浑然太极，而两仪、四象、六十四卦之理，已粲然于其中。

自太极而分两仪，则太极固太极也，两仪固两仪也。自两仪而分四象，则两仪又为太极，而四象又为两仪矣。自是而推之，由四而八，由八而十六，由十六而三十二，由三十二而六十四，以至于百千万亿之无穷。虽其见于摹画者，若有先后，而出于人为，然其已定之形，已成之势，则固已其具于浑然之中，而不容毫发思虑作为于其间也。程子所谓加一倍法者，可谓一言以蔽之。而邵子所谓画前有《易》者，又可见其真不妄矣。世儒于此，或不之察，往往以为圣人作《易》，盖极其心思探索之巧，而得之，甚者至谓凡卦之画，必由蓍而后得。其误益以甚矣。

易有太极

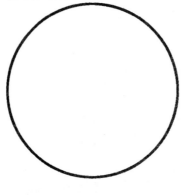

太极者，象数未形而其理已具之称。形器已具而其理无朕之目。在河图、洛书，皆虚中之象也。周子曰："无极而太极。"邵子曰："道为太极。"又曰："心为太极。"此之谓也。

是生两仪

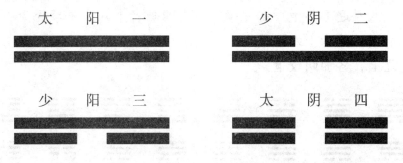

太极之判，始生一奇一偶，而为一画者二，是为两仪，其数，则阳一而阴二。在河图、洛书，则奇偶是也。周子所谓太极动而生阳，动极而静，静而生阴，静极复动，一动一静，互为其根，分阴分阳，两仪立焉。邵子所谓一分为二者，皆谓此也。

两仪生四象

两仪之上各生一奇一偶，而为二画者四，是谓四象。其位则太阳一，少阴二，少阳三；太阴四。其数则太阳九，少阴八，少阳七，太阴六。以河图言之，则六者一，而得于五者也，七者二而得于五者也，八者三而得于五者也，九者四而得于五者也。以洛书言之则九者十分一之余也，八者十分二之余也，七者十分三之余也，六者十分四之余也。周子所谓水火木金、邵子所谓二分为四者，皆谓此也。

四象生八卦

乾一　　　　兑二　　　　离三　　　　震四

巽五　　　　坎六　　　　艮七　　　　坤八

四象之上，各生一奇一偶，而为三画者八。于是三才略具，而有八卦之名矣。其位则乾一兑二，离三震四，巽五坎六，艮七坤八。在河图，则乾坤离坎分居四实，兑震巽艮，分居四虚。在洛书，则乾坤离坎分居四方，兑震巽艮，分居四隅。《周礼》所谓三《易》经卦皆八，《大传》所谓八卦成列，邵子所谓四分为八者，皆指此而言也。

八卦之上各生一奇一偶，而为四画者十六．于经无见。邵子所谓八分为十六者是也，又为两仪之上，各加八卦；又为八卦之上，各加两仪也。

四画之上，各生一奇一偶，而为五画者三十二，邵子所谓十六分，为三十二者是也。又为四象之上，各加八卦；又为八卦之上，各加四象也。

乾	夬	大有	大壮	小畜	需	大畜	泰
履	兑	睽	归妹	中孚	节	损	临
同人	革	离	丰	家人	既济	贲	明夷

无妄	随	噬嗑	震	益	屯	颐	复
姤	大过	鼎	恒	巽	井	蛊	升
讼	困	未济	解	涣	坎	蒙	师
遁	咸	旅	小过	渐	蹇	艮	谦
否	萃	晋	豫	观	比	剥	坤

中華藏書

第二部 朱熹说易

中国书店

二〇七

　　五画之上，各生一奇一偶，而为六画者六十四，则兼三才而两之，而八卦之乘八，卦亦周。于是六十四卦之名立，而易道大成矣。《周礼》所谓"三《易》之别，皆六十有四"，《大传》所谓"因而重之，爻在其中矣"，邵子所谓"三十二分为六十四"者是也。若于其上各卦，又各生一奇一偶，则为七画者百二十八矣。七画之上，又各生一奇一偶，则为八画者二百五十六矣。八画之上，又各生一奇一偶，则为九画者五百十二矣。九画之上，又各生一奇一偶，则为十画者千二十四矣。十画之上又各生一奇一偶，则为十一画者二千四十八矣。十一画之上，又各生一奇一偶，则为十二画者，四千九十六矣。此焦赣《易林》变卦之数，盖亦六十四乘六十四也。今不复为图于此，而略见第四篇中。若自十二画上，又各生一奇一偶，累至二十四画，则成千六百七十七万七千二百一十六变，以四千九十六自相乘，其数亦与此合。引而伸之，盖未知其所终极也。虽未见其用处，然亦足以见易道之无穷矣。

中
華
藏
書

周易全书·最新整理珍藏版

中国书店

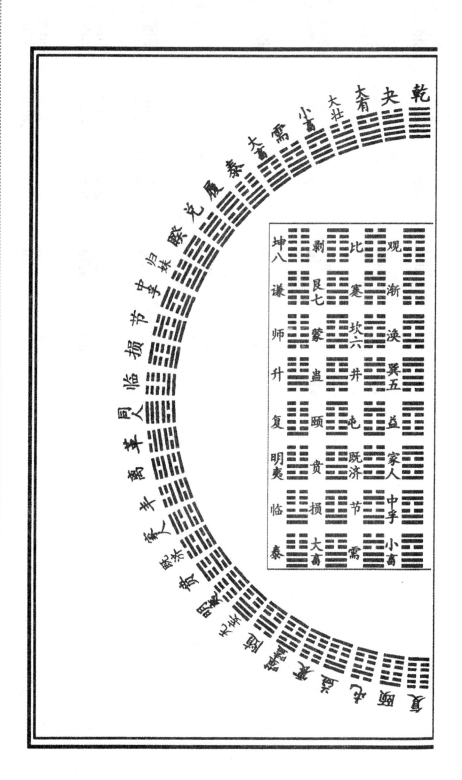

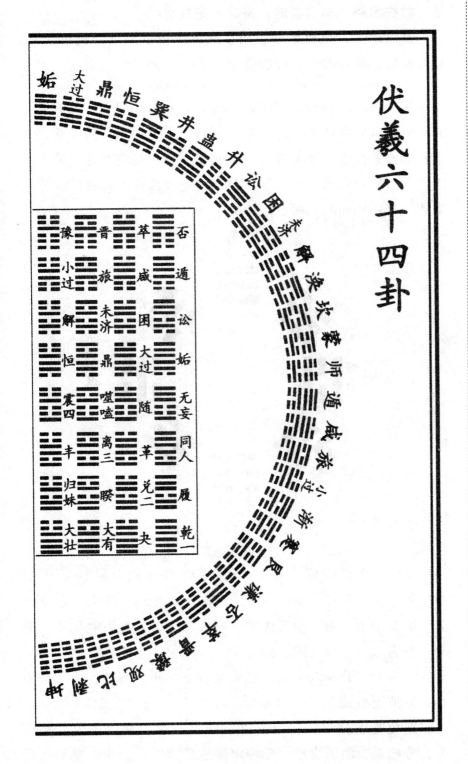

伏羲六十四卦

天地定位，山泽通气。雷风相薄，水火不相射，八卦相错。数往者顺，知来者逆，是故易逆数也。

雷以动之，风以散之，雨以润之，日以烜之，艮以止之，兑以说之，乾以君之，坤以藏之。

邵子曰：此一节，明伏羲八卦也。八卦相错者，明相错而成六十四也。数往者顺，若顺天而行，是左旋也，皆已生之卦也，故云数往也。知来者逆，若逆天而行，是右行也。皆未生之卦也，故云知来也。夫易之数，由逆而成矣。此一节，直解图意，若逆知四时之谓也。

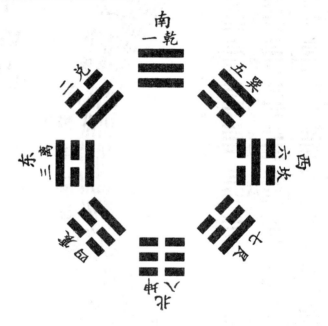

伏羲八卦图

又曰：太极既分，两仪立矣。阳上交于阴，阴下交于阳，而四象生矣。阳交于阴，阴交于阳，而生天之四象。刚交于柔，柔交于刚，而生地之四象。八卦相错，而后万物生焉。是故一分为二，二分为四，四分为八，八分为十六，十六分为三十二，三十二分为六十四，犹根之有干，干之有枝，愈大则愈小，愈细则愈繁。

是故乾以分之，坤以翕之，震以长之，巽以消之。长则分，分则消，消则翕也，乾坤定位也。震巽一交也。兑离坎艮再交也。故震阳少，而阴尚多也。巽阴少，而阳尚多也。兑离阳浸多也，坎艮阴浸多也。

又曰：无极之前，阴含阳也。有象之后，阳分阴也。阴为阳之母，阳为阴之父。故母孕长男而为复，父生长女而为姤。是以阳起于复，而阴起于姤也。

又曰：震始交阴，而阳生，巽始消阳而阴生。兑，阳长也，艮，阴长也。震、兑在天之阴也，巽、艮在地之阳也。故震、兑上阴而下阳，巽、艮上阳而下阴。天以始生言之，故阴上而阳下，交泰之义也。地从既成言之，故阴上而阳下，尊卑之位也。乾、坤定上下之位，坎、离列左右之门。天地之所阖辟，日月之所出入，春夏秋冬，晦朔弦望，昼夜长短，行度盈缩，莫不由乎此矣。

又曰：乾四十八，而四分之，一分为阴所克也。坤四十八，而四分之，一分为所克之阳也，故乾得三十六，而坤得十二也。

又曰：乾坤纵而六子横，《易》之本也。

又曰：阳在阴中，阳逆行；阴在阳中，阴逆行；阳在阳中，阴在阴中，则皆顺行，此真至之理，按图可见之矣。

又曰：复至乾，凡百二十有二阳。姤至坤，凡八十阳。姤至坤，凡一百二十有二阴；复至乾，凡八十阴。

又曰：坎离者，阴阳之限也。故离当寅，坎当申，而数常逾之者，阴阳之溢也，然用数不过乎中也。

又曰：先天学，心法也，故图皆自中起，万化万事生于心也。

又曰：图虽无文，吾终日言，而未尝离乎是。盖天地万物之理，尽在其中矣。

帝出乎震，齐乎巽，相见乎离，致役乎坤，说言乎兑，战乎乾，劳乎坎，成言乎艮。万物出乎震。震，东方也。齐乎巽，巽，东南也。齐也者，言万物之洁齐也。离也者，明也，万物皆相见。南方之卦也。圣人南面而听天下，向明而治，盖取诸此也。坤也者，地也，万物皆致养焉，故曰：致役乎坤。兑，正秋也，万物之所说也，故曰：说言乎兑。战乎乾，乾，

中華藏書

周易全书·最新整理珍藏版

中国书房

中国书房

文王八卦图

西北之卦也，言阴阳相薄也。坎者。水也，正北方之卦也，劳卦也，万物之所归也，故曰：劳乎坎。艮，东北之卦也，万物之所成终，而所成始也，故曰：成言乎艮。神也者，妙万物而为言者也。动万物者，莫疾乎雷，挠万物者，莫疾乎风。燥万物者，莫熯乎火。说万物者，莫说乎泽。润万物者，莫润乎水。终万物，始万物者，莫盛乎艮，故水火相逮，雷风不相悖。山泽通气，然后能变化，既成万物也。

邵子曰：此一节明文王八卦也。

又曰：至哉！文王之作《易》也。其得天地之用乎？故乾坤交，而为泰，坎离交，而为既济也。乾生于子，坤生于午，坎终于寅，离终于申，以应天之时也。置乾于西北，退坤于西南，长子用事而长女代母。坎离得位，而兑艮为偶，以应地之方也。王者之法，其尽于是矣。

又曰：易者，一阴一阳之谓也。震、兑，始交者也，故当朝夕之位。坎、离，交之极者也，故当子午之位。巽、艮不交，而阴阳犹杂也，故当用中之偏。乾、坤，纯阳纯阴也，故当不用之位也。

又曰：兑、离、巽，得阳之多者也。艮、坎、震，得阴之多者也。是以为天地用也。乾，极阳；坤，极阴，是以不用也。

又曰：震、兑横而六卦纵，易之用也。

尝考此图，而更为之说曰：震东兑西者，阳主进，故以长为先，而位乎左；阴主退，故以少为贵，而位乎右也。坎北者，进之中也；离南者，退之中也。男北而女南者，互藏其宅也。四者皆当四方之正也，而为用事之卦。然震兑始而坎离终，震兑轻而坎离重也。

乾西北坤西南者，父母既老而退居不用之地也。然母亲而父尊，故坤犹半用而乾全不用也。艮东北巽东南者，少男进之后而长女退之先，故亦皆不用也。然男未就傅女将有行，故巽稍向用而艮全未用也。四者皆居四隅不正之位。然居东者未用，而居西者不复用也。故下文历举六子，而不数乾坤。至其水、火、雷、风、山、泽之相偶，则又用伏羲卦云。

乾，健也。坤，顺也。震，动也。巽，入也。坎，陷也。离，丽也，艮，止也。兑，说也。

程子曰：凡阳在下者，动之象；在中者，陷之象；在上，止之象。阴在下者，人之象；在中者，丽之象；在上，说之象。

乾为马。坤为牛。震为龙。巽为鸡。坎为豕。离为雉。艮为狗。兑为羊。

此远取诸物之象。

乾为首。坤为腹。震为足。巽为股。坎为耳。离为目。艮为手。兑为口。

此近取诸身之象。

乾，天也，故称乎父。坤，地也，故称乎母。震一索而得男，故谓之长男。巽一索而得女，故谓之长女。坎再索而得男，故谓之中男。离再索而得女，故谓之中女。艮三索而得

男，故谓之少男。兑三索而得女，故谓之少女。

　　今案：坤求于乾，得其初九，而为震，故曰一索而得男。乾求于坤，得其初六，而为巽，故曰一索而得女。坤再求，而得乾之九二以为坎，故曰再索而得男。乾再求，而得坤之六二以为离，故曰再索而得女。坤三求，而得乾之九三为艮，故曰三索而得男。乾三求，而得坤之六三以为兑，故曰三索而得女。

　　凡此数节，皆文王观于已成之卦，而推其未明之象以为说。邵子所谓后天之学，人用之位者也。

第三章 明蓍策第三

大衍之数五十。

河图、洛书之中，数皆五，衍之而各极其数，以至于十，则合为五十矣。

河图积数五十五，其五十者，皆因五而后得。独五为五十所因，而自无所因，故虚之则俱为五十。又五十五之中，其四十者，分为阴阳老少之数，而其五与十者无所为，则又以五乘十，以十乘五，而亦皆为五十矣。洛书积数四十五，而其四十者，散布于外，而分阴阳老少之数。唯五居中，而无所为，则亦自含五数，而并为五十矣。

其用四十有九。

大衍之数五十，而蓍一根百茎，可当大衍之数者二。故揲蓍之法，取五十茎为一握，置其一不用，以象太极，而其当用之策，凡四十有九，盖两仪体具而未分之象也。

分而为二以象两，挂一以象三，揲之四以象四时，归奇于扐以象闰，五岁再闰，故再扐而后挂。

挂者，悬于小指之间。揲者，以大指食指间而别之。奇，谓余数。扐者，扐于中三指之两间也。蓍凡四十有九，信手中分。各置一手，以象两仪，而挂右手一策于左手小指之间，以象三才。遂以四揲左手之策，以象四时，而归其余数于左手第四指间，以象闰。又以四揲右手之策，而再归其余数，于左手第三指间，以象再闰。是谓一变。其挂扐之数不五即九。

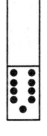

扐挂
扐挂 扐挂
扐挂

得五者三，
所谓奇也。

得九者一，
所谓偶也。

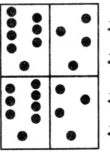

扐挂 扐挂 挂

一变之后，除前余数，复合其见存之策。或四十，或四十四，分挂揲归如前法，是谓再变。其挂扐者，不四则八。

得四者二，所谓奇也。

得八者二，所谓偶也。

再变之后，除前两次余数，复合其见存之策或四十，或三十六，或三十二，分挂揲归，如前法，是谓三变。其挂扐者，如再变例。

三变既毕，乃合三变，视其挂扐之奇偶，以分所遇阴阳之老少，是谓一爻。

右三奇为老阳者，凡十有二，挂扐之数，十有三。除初挂之一，为十有二，以四约而三分之，为一者三。一奇象圆而围三，故三一之中，各复有三，而积三三之数则为九；过揲之数，三十有六，以四约之，亦得九焉。即四象，太阳居一含九之数也。

右两奇一偶，以偶为主。为少阴者，凡二十有八。挂扐之数十有七，除初挂之一，为十有六，以四约而三分之为一者二，为二者一。一奇，象圆而用其全，故二一之中，各复有三。二偶，象方而用其半，故一二之中，复有二焉。而积二三一二之

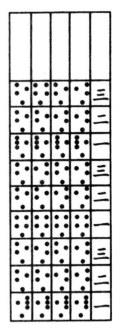

三
二
二

三
二
一

三
二

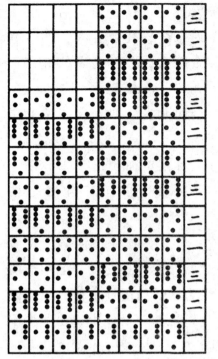

数则为八，过揲之数，三十有二，以四约之，亦得八焉。即四象，少阴居二含八之数也。

左两偶一奇以奇为主，为少阳者凡二十，挂拘之数二十有一，除初挂之一为二十，以四约而三分之，为二者二，为一者一。二偶象方，而用其半，故二二之中，各复有二。一奇象圆而用其全，故一三之中，复有三焉，而积二二一三之数则为七，过揲之数二十有八，以四约之，亦得七焉。即四象少阳居三含七之数也。

左三偶为老阴者四，挂扐之数，二十有五，除初挂之一为二十有四，以四约而三分之，为二者三。二偶象方，而用其半，故三二之中，各复有二。而积三二之数，则为六，过揲之数亦二十有四，以四约之，亦得六焉。即四象太阴居四含六之数也。

凡此四者皆以三变皆挂之法得之。盖经曰"再劫而后挂"，又曰"四营而成易"，其指甚明。注疏虽不详说，然刘禹锡所记僧一行、毕中和、顾象之说，亦已备矣。近世诸儒，乃有前一变独挂，后二变不挂之说。考之于经，乃为六扐而后挂，不应"五岁再闰"之义。且后两变又止三营，盖已误矣。

且用旧法，则三变之中，

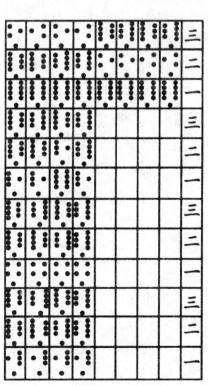

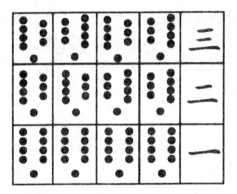

又以前一变为奇，后二变为偶。奇故其余五九，偶故其余四八，余五九者，五三而九一，亦围三径一之义也。余四八者，四八皆二，亦围四用半之义也。三变之后，老者阳饶而阴乏，少者阳少而阴多。亦皆有自然之法象焉。

蔡元定曰：案五十之蓍，虚一分二，挂一揲四，为奇者三，为偶者二，是天三地二自然之数。而三揲之变，老阳老阴之数，本皆八合之得十六，阳以老为动，而阴性本静，故以四归于老阳，此老阴之数所以四，老阳之数，所以十二也。少阳少阴之数，本皆二十四，合之四十八。少为静，而阳性本动，故以四归于少阴，此少阳之数，所以二十，而少阴之数，所以二十八也。易用老而不用少，故六十四变所用者，十二变，十六变，又以四约之。阳用其三，阴用其一，盖一奇一偶对待者阴阳之体，阳三阴一，一饶一乏者，阴阳之用，故四时，春夏秋生物，而冬不生物。天地，东西南可见，而北不可见。人之瞻视亦前与左右可见，而背不可见也。不然则以四十九蓍，虚一分二，挂一揲四，则为奇者二，为偶者二，而老阳得八，老阴得八，少阳得二十四，少阴得二十四，不亦善乎。圣人之智岂不及此，而其取此而不取彼者，诚以阴阳之体数常均，用数则阳三而阴一也。

若用近世之法则三变之余，皆为围三径一之义，而无复奇偶之分。三变之后，为老阳少阴者皆二十七，为少阳者九，为老阴者一，又皆参差不齐而无复自然之法象，此足以见其说之误矣。

至于阴阳老少之所以然者，则请复得而通论之。盖四十九策，除初挂之一而为四十八，以四约之为十二；以十二约之为四，故其揲之一变也。挂扐之数，一其四者为奇，两其四者为偶，其三变也。挂扐之数三其四，一其十二，而过揲之数九其四，三其十二者，为老阳。挂扐过揲之数皆六其四，两其十二者为老阴。自老阳之挂扐而增一四，则是四其四也。一其十二，而又进一四也。自其过揲者而损一四，则是八其四也。三其十二而损一四也。此所谓少阴者也。自老阴之挂扐，而损一四，则是五其四也。两其十二，而去一四也。自其过揲而增一四，则是七其四也。两其十二而进一四也，此所谓少阳者也。二老者，阴阳之极也。二极之间，相距之数凡十有二，而三分之。自阳之极而进，其挂扐，退其过揲，各至于三之一，则为少阴；自阴之极而退其挂扐，进其过揲，各至于三之一则为少阳。

老阳居一，而含九，故其挂扐十二为最少，而过揲三十六，为最多，少阴居二而含八，故其挂扐十六，为次少，而过揲三十二，为次多。少阳居三而含七，故其挂扐二十为稍多，而过揲二十八为稍少。老阴居四而含六，故其挂扐二十四为极多，而过揲亦二十四为极少。盖阳奇而阴偶，是以挂扐之数老阳极少，老阴极多，而二少者亦一进一退，而交于中焉，此其以少为贵者也。阳实而阴虚，是以过揲之数，老阳极多，老阴极少，而二少者，亦一进一退而交于中焉，此其以多为贵者也。

凡此不唯阴之与阳，既为二物而迭为消长，而其一物之中，此二端者，又各自为一物而迭为消长。其相与低昂如权衡，其相与判合如符契，固有非人之私智所能取舍而有无者。

而况挂扐之数，乃七八九六之原，而过揲之数，乃七八九六之委，其势又有轻重之不同，而或者乃欲废置挂扐，而独以过揲之数为断，则是舍本而取末，去约以就烦，而不知其不可也，岂不误哉！

邵子曰："五与四四，去挂一之数，则四三十二也。九与八八，去挂一之数，则四六二十四也。五与八八，九与四八，去挂一之数，则四五二十也。九与四四，五与四八，去挂一之数，则四四十六也。故去其三四五六之数以成九八七六之策，此之谓也。"

一爻已成，再合四十九策，复分挂揲，归以成一变，每三

中华藏书

周易全书·最新整理珍藏版

中国书房

变而成一爻，并如前法。

乾之策，二百一十有六。坤之策，百四十有四。凡三百有六十，当期之日。

"乾之策，二百一十有六"者，积六爻之策，各三十六而得之也。"坤之策，百四十有四"者，积六爻之策，各二十有四，而得之也。"凡三百六十"者，合二百一十有六，百四十有四，而得之也。"当期之日"者，每月三十日，合十二月为三百六十也。盖以气言之，则有三百六十六日；以朔言之，则有三百五十四日。今举气盈朔虚之中数而言，故曰"三百有六十"也。然少阳之策二十八，积乾六爻之策，则一百六十八。少阴之策三十二，积坤六爻之策，则一百九十二。此独以老阴阳之策为言者，以《易》用九六，不用七八也。然二少之合，亦"三百有六十"。

二篇之策，万有一千五百二十，当万物之数也。

"二篇"者，上下经六十四卦也。其阳爻百九十二，每爻各三十六策，积之得六千九百一十二；阴爻，百九十二，每爻二十四策，积之得四千六百八。又合二者为万有一千五百二十也。若为少阳，则每爻二十八策，凡五千三百七十六。少阴，则每爻三十二策。凡六千二百四十四，合之亦为万一千五百二十也。

是故四营而成易，十有八变而成卦，八卦而小成。引而伸之，触类而长之，天下之能事毕矣。

"四营"者，四次经营也。"分二"者，第一营也。"挂一"者，第二营也。"揲四"者，第三营也。"归奇"者，第四营也。"易"，变易也，谓揲之一变。四营成变，三变成爻，一变而得两仪之象，再变而得四象之象，三变而得八卦之象。一爻而得两仪之画，二爻而得四象之画，三爻而得八卦之画，四爻成而得其十六者之一，五爻成而得其三十二者之一。至于积七十二营而成十有八变，则六爻见而得乎六十四卦之一矣。

然方其三十六营而九变也。已得三画而八卦之名可见，则内卦之为贞者立矣。此所谓八卦而小成者也。自是而往，引而伸之。又三十六营、九变以成三画，而再得小成之卦者，一则外卦之为悔者亦备矣。六爻成内外卦备，六十四卦之别可见。然后视其爻之变与不变，而触类以长焉。则天下之事，其吉凶悔吝，皆不越乎此矣。

显道神德行，是故可与酬酢，可与佑神矣。

道因辞显，行以数神。"酬酢"者，言幽明之相应，如宾主之相交也。"佑神"者，言有以佑助神化之功也。

卷内蔡氏说"为奇者三，为偶者二"。盖凡初揲左三余一、余二、余三，皆为奇，余四为偶。至再揲、三揲，则余三者亦为偶，故曰奇三而偶二也。

中華藏書

周易全书·最新整理珍藏版

中国书店

第四章　考变占第四

乾卦用九："见群龙无首，吉。"《象》曰："用九天德，不可为首也。"坤卦用六："利永贞。"《象》曰："用六永贞，以大终也。"

用九、用六者，变卦之凡例也。言凡阳爻，皆用九而不用七，阴爻皆用六，而不用八。用九，故老阳变为少阴；用六，故老阴变为少阳。不用七、八，故少阳少阴不变。独于乾坤二卦言之者，以其在诸卦之首，又为纯阳、纯阴之卦也。圣人因系以辞，使遇乾，而六爻皆九，遇坤而六爻皆六者，即此而占之。盖"群龙无首"，则阳皆变阴之象；"利永贞"，则阴皆变阳之义也。余见六爻变例。

凡卦六爻皆不变，则占本卦象辞，而以内卦为贞，外卦为悔。

一爻变，则以本卦变爻辞占。

二爻变，则以本卦二变爻辞占，仍以上爻为主。

三爻变，则占本卦及之卦之象辞，即以本卦为贞，之卦为悔。前十卦主贞，后十卦主悔。

四爻变，则以之卦二不变爻占，仍以下爻为主。

五爻变，则以之卦不变爻占。

六爻变，则乾坤占二用，余卦占之卦象辞。

于是，一卦可变六十四卦，而四千九十六卦，在其中矣。所谓"引而伸之，触类而长之，天下之能事毕矣"，岂不信哉！今以六十四卦之变，列为三十二图。最初卦者，自初而终，自上而下；得末卦者，自终而初，自下而上。变在第三十二卦以前者，占本卦爻之辞；变在第三十二卦以后者，占变卦爻之辞。

		䷋ 否				䷠ 遯	䷫ 姤	䷀ 乾
	䷲ 涣	䷴ 渐	䷙ 大畜	䷽ 中孚	䷘ 无妄	䷅ 讼	䷌ 同人	
䷑ 蛊	䷿ 未济	䷷ 旅	䷄ 需	䷥ 睽	䷤ 家人	䷸ 巽	䷉ 履	
䷯ 井	䷮ 困	䷞ 咸	䷡ 大壮	䷹ 兑	䷝ 离	䷱ 鼎	䷈ 小畜	
䷟ 恒					䷰ 革	䷛ 大过	䷍ 大有	
								䷪ 夬

中華藏書

第二部 朱熹说易

中国书店

中華藏書

周易全书·最新整理珍藏版

	剥				观		
比	颐	蒙	艮	晋	损		益
豫	屯	坎	蹇	萃	节	贲	噬嗑
谦	震	解	小过		归妹	既济	随
师	明夷	升			泰	丰	
坤	复	临					

		无妄			同人	乾	姤
	中孚	家人	蛊	涣	否	履	遁
大畜	睽	离	井	未济	渐	小畜	讼
需	兑	革	恒	困	旅	大有	巽
大壮					咸	夬	鼎
							大过

中华藏书　第二部　朱熹说易　中国书店　一二二五

中華藏書

周易全书·

最新整理珍藏版

颐			益			
屯	剥	损	贲	噬嗑	蒙	观
震	比	节	既济	随	坎	艮	晋
明夷	豫	归妹	丰		解	蹇	萃
临	谦	泰			升	小过
复	坤	师				

		讼				姤	遁	同人
	观	巽	贲	益	履	否	乾	
艮	晋	鼎	既济	噬嗑	小畜	渐	无妄	
蹇	萃	大过	丰	随	大有	旅	家人	
小过					夬	咸	离	
							革	

	蒙			涣			
坎	损	剥	蛊	未济	颐		中孚
解	节	比	井	困	屯	大畜	睽
升	归妹	豫	恒		震	需	兑
坤	泰	谦				明夷	大壮
师	临	复					

中華藏書　第二部　朱熹说易

		遁				否	讼	履
	巽	观	损	小畜	同人	姤	无妄	
蒙	鼎	晋	节	大有	益	涣	乾	
坎	大过	萃	归妹	夬	噬嗑	未济	中孚	
解					随	困	睽	
							兑	

中華藏書

周易全书·最新整理珍藏版

艮			渐				
蹇	贲	蛊	剥	旅	大畜		家人
小过	既济	井	比	咸	需	颐	离
坤	丰	恒	豫		大壮	屯	革
升	复	师			临	震	
谦	明夷	泰					

中国书店

中華藏書

第二部 朱熹说易

观					渐	巽	小畜
讼	遁	大有	履	益	涣	家人	
鼎	蒙	艮	夬	损	同人	姤	中孚
大过	坎	蹇	泰	节	贲	蛊	乾
升					既济	井	大畜
							需

晋　　　　否

萃　噬嗑　未济　旅　剥　睽　　　无妄

坤　随　困　咸　比　兑　离　颐

小过　复　师　谦　　　临　革　屯

解　丰　恒　　　　　大壮　明夷

豫　震　归妹

		晋				旅	鼎	大有
	蒙	艮	小畜	损	噬嗑	未济	离	
巽	讼	遁	泰	履	贲	蛊	暌	
升	解	小过	夬	归妹	同人	姤	大畜	
大过					丰	恒	乾	
							大壮	

中华藏书

周易全书·最新整理珍藏版

䷓观				䷖剥			
坤	益	涣	渐	否	中孚		颐
萃	复	师	谦	豫	临	家人	无妄
蹇	随	困	咸			兑	明夷	震
坎	既济	井				需	革
比	屯	节					

		萃				咸	大过	夬
	坎	蹇	泰	节	随	困	革	
升	解	小过	小畜	归妹	既济	井	兑	
巽	讼	遁	大有	履	丰	恒	需	
鼎					同人	姤	大壮	
							乾	

坤				比			
观	复	师	谦	豫	临		屯
晋	益	涣	渐	否	中孚	明夷	震
艮	噬嗑	未济	旅		睽	家人	无妄
蒙	贲	蛊			大畜	离	
剥	颐	损					

中華藏書

周易全书 · 最新整理珍藏版

		履				乾	同人	遁
	益	小畜	艮	观	讼	无妄	姤	
贲	噬嗑	大有	蹇	晋	巽	家人	否	
既济	随	夬	小过	萃	鼎	离	渐	
丰					大过	革	旅	
							咸	

中華藏書

第二部 朱熹说易

中國書房

中华藏书

周易全书·最新整理珍藏版

损				中孚			
节	蒙	颐	大畜	睽	剥		涣
归妹	坎	屯	需	兑	比	蛊	未济
泰	解	震	大壮		豫	井	困
复	升	明夷			谦	恒	
临	师	坤					

中国书店

		同人			无妄	履	讼
	小畜	益	蒙	巽	遁	乾	否
损	大有	噬嗑	坎	鼎	观	中孚	姤
节	夬	随	解	大过	晋	睽	涣
归妹					萃	兑	未济
							困

中華藏書

周易全书·最新整理珍藏版

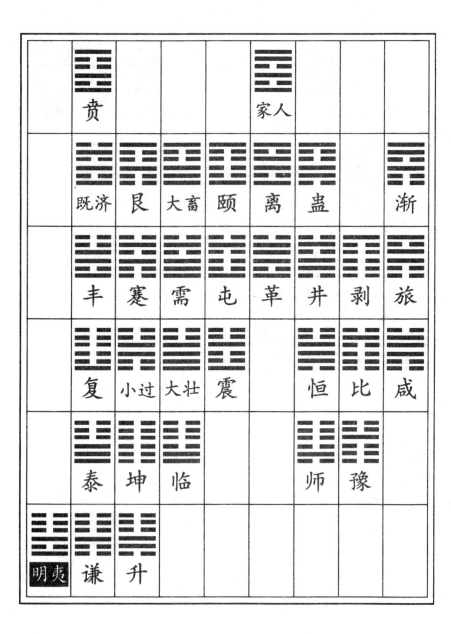

贲				家人			
既济	艮	大畜	颐	离	蛊		渐
丰	蹇	需	屯	革	井	剥	旅
复	小过	大壮	震		恒	比	咸
泰	坤	临				师	豫
明夷	谦	升					

		益				家人	小畜	巽
履	同人	鼎	讼	观	中孚	渐	
大有	损	贲	大过	蒙	遯	乾	涣
夬	节	既济	升	坎	艮	大畜	姤
泰				蹇	需	蛊	
							井

中華藏書

周易全书·最新整理珍藏版

中国书店

噬嗑				无妄			
随	晋	睽	离	颐	未济		否
复	萃	兑	革	屯	困	旅	剥
丰	坤	临	明夷			节	咸	比
归妹	小过	大壮				恒	谦
震	豫	解					

		噬嗑			离	大有	鼎
损	贲	巽	蒙	晋	暌	旅	
小畜	履	同人	升	讼	艮	大畜	未济
泰	归妹	丰	大过	解	遁	乾	蛊
夬				小过	大壮	姤	
						恒	

中华藏书

周易全书·最新整理珍藏版

益				颐			
复	观	中孚	家人	无妄	涣		剥
随	坤	临	明夷	震	师	渐	否
既济	萃	兑	革		困	谦	豫
节	蹇	需			井	咸	
屯	比	坎					

		䷐ 随				䷰ 革	䷪ 夬	**䷛ 大过**
	䷻ 节	䷾ 既济	䷭ 升	䷜ 坎	䷬ 萃	䷹ 兑	䷞ 咸	
䷊ 泰	䷵ 归妹	䷶ 丰	䷸ 巽	䷧ 解	䷦ 蹇	䷄ 需	䷮ 困	
䷈ 小畜	䷆ 履	䷌ 同人	䷱ 鼎	䷅ 讼	䷽ 小过	䷡ 大壮	䷯ 井	
䷍ 大有					䷠ 遁	䷀ 乾	䷟ 恒	
							䷫ 姤	

中华藏书

周易全书·最新整理珍藏版

复				屯			
益	坤	临	明夷	震	师		比
噬嗑	观	中孚	家人	无妄	涣	谦	豫
贲	晋	睽	离		未济	渐	否
损	艮	大畜			蛊	旅	
颐	剥	蒙					

		姤			讼	否	无妄
渐	涣	颐	家人	乾	遁	履	
剥	旅	未济	屯	离	中孚	观	同人
比	咸	困	震	革	睽	晋	益
豫				兑	萃	噬嗑	
						随	

中華藏書

第二部 朱熹说易

中国书房

中华藏书

周易全书·最新整理珍藏版

蛊			巽			
井	大畜	艮	蒙	鼎	贲	小畜
恒	需	蹇	坎	大过	既济	损	大有
师	大壮	小过	解		丰	节	夬
谦	临	坤			复	归妹
升	泰	明夷				

中国书房

中国书房

		涣			巽	渐	家人
否	姤	离	无妄	中孚	观	小畜	
旅	剥	蛊	革	颐	乾	遁	益
咸	比	井	明夷	屯	大畜	艮	同人
谦				需	蹇	贲	
							既济

未济				讼			
困	睽	晋	鼎	蒙	噬嗑		履
节	兑	萃	大过	坎	随	大有	损
恒	临	坤	升		复	夬	节
豫	大壮	小过			丰	泰	
解	归妹	震					

		未济				鼎	旅	离
剥	蛊	家人	颐	睽	晋	大有		
渐	否	姤	明夷	无妄	大畜	艮	噬嗑	
谦	豫	恒	革	震	乾	遁	贲	
咸					大壮	小过	同人	
							丰	

中華藏書

周易全书·最新整理珍藏版

	涣			蒙			
师	中孚	观	巽	讼	益		损
困	临	坤	升	解	复	小畜	履
井	兑	萃	大过		随	泰	归妹
比	需	蹇			既济	夬	
坎	节	屯					

中国书店

		困				大过	咸	革
比	井	明夷	屯	兑	萃	夬		
谦	豫	恒	家人	震	需	蹇	随	
渐	否	姤	离	无妄	大壮	小过	既济	
旅					乾	遁	丰	
							同人	

中华藏书 第二部 朱熹说易 中国书房

	师				坎			
	涣	临	坤	升	解	复		节
未济	中孚	观	巽	讼	益	泰		归妹
	盅	睽	晋	艮		噬嗑	小畜	履
	剥	大畜	艮			贲	大有	
蒙	损	颐						

中華藏書

第二部 朱熹说易

		渐				观	涣	中孚
姤	否	睽	乾	家人	巽	益		
未济	蛊	剥	兑	大畜	无妄	讼	小畜	
困	井	比	临	需	颐	蒙	履	
师				屯	坎	损		
				节				

旅				遁			
咸	离	鼎	晋	艮	大有		同人
谦	革	大过	萃	蹇	夬	噬嗑	贲
豫	明夷	升	坤		泰	随	既济
恒	震	解			归妹	复	
小过	丰	大壮					

		旅			晋	未济	睽
	蛊	剥	中孚	大畜	离	鼎	噬嗑
涣	姤	否	临	乾	颐	蒙	大有
师	恒	豫	兑	大壮	无妄	讼	损
困					震	解	履
							归妹

中華藏書

周易全书·最新整理珍藏版

䷴ 渐			䷳ 艮				
䷎ 谦	䷤ 家人	䷸ 巽	䷓ 观	䷠ 遁	䷈ 小畜		䷕ 贲
䷞ 咸	䷣ 明夷	䷭ 升	䷁ 坤	䷽ 小过	䷊ 泰	䷩ 益	䷌ 同人
䷇ 比	䷰ 革	䷛ 大过	䷬ 萃		䷪ 夬	䷗ 复	䷶ 丰
䷯ 井	䷂ 屯	䷜ 坎			䷺ 节	䷐ 随	
䷦ 蹇	䷾ 既济	䷄ 需					

中国书店

		咸				萃	困	兑
	井	比	临	需	革	大过	随	
师	恒	豫	中孚	大壮	屯	坎	夬	
涣	姤	否	睽	乾	震	解	节	
未济				无妄	讼	归妹		
							履	

中華藏書

周易全书·最新整理珍藏版

䷎ 谦				䷃ 蹇			
䷴ 渐	䷣ 明夷	䷭ 升	䷁ 坤	䷽ 小过	䷊ 泰		䷾ 既济
䷷ 旅	䷤ 家人	䷸ 巽	䷓ 观	䷠ 遁	䷈ 小畜	䷗ 复	䷶ 丰
䷖ 剥	䷝ 离	䷱ 鼎	䷢ 晋		䷍ 大有	䷩ 益	䷌ 同人
䷑ 蛊	䷚ 颐	䷃ 蒙			䷨ 损	䷔ 噬嗑	
䷳ 艮	䷕ 贲	䷙ 大畜					

		剥			艮	蛊	大畜
	未济	旅	乾	暌	颐	蒙	贲
姤	涣	渐	大壮	中孚	离	鼎	损
困	师	谦	需	临	家人	巽	大有
井				明夷	升	小畜	
							泰

中華藏書

第二部 朱熹说易

中国书店

中華藏書

周易全书·最新整理珍藏版

䷋ 否				䷢ 晋			
䷏ 豫	无妄	讼	遁	观	履		噬嗑
比	震	解	小过	坤	归妹	同人	益
咸	屯	坎	蹇			节	丰	复
困	革	大过				夬	既济
䷬ 萃	随	兑					

		比				蹇	井	需
	困	咸	大壮	兑	屯	坎	既济	
恒	师	谦	乾	临	革	大过	节	
姤	涣	渐	大畜	中孚	明夷	升	夬	
蛊					家人	巽	泰	
							小畜	

豫				萃			
	否	震	解	小过	坤	归妹	随
	剥	无妄	讼	遁	观	履	丰	复
	旅	颐	蒙	艮		损	同人	益
	未济	离	鼎			大有	贲
	晋	噬嗑	睽				

		豫				小过	恒	大壮
师	谦	需	临	震	解	丰		
井	困	咸	大畜	兑	明夷	升	归妹	
蛊	未济	旅	乾	睽	革	大过	泰	
姤					离	鼎	夬	
							大有	

中華藏書

第二部 朱熹说易

中国书房

中華藏書

周易全书·最新整理珍藏版

比				坤			
剥	屯	坎	蹇	萃	节		复
否	颐	蒙	艮	晋	损	既济	随
渐	无妄	讼	遁		履	贲	噬嗑
涣	家人	巽			小畜	同人	
观	益	中孚					

中国书店

中華藏書

第二部 朱熹说易

中国书店

		乾				履	无妄	否
家人	中孚	剥	渐	姤	同人	讼		
颐	离	暌	比	旅	涣	益	遁	
屯	革	兑	豫	咸	未济	噬嗑	观	
震					困	随	晋	
							萃	

中华藏书

周易全书·最新整理珍藏版

中国书房

大畜			小畜				
需	蛊	贲	损	大有	艮		巽
大壮	井	既济	节	夬	蹇	蒙	鼎
临	恒	丰	归妹		小过	坎	大过
明夷	师	复			坤	解	
泰	升	谦					

		中孚				小畜	家人	渐
无妄	乾	旅	否	涣	益	巽		
离	颐	大畜	咸	剥	姤	同人	观	
革	屯	需	谦	比	蛊	贲	遁	
明夷					井	既济	艮	
							蹇	

中華藏書

第二部 朱熹说易

中國書房

一二六九

中華藏書

周易全书·最新整理珍藏版

睽				履			
兑	未济	噬嗑	大有	损	晋		讼
临	困	随	夬	节	萃	鼎	蒙
大壮	师	复	泰		坤	大过	坎
震	恒	丰			小过	升	
归妹	解	豫					

		睽				大有	离	旅
	颐	大畜	渐	剥	未济	噬嗑	鼎	
家人	无妄	乾	谦	否	蛊	贲	晋	
明夷	震	大壮	咸	豫	姤	同人	艮	
革					恒	丰	遁	
							小过	

中華藏書　第二部　朱熹说易

中国书店

中华藏书

周易全书·最新整理珍藏版

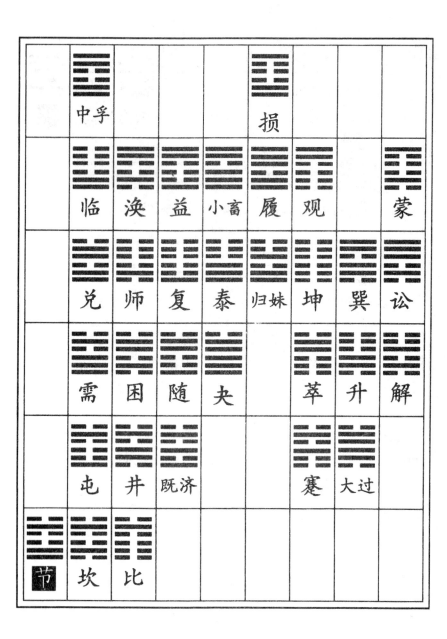

中孚				损			
临	涣	益	小畜	履	观		蒙
兑	师	复	泰	归妹	坤	巽	讼
需	困	随	夬		萃	升	解
屯	井	既济			蹇	大过	
节	坎	比					

		兑			夬	革	**咸**
屯	需	谦	比	困	随	大过	
明夷	震	大壮	渐	豫	井	既济	萃
家人	无妄	乾	旅	否	恒	丰	蹇
离					姤	同人	小过
							遁

临				节			
中孚	师	复	泰	归妹	坤		坎
睽	涣	益	小畜	履	观	升	解
大畜	未济	噬嗑	大有		晋	巽	讼
颐	蛊	贲			艮	鼎	
损	蒙	剥					

		䷤ 家人				䷩ 益	䷼ 中孚	**䷺ 涣**
	䷀ 乾	䷘ 无妄	䷿ 未济	䷫ 姤	䷴ 渐	䷈ 小畜	䷓ 观	
䷥ 睽	䷙ 大畜	䷚ 颐	䷯ 困	䷑ 蛊	䷋ 否	䷉ 履	䷸ 巽	
䷹ 兑	�5 需	䷂ 屯	䷆ 师	䷯ 井	䷖ 剥	䷨ 损	䷅ 讼	
䷒ 临					䷇ 比	䷻ 节	䷃ 蒙	
								䷜ 坎

离				同人			
革	旅	大有	噬嗑	贲	鼎		遁
明夷	咸	夬	随	既济	大过	晋	艮
震	谦	泰	复		升	萃	蹇
大壮	豫	归妹			解	坤	
丰	小过	恒					

中华藏书

周易全书·最新整理珍藏版

中国书房

		离				噬嗑	睽	未济
大畜	颐	涣	蛊	旅	大有	晋		
中孚	乾	无妄	师	姤	剥	损	鼎	
临	大壮	震	困	恒	否	履	蒙	
兑					豫	归妹	讼	
							解	

中華藏書

周易全书·最新整理珍藏版

	家人				贲		
明夷	渐	小畜	益	同人	巽		艮
革	谦	泰	复	丰	升	观	遁
屯	咸	夬	随		大过	坤	小过
需	比	节			坎	萃	
既济	蹇	井					

		革				随	兑	困
	需	屯	师	井	咸	夬	萃	
临	大壮	震	涣	恒	比	节	大过	
中孚	乾	无妄	未济	姤	豫	归妹	坎	
睽					否	履	解	
						讼		

中華藏書　第二部　朱熹说易

中華藏書

周易全书·最新整理珍藏版

䷣ 明夷				䷾ 既济			
䷤ 家人	䷎ 谦	䷊ 泰	䷗ 复	䷶ 丰	䷭ 升		䷦ 蹇
䷝ 离	䷴ 渐	䷈ 小畜	䷩ 益	䷌ 同人	䷸ 巽	䷁ 坤	䷽ 小过
䷚ 颐	䷷ 旅	䷍ 大有	䷔ 噬嗑		䷱ 鼎	䷓ 观	䷠ 遁
䷙ 大畜	䷖ 剥	䷨ 损			䷃ 蒙	䷢ 晋	
䷕ 贲	䷳ 艮	䷑ 蛊					

		颐				贲	大畜	蛊
	睽	离	姤	未济	剥	损	艮	
乾	中孚	家人	恒	涣	旅	大有	蒙	
大壮	临	明夷	井	师	渐	小畜	鼎	
需					谦	泰	巽	
							升	

中華藏書

周易全书·最新整理珍藏版

中国书房

无妄				噬嗑			
震	否	履	同人	益	讼		晋
屯	豫	归妹	丰	复	解	遁	观
革	比	节	既济		坎	小过	坤
兑	咸	夬			大过	蹇	
随	萃	困					

		䷂屯				䷾既济	䷄需	**䷯井**
	䷹兑	䷰革	䷟恒	䷮困	䷇比	䷻节	䷦蹇	
䷡大壮	䷒临	䷣明夷	䷫姤	䷆师	䷞咸	䷪夬	䷜坎	
䷀乾	䷚中孚	䷤家人	䷑蛊	䷺涣	䷎谦	䷊泰	䷛大过	
䷙大畜				䷴渐	䷈小畜	䷭升		
					䷸巽			

中華藏書

周易全书·最新整理珍藏版

	震			随			
无妄	豫	归妹	丰	复	解		萃
颐	否	履	同人	益	讼	小过	坤
离	剥	损	贲		蒙	遁	观
睽	旅	大有			鼎	艮	
噬嗑	晋	未济					

		震		·		丰	大壮	恒
	临	明夷	井	师	豫	归妹	小过	
需	兑	革	蛊	困	谦	泰	解	
大畜	睽	离	姤	未济	咸	夬	升	
乾					旅	大有	大过	
								鼎

	屯				复		
颐	比	节	既济	随	坎		坤
无妄	剥	损	贲	噬嗑	蒙	蹇	萃
家人	否	履	同人		讼	艮	晋
中孚	渐	小畜			巽	遁	
益	观	涣					

　　以上三十二图，反复之，则为六十四图。图以一卦为主，而各具六十四卦，凡四千九十六卦，与焦赣《易林》合。然其条理精密，则有先儒未发现者，览者详之。

第二篇　周易本义

朱熹认为《易》是卜筮之书，作《周易本义》就是要还《周易》以本来面目。

序

易之为书，卦爻象象之义备，而天地万物之情见。圣人之忧天下，来世其至矣。先天下而开其物，后天下而成其务，是故极其数以定天下之象，著其象以定天下之吉凶。六十四卦，三百八十四爻，皆所以顺性命之理，尽变化之道也。散之在理，则有万殊；统之在道，则无二致。所以易有太极，是生两仪。太极者，道也；两仪者，阴阳也。阴阳一道也，太极无极也。万物之生负阴而抱阳，莫不有太极，莫不有两仪。纲组交感，变化不穷。形一受其生，神一发其智，情伪出焉，万绪起焉。易所以定吉凶，而生大业，故易者，阴阳之道也。卦者，阴阳之物也。爻者，阴阳之动也。卦虽不同，所同者奇偶。爻虽不同，所同者九六。是以六十四卦为其体，三百八十四爻互为其用，远在六合之外，近在一身之中。暂于瞬息，微于动静，莫不有卦之象焉，莫不有爻之义焉。至哉易乎。其道至大，而无不包，其用至神，而无不存。时固未始有一，而卦未始有定象。事固未始有穷，而爻亦未始有定位。以一时而索卦，则拘于无变，非易也。以一事而明爻，则窒而不通，非易也。知所谓卦爻象象之义，而不知有卦爻象象之用，亦非易也，故得之于精神之运，心术之动，与天地合其德，与日月合其明，与四时合其序，与鬼神合其吉凶，然后可以谓之知易也。虽然，易之有卦，易之已形者也。卦之有爻，卦之已见者也。已形已见者，可以知言；未形未见者，不可以名求，则所谓易者，果何如哉？此学者所当知也。

第一章　周易本义卷首

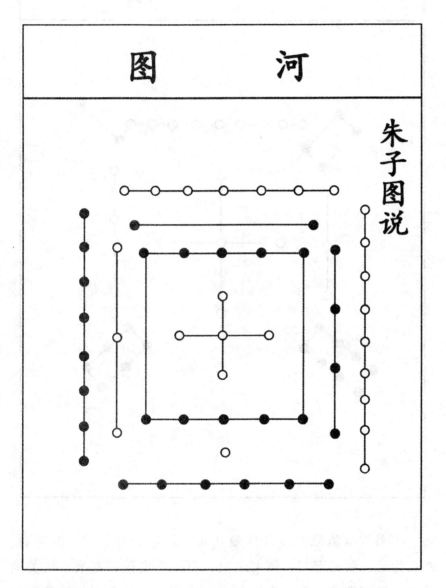

图　河

朱子图说

《系辞传》曰："河出图，洛出书，圣人则之。"又曰："天一、地二，天三、地四，天五、地六，天七、地八，天九、地十。天数五，地数五，五位相得而各有合。天数二十有五，地数三十。凡天地之数，五十有五，此所以成变化，而行鬼神也。"此河图之数也。

中華藏書

周易全书·最新整理珍藏版

中国书店

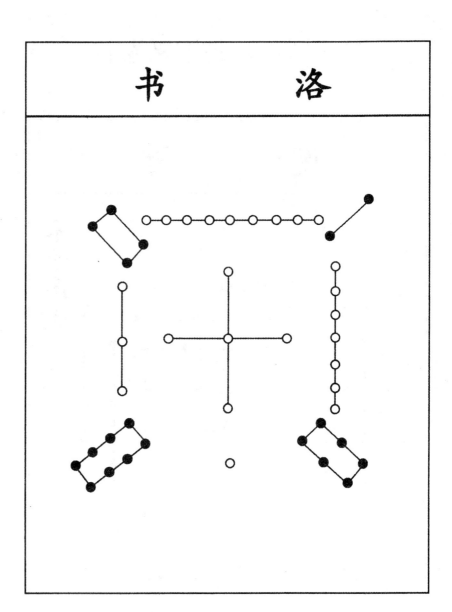

洛书盖取龟象，故其数戴九履一。左三右七，二四为肩，六八为足。蔡元定曰：图书之象，自汉孔安国、刘歆，魏关朗子明，又有宋康节先生邵雍尧夫，皆谓如此。至刘牧始两易其名，而诸家因之，故今复之，悉从其旧。

伏羲八卦次序

中華藏書

第二部 朱熹说易

中国书房

《系辞传》曰："易有太极，是生两仪。两仪生四象，四象生八卦。"邵口子曰："一分为二，二分为四，四分为八也。"《说卦》传曰："易，逆数也。"邵子曰："乾一，兑二，离三，震四，巽五，坎六，艮七，坤八。自乾至坤，皆得未生之卦，若逆推四时之比也。后六十四卦次序放此。"

　　《说卦传》曰："天地定位，山泽通气，雷风相薄，水火不相射。八卦相错，数往者顺，知来者逆。"邵子曰："乾南、坤北、离东、坎西、震东北、兑东南、巽西南、艮西北。自震至乾为顺，自巽至坤为逆，后六十四卦方位放此。"

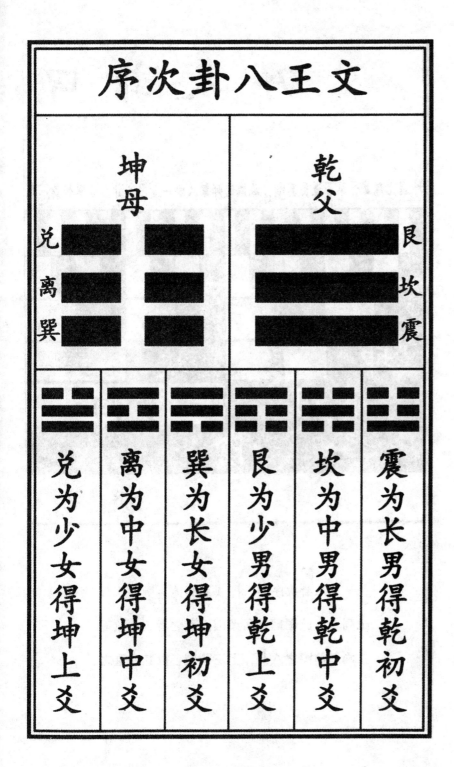

文王八卦次序

坤母　　　　　　　　　　乾父

兑离巽　　　　　　　　　　艮坎震

兑为少女得坤上爻　离为中女得坤中爻　巽为长女得坤初爻　艮为少男得乾上爻　坎为中男得乾中爻　震为长男得乾初爻

四 卦 次 序

坤剥比观豫晋萃否谦艮蹇渐小过旅咸遁师蒙坎涣解未济困讼升蛊井巽恒鼎大过姤

坤　　　艮　　　坎　　　巽

太阴　　　　　少阳

陰

极

　　　　上八卦次序图。即《系辞传》所谓八卦

成列者。此图即其所谓因而重之者也，故下

三画即前图之八卦，上三画则各以其序重之，

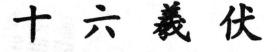

伏羲六十四卦

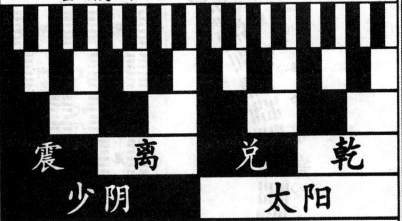

而下卦因亦各衍，而为八也。若逐爻渐生，则邵子所谓八分为十六，十六分为三十二，三十二分为六十四者，尤见法象自然之妙也。

中華藏書

第二部 朱熹说易

中国书房

一九七

中华藏书

周易全书·最新整理珍藏版

中国书店

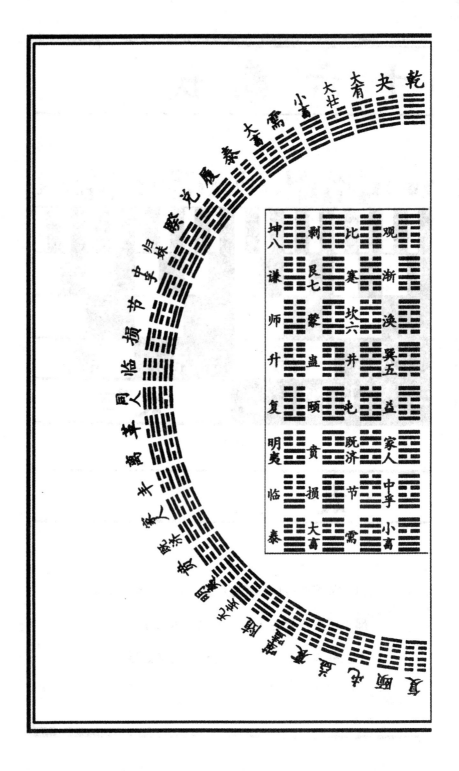

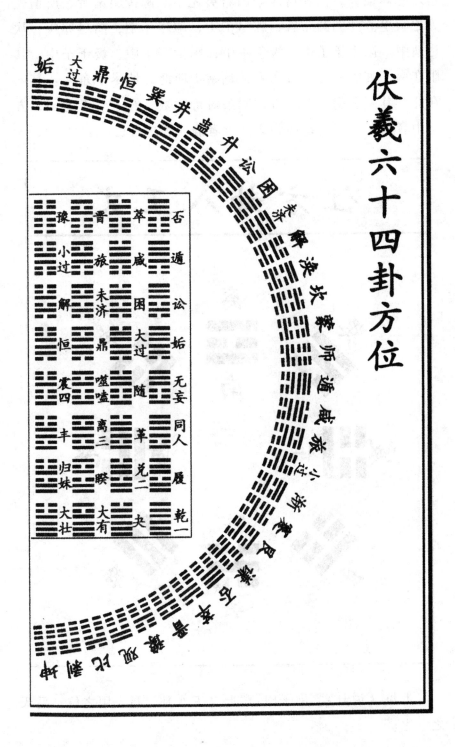

伏羲六十四卦方位

伏羲四图，其说皆出邵氏。盖邵氏得之李之才挺之，挺之得之穆修伯长，伯长得之华山希夷先生。陈抟图南者，所谓先天之学也。此图圆布者，乾尽午中，坤尽子中，离尽卯中，坎尽酉中。阳生于子中，极于午中；阴生于午中，极于子中。其阳在南，其阴在北。方布者，乾始于西北，坤尽于东南。其阳在北，其阴在南。此二者，阴阳对待之数。圆于外者为阳，方于中者为阴。圆者动而为天，方者静而为地者也。

上见《说卦》。邵子曰："此文王八卦，乃人用之位，后天之学也。"

卦变图

《彖》或以卦变为说，今作此图以明之，盖《易》中之一义，非尽卦作《易》之本旨也。

凡一阴一阳之卦各六，皆从复、姤而来

（五阴五阳，卦同图异）。

剥	比	豫	谦	师	复
夬	大有	小畜	履	同人	姤

凡二阴二阳之卦各十有五，皆自临、遁而来

（四阴四阳，卦同图异）。

颐	屯	震	明夷	临		大过	鼎	巽	涣	遁
蒙	坎	解	升			革	离	家人	无妄	
艮	蹇	小过				兑	睽	中孚		
晋	萃					需	大畜			
观						大壮				

中華藏書

第二部 朱熹说易

中国书店

凡三阴三阳之卦各二十，皆自泰、否而来。

| 损 | 节 | 归妹 | | 咸 | 旅 | 渐 | 否 |

泰 | | | | 困 | 未济 | 涣

贲 | 既济 | 丰 | | 井 | 蛊

噬嗑 | 随 | | | 恒

益 | | | | 随 | 噬嗑 | 益

蛊 | 井 | 恒 | | 既济 | 贲

未济 | 困 | | | 丰

涣 | | | | 节 | 损

旅 | 咸 | | | 归妹

渐 | | | | 泰

否

凡四阴四阳之卦各十有五，皆自大壮、观而来。

（二阴二阳，图已见前）。

大畜　需　大壮

睽　兑

中孚

离　革

家人

无妄

鼎　大过

巽

讼

遁

萃　晋　观

蹇　艮

小过

坎　蒙

解

升

屯　颐

震

明夷

临

凡五阴五阳之卦各六，皆自夬、剥而来。

（一阴一阳，图已见前）。

䷍	䷪	䷇	䷖
大有	夬	比	剥
䷈		䷏	
小畜		豫	
䷉		䷎	
履		谦	
䷌		䷆	
同人		师	
䷫		䷗	
姤		复	

上《易》之图，有天地自然之《易》，有伏羲之《易》，有文王周公之《易》，有孔子之《易》。自伏羲以上皆羌文字，只有图画，最宜深玩，可见作《易》本原，精微之意。文王以下方有文字，即今之《周易》。然读者亦宜各就本文消息，不可便以孔之说为文王之说也。

八卦取象卦歌

☰乾三连　☷坤六断　☳震仰盂　☶艮覆碗

☲离中虚　☵坎中满　☱兑上缺　☴巽下断

分宫卦象次序

乾 为天　　天 风 垢　　天 山 遁　　天 地 否
风 地 观　　山 地 剥　　火 地 晋　　火 天 大 有

坎 为水　　水 泽 节　　水 雷 屯　　水 火 既 济
泽 火 革　　雷 火 丰　　地 火 明 夷　地 水 师

艮 为山　　山 火 贲　　山 天 大 畜　山 泽 损
火 泽 睽　　天 泽 履　　风 泽 中 孚　风 山 渐

震 为雷　　雷 地 豫　　雷 水 解　　雷 风 恒
地 风 升　　水 风 井　　泽 风 大 过　泽 雷 随

巽 为风　　风 天 小 畜　风 火 家 人　风 雷 益
天 雷 无 妄　火 雷 噬 嗑　山 雷 颐　　山 风 蛊

离 为火　　火 山 旅　　火 风 鼎　　火 水 未 济
山 水 蒙　　风 水 涣　　天 水 讼　　天 火 同 人

坤 为地　　地 雷 复　　地 泽 临　　地 天 泰
雷 天 大 壮　泽 天 央　　水 天 需　　水 地 比

兑 为泽　　泽 水 困　　泽 地 萃　　泽 山 咸
水 山 蹇　　地 山 谦　　雷 山 小 过　雷 泽 归 妹

中華藏書

周易全书 · 最新整理珍藏版

中国书店

上下经卦名次序歌

乾坤屯蒙需讼师，比小畜兮履泰否。
同人大有谦豫随，蛊临观兮噬嗑贲。
剥复无妄大畜颐，大过坎离三十备。
咸恒遁兮及大壮，晋与明夷家人睽。
蹇解损益夬姤萃，升困井革鼎震继。
艮渐归妹丰旅巽，兑涣节兮中孚至。
小过既济兼未济，是为下经三十四。

上下经卦变歌

讼自遁变泰归妹，否从渐来随三位。
首困噬嗑未济兼，蛊三变贲井既济。
噬嗑六五本益生，贲原于损既济会。
无妄讼来大畜需，咸旅恒丰皆疑似。
晋从观更睽有三，离与中孚家人系。
蹇利西南小过来，解升二卦相为赘。
鼎由巽变渐涣旅，涣自渐来终于是。

筮　仪

择地洁处，为蓍室，南户，置床于室中央。

床大约长五尺，广三尺，毋太近壁。

蓍五十茎，韬以纁帛，贮以皂囊，纳之椟中，置于床北。

椟以竹筒，或坚木，或布漆为之。圆径三寸，如蓍之长，半为底，半为盖，下别为台函之，使不偃仆。

设木格于椟南，居床二分之北。

格以横木板为之，高一尺，长竟床，当中为两大刻，相距一尺，大刻之西为三小刻，相距各五寸许，下施横足，侧立案上。

置香炉一于格南，香合一于炉南，日炷香致敬。将筮则洒拚拂试，涤砚一，注水，及笔一、墨一、黄漆板一，于炉东，东上。筮者，齐洁衣冠北面，盥手焚香致敬。

齐，侧皆反。

筮者北面，见《仪礼》。若使人筮则主人焚香毕，少退，北面立。筮者进立于床前少西，南向受命，主人直述所占之事，筮者许诺。主人右还西向立，筮者右还北向立。

两手奉椟盖，置于格南炉北，出蓍于椟，去囊解韬，置于椟东。合五十策，两手执之，熏于炉上。

此后所用蓍策之数，其说并见《启蒙》。

命之曰：假尔泰筮有常，假尔泰筮有常，某官姓名，今以某事云云，未知可否。爰质所疑于神于灵，吉凶得失，悔吝忧虞，惟尔有神，尚明告之。乃以右手取其一策，友于椟中，而以左右手中，分四十九策，置格之左右两大刻。

此第一营，所谓分而为二，以象两者也。

次以左手取左大刻之策执之，而以右手取右大刻之一策，挂于左手之小指间。

此第二营，所谓挂一以象三者也。

次以右手四揲左手之策。

此第三营之半。所谓揲之以四，以象四时者也。

次归其所余之策，或一，或二，或三，或四，而扐之左手无名指间。

此第四营之半。所谓归奇于扐，以象闰者也。

次以右手反过揲之策于左大刻，遂取右大刻之策执之，而以左手四揲之。

此第三营之半。

次归其所余之策如前，而扐之左手中指之间。

此第四营之半，所谓再扐以象再闰者也。

一变所余之策，左一则右必三，左二则右亦二，左三则右必一，左四则右亦四。通挂一之策，不五则九，五以一其四，而为奇，九以两其四而为偶，奇者三而偶者一也。

次以右手反过揲之策于右大刻，而合左手一挂二扐之策，置于格上第一小刻。

以东为上，后放此。

是为一变。再以两手取左右大刻之蓍合之。

或四十四策，或四十策。

复四营如第一变之仪，而置其挂扐之策于格上第二小刻，是为二变。

二变所余之策，左一则右必二，左二则右必一，左三则右必四，左四则右必三。通挂一之策，不四则八，四以一其四，而为奇，八以两其四，而为偶，奇偶各得四之二焉。

又再取左右大刻之蕾合之。

或四十策，或三十六策，或三十二策。

复四营如第二变之仪，而置其挂扐之策，于格上第三小刻，是为三变。

三变余策与二变同。

三变既毕，乃视其三变所得挂扐过揲之策，而画其爻于版。

挂扐之数五四为奇，九八为偶，挂扐三奇，合十三策，则过揲三十六策，而为老阳，其书为"□"，所谓重也。挂扐两奇一偶，合十七策，则过揲三十二策而为少阴，其画为"━━"，所谓拆也。挂扐两偶一奇，合二十一策，则过揲二十八策而为少阳，其画为"━"，所谓单也。挂扐三偶合二十五策，则过揲二十四策而为老阴，其书为"×"，所谓交也。

如是每三变而成爻。

第一、第四、第七、第十、第十三、第十六，凡六变并同。但第三变似下不命，而但用四十九蓍耳。第二、第五、第八、第十一、第十四第十七，凡六变亦同。第三、第六、第九、第十二、第十五、第十八，凡六变亦同。

凡十有八变而成卦，乃考其卦之变，而占其事之吉凶。

卦变别有图说，见《启蒙》。

礼毕，韬蕾袭之以囊，入椟加盖，敛笔砚墨版，再焚香致敬而退。

如使人筮则主人焚香揖筮者而退。

中華藏書

周易全书·最新整理珍藏版

中国书店

第二章　周易本义卷一

周易上经

　　周，代名也；《易》，书名也。其卦本伏羲所画，有交易、变易之义，故谓之"易"。其辞则文王、周公所系，故系之"周"，以其简帙重大，故分为上下两篇。《经》则伏羲之画，文王、周公之辞也。并孔子所作之传十篇，凡十二篇。中间颇为诸儒所乱，近世晁氏始正其失，而未能尽合古文。吕氏又更定，著为经二卷，传十卷，乃复孔氏之旧云。

乾 ䷀ 乾上
乾下

乾：元亨利贞。

　　乾，渠焉反。

　　六画者，伏羲所画之卦也。"一"者，奇也，阳之数也。乾者，健也，阳之性也。本注乾字，三画卦之名也。下者，内卦也。上者，外卦也。经文"乾"字，六画卦之名也。伏羲仰观俯察，见阴阳有奇偶之数，故画一奇以象阳，画一偶以象阴。见一阴一阳，有各生一阴一阳之象，故自下而上，再倍而三，以成八卦。见阳之性健，而其成形之大者为天，故三奇之卦，名之曰乾，而拟之于天也。三画已具，八卦已成，则又三倍其画，以成六画，而于八卦之上，各加八卦，以成六十四卦也。此卦六画皆奇，上下皆乾，则阳之纯，而健之至也，故乾之名，天之象，皆不易焉。"元、亨、利、贞"，文王所系之辞，以断一卦之吉凶，所谓"彖辞"者也。元，大也。亨，通也。利，宜也。贞，正而固也。文王以为乾道大，通而至正，故于筮得此卦，而六爻皆不变者，言其占当得大通，而必利在正固，然后可以保其终也。此圣人所以作《易》，教人卜筮，而可以开物成务之精意。余卦放此。

初九：潜龙勿用。

潜，捷言反。

初九者，卦下阳爻之名，凡画卦者，自下而上，故以下爻为初。阳数九为老，七为少，老变而少不变，故谓阳爻为九。"潜龙勿用"，周公所系之辞，以断一爻之吉凶，所谓爻辞者也。"潜"，藏也。"龙"，阳物也，初阳在下，未可施用，故其象为"潜龙"，其占曰"勿用"。凡遇乾而此爻变者，当观此象，而玩其占也。余爻放此。

九二：见龙在田，利见大人。

"见龙"之"见"，音现。卦内并同。

二谓自下而上，第二爻也，后放此。九二刚健中正，出潜离隐，泽及于物，物所"利见"，故其象为"见龙在田"，其占为"利见大人"。九二虽未得位，而大人之德已著，常人不足以当之，故值此爻之变者。但为利见，此人而已。盖亦谓在下之大人也。此以爻与占者相为主宾，自为一例。若有"见龙"之德，则为"利见"九五在上之"大人"矣。

九三：君子终日乾乾，夕惕若厉，无咎。

九，阳爻。三，阳位。重刚不中，居下之上，乃危地也。然性体刚健，有能"乾乾"，惕"厉"之象，故其占如此。君子，指占者而言。言能忧惧如是，则虽处危地，而"无咎"也。

九四：或跃在渊，无咎。

"或"者，疑而未定之辞。"跃"者，无所缘，而绝于地，特未飞尔。"渊"者，上空下洞，深昧不测之所。龙之在是，若下于田，"或跃"而起，则向乎天矣。九阳四阴，居上之下，改革之际，进退未定之时也，故其象如此。其占能随时进退，则"无咎"也。

九五：飞龙在天，利见大人。

刚健中正，以居尊位。如以圣人之德，居圣人之位，故其象如此，而占法与九二同。特所"利见"者，在上之大人尔。若有其位，则为"利见"九二在下之"大人"也。

上九：亢龙有悔。

亢，古浪反。悔，呼罪反。卦内并同。

"上"者，最上一爻之名。"亢"者，过于上，而不能下之意也。阳极于上，动必"有悔"，故其象占如此。

用九：见群龙无首，吉。

"用九"，言凡筮得阳爻者，皆用九而不用七。盖诸卦百九十二阳爻之通例也。以此卦纯阳而居首，故于此发之。而圣人因系之辞，使遇此卦而六爻皆变者，即此占之。盖六阳皆变，刚而能柔，吉之道也。故为"群龙无首"之象，而其占为如是则吉也。《春秋传》曰：乾之坤，曰"见群龙无首，吉"。盖即纯坤卦辞，"牝马之贞"、"先迷后得"、"东北丧朋"之意。

《彖》曰：大哉乾元！万物资始，乃统天。

彖，吐乱反。

"彖"即文王所系之辞。"传"者孔子所以释经之辞也。后凡言"传"者，放此。

此专以天道明"乾"义，又析"元亨利贞"为四德，以发明之，而此一节首释元义也。"大哉"，叹辞。"元"，大也，始也。"乾元"，天德之大始，故万物之生，皆资之以为始也。又为四德之首，而贯乎天德之始终，故曰"统天"。

云行雨施，品物流形。

施，始豉反。卦内并同。
此释乾之"亨"也。

大明终始，六位时成，时乘六龙以御天。

"始"即元也。"终"谓贞也。不终则无始，不贞则无以为元也。此言圣人大明乾道之终始，则见卦之六位，各以时成，而乘此六阳，以行天道，是乃圣人之"元亨"也。

乾道变化，各正性命，保合大和，乃利贞。

大，音泰。后同。
变者化之渐，化者变之成。物所受为性，天所赋为命。"大和"，阴阳会合，冲和之气也。"各正"者，得于有生之初。"保合"者，全于已生之后，此言"乾道变化"，无所不利。而万物各得其性命以自全，以释"利贞"之义也。

首出庶物，万国咸宁。

圣人在上，高出于物，犹乾道之变化也。"万国"各得其所，而"咸宁"，犹万物之"各正性命"而"保合太和"也，此言圣人之"利贞"也。盖尝统而论之："元"者，物之始生，"亨"者，物之畅茂，"利"则向于实也，"贞"则实之成也。实之既成则其根蒂脱落，可复种而生矣。此四德之所以循环而无端也。然而四者之间，生气流行，初无间断。此"元"之所以包四德而统天也。其以圣人而言，则孔子之意，盖以此卦为圣人得天位，行天道，而致太平之占也。虽其文义，有非文王之旧者，然读者各以其意求之，则并行而不悖也。坤卦放此。

《象》曰：天行健。君子以自强不息。

"象"者，卦之上下两象及两象之六爻，周公所系之辞也。"天"，乾卦之象也。凡重卦，皆取重义。此独不然者，天一而已。但言"天行"，则见其一日一周，而明日又一周，若重复之象，非至健不能也。君子法之，不以人欲，害其天德之刚，则"自强"而"不息"矣。

"潜龙勿用"，阳在下也。

"阳"，谓九。"下"，谓潜。

"见龙在田"，德施普也。"终日乾乾"，反复道也。

复，方服反。注同。
"反复"，重复践行之意。

"或跃在渊"，进无咎也。

可以进而不必进也。

"飞龙在天"，大人造也。

造，徂早反。
"造"，犹作也。

"亢龙有悔"，盈不可久也。"用九"，天德不可为首也。

言阳刚不可为物先，故六阳皆变而吉。

"天行"以下，先儒谓之《大象》，"潜龙"以下，先儒谓之《小象》。后放此。

《文言》曰：元者，善之长也。亨者，嘉之会也。利者，义之和也。贞者，事之干也。

长，之丈反。下同。

此篇申《彖》、《象传》之意，以尽乾坤二卦之蕴，而余卦之说，因可以例推云。

"元"者，生物之始，天地之德，莫先于此，故于时为春，于人则为仁，而众善之长也。"亨"者，生物之通，物至于此，莫不嘉美。故于时为夏，于人则为礼，而众美之会也。"利"者，生物之遂，物各得宜，不相妨害。故于时为秋，于人则为义，而得其分之和。"贞"者，生物之成，实理具备，随在各足。故于时为冬，于人则为智，而为众事之"干"。"干"，木之身，而枝叶所依以立者也。

君子体仁，足以长人，嘉会足以合礼，利物足以和义，贞固足以干事。

以仁为体，则无一物不在所爱之中，故"足以长人"。嘉其所会，则无不合礼。使物各得其所利，则义无不和。贞固者，知正之所在，而固守之，所谓知而弗去者也，故足以为事之干。

君子行此四德者，故曰"乾，元亨利贞"。

非君子之至健，无以行此，故曰"乾，元亨利贞"。

此第一节，申《彖》之意与《春秋传》所载穆姜之言不异。疑古者已有此语，穆姜称之，而夫子亦有取焉。故下文别以"子曰"表孔子之辞，盖传者欲以明此章之为古语也。

初九曰"潜龙勿用"，何谓也？子曰："龙德而隐者也。不易乎世，不成乎名，遁世无闷，不见是而无闷，乐则行之，忧则违之，确乎其不可拔，'潜龙'也。"

乐，历各反。确，苦学反。

"龙德"，圣人之德也，在下故"隐"。"易"，谓变其所守。大抵乾卦六爻，《文言》皆以圣人明之，有隐显而无浅深也。

九二曰"见龙在田，利见大人"，何谓也？子曰："龙德而正中者也。庸言之信，庸行之谨，闲邪存其诚，善世而不伐，德博而化。《易》曰：'见龙在田，利见大人。'君德也。"

"正中"，不潜而未跃之时也。常言亦信，常行亦谨，盛德之至也。"闲邪存其诚"，无斁亦保之意。言君德也者，释"大人"之为九二也。

九三曰"君子终日乾乾，夕惕若厉，无咎"，何谓也？子曰："君子进德修业，忠信所以进德也。修辞立其诚，所以居业也。知至至之，可与几也。知终终之，可与存义也。是故居上位而不骄，在下位而不忧。故乾乾因其时而惕，虽危无咎矣。"

几，坚溪反。

"忠信"，主于心者，无一念之不诚也。"修辞"，见于事者，无一言之不实也。虽有忠信之心，然非修辞立诚，则无以居之。"知至至之"，进德之事；"知终终之"，居业之事。所以"终日乾乾"而夕犹惕若者，以此故也。可上可下，不骄不忧，所谓无咎也。

九四曰"或跃在渊，无咎"，何谓也？子曰："上下无常，非为邪也。进退无恒，非离群也。君子进德修业，欲及时也，故无咎。"

离，力智反。

内卦以"德"学言，外卦以"时"位言。"进德修业"，九三备矣，此则欲其及时而进也。

九五曰"飞龙在天，利见大人"。何谓也？子曰："同声相应，同气相求。水流湿，火就燥，云从龙，风从虎，圣人作而万物睹。本乎天者亲上，本乎地者亲下，则各从其类也。"

应，去声。燥，上声。

"作"，起也。"物"，犹人也。"睹"，释利见之意也。"本乎天"者，谓动物。"本乎地"者，谓植物。物"各从其类"。"圣人"，人类之首也。故兴起于上，则人皆见之。

上九曰"亢龙有悔"，何谓也？子曰："贵而无位，高而无民，贤人在下位而无辅，是以动而有悔也。"

"贤人在下位"，谓九五以下。"无辅"以上九过高志满，不来辅助之也。

此第二节，申《象传》之意。

"潜龙勿用"，下也。"见龙在田"，时舍也。

舍，去声。
言未为时用也。

"终日乾乾"，行事也。"或跃在渊"，自试也。

未遽有为，姑试其可。

"飞龙在天"，上治也。

治，陈知反。
居上以治下。

中華藏書

周易全书·最新整理珍藏版

"亢龙有悔",穷之灾也。乾元"用九",天下治也。

治,直意反。

言"乾元用九",见与它卦不同,君道刚而能柔,天下无不治矣。

此第三节,再申前意。

"潜龙勿用",阳气潜藏。"见龙在田",天下文明。

虽不在上位,然天下已被其化。

"终日乾乾",与时偕行。

时当然也。

"或跃在渊",乾道乃革。

离下而上,变革之时。

"飞龙在天",乃位乎天德。

"天德"即天位也。盖唯有是德,乃宜居是位,故以名之。

"亢龙有悔",与时偕极。乾元用九,乃见天则。

刚而能柔,天之法也。

此第四节,又申前意。

"乾元"者,始而亨者也。

始则必亨,理势然也。

中華藏書

第二部 朱熹说易

中国书店

一二二九

"利贞"者，性情也。

收敛归藏，乃见性情之实。

乾始，能以美利利天下，不言所利，大矣哉！

"始"者，元而亨也。"利天下"者，利也。"不言所利"者，贞也。或曰："坤利牝马"，则言所利矣。

大哉乾乎，刚健中正，纯粹精也！

"刚"以体言。"健"兼用言。"中"者，其行无过不及。"正"者，其立不偏。四者乾之德也。"纯"者，不杂于阴柔。"粹"者，不杂于邪恶。盖刚健中正之至极，而精者又纯粹之至极也。或疑乾刚无柔，不得言中正者，不然也。天地之间，本一气之流行，而有动静尔。以其流行之统体而言，则但谓之乾，而无所不包矣。以其动静分之，然后有阴阳刚柔之别也。

六爻发挥。旁通情也。

"旁通"，犹言曲尽。

"时乘六龙"，以御天也。"云行雨施"，天下平也。

言圣人"时乘六龙以御天"，则如天之"云行雨施，而天下平也"。

此第五节，复申首章之意。

君子以成德为行，日可见之行也。潜之为言也，隐而未见，行而未成，是以君子弗用也。

行，并去声。"未见"之"见"，音现。

"成德"，已成之德也。初九固成德，但其行，未可见尔。

君子学以聚之，问以辨之，宽以居之，仁以行之。《易》曰"见龙在田，利见大人"，君德也。

盖由四者，以成"大人"之德，再言"君德"，以深明九二之为"大人"也。

九三，重刚而不中，上不在天，下天在田。故乾乾因其时而惕，虽危无咎矣。

重，平声。下同。
"重刚"谓阳爻阳位。

九四重刚而不中，上不在天，下不在田，中不在人，故或之。或之者，疑之也，故无咎。

九四非重刚，"重"字疑衍。"在人"谓三。"或"者，随时而未定也。

夫大人者，与天地合其德，与日月合其明，与四时合其序，与鬼神合其吉凶。先天而天弗违，后天而奉天时。天且弗违，而况于人乎？况于鬼神乎？

夫，音扶。先，所荐反。后，胡茂反。
"大人"即释爻辞所"利见之大人"也。有是德而当其位，乃可当之。人与天地鬼神，本无二理，特蔽于有我之私。是以牿于形体，而不能相通。大人无私，以道为体，曾何彼此先后之可言哉？先天不违，谓意之所为，默与道契。后天奉天，谓知理如是，奉而行之。回纥谓郭子仪曰"卜者言，此行当见一大人而还"，其占盖与此合。若子仪者，虽未及乎夫子之所论，然其至公无我，亦可谓当时之大人矣。

"亢"之为言也，知进而不知退，知存而不知亡，知得而不知丧。

中華藏書

周易全书·最新整理珍藏版

中国书店

一二二二

丧，息浪反。

所以动而有悔也。

其唯圣人乎？知进退存亡，而不失其正者，其唯圣人乎？

知其理势如是而处之以道，则不至于有悔矣，固非计私以避害者也。再言"其唯圣人乎"，始若设问，而来自应之也。

此第六节，复申第二第三第四节之意。

坤䷁ 坤上 坤下

坤：元亨，利牝马之贞。君子有攸往，先迷后得，主利。西南得朋，东北丧朋，安贞吉。

牝，频忍反。丧，息浪反。卦中并同。

"- -"者，偶也，阴之数也；"坤"者，顺也，阴之性也；注中者，三画卦之名也；经中者，六画卦之名也。阴之成形，莫大于地。此卦三画皆偶，故名坤而象地。重之又得坤焉，则是阴之纯，顺之至，故其名与象，皆"不易"也。"牝马"，顺而健行者。阳先阴后，阳主义，阴主利。"西南"，阴方。"东北"，阳方。"安"，顺之为也。"贞'"健之守也。遇此卦者，其占为大亨，而利以顺健为正。如有所往，则"先迷后得"而主于利。往西南则"得朋"，往东北则"丧朋"，大抵能安于正，则吉也。

《彖》曰：至哉坤元！万物资生，乃顺承天。

此以地道明坤之义而首言元也。"至"，极也，比"大"义差缓。"始"者气之始，"生"者形之始。顺承天施，地之道也。

坤厚载物，德合无疆；含弘光大，品物咸亨。

疆，居良反。下同。

言"亨"也。"德合无疆"谓配乾也。

牝马地类，行地无疆；柔顺利贞，君子攸行。

言"利贞"也。"马"，乾之象，而以为地类者，牝阴物，而马又行地之物也。"行地无疆"则顺而健矣。"柔顺利贞"，坤之德也。君子攸行，人之所行，如坤之德也。所行如是，则其占如下文所云也。

先迷失道，后顺得常。"西南得朋"，乃与类行；"东北丧朋"，乃终有庆。

阳大阴小，阳得兼阴，阴不得兼阳，故坤之德，常减于乾之半也。"东北"虽"丧朋"，然反之"西南"，则"终有庆"矣。

安贞之吉，应地无疆。

"安"而且"贞"，地之德也。

《象》曰：地势坤，君子以厚德载物。

"地"，坤之象，亦一而已。故不言重而言其势之顺，则见其高下相因之无穷，至顺极厚而无所不载也。

初六：履霜，坚冰至。

"六"，阴爻之名。阴数，六老而八少，故谓阴爻为六也。"霜"，阴气所结，盛则水冻而为冰。此爻阴始生于下，其端甚微，而其势必盛，故其象如"履霜"，则知"坚冰"之将"至"也。夫阴阳者，造化之本，不能相无；而消长有常，亦非人所能损益也。然阳主生，阴主杀，则其类有淑慝之分焉。故圣人作《易》，于其不能相无者，既以健顺仁义之属明之，而无所偏主。至其消长之际，淑慝之分，则未尝不致其扶阳抑阴之意焉。盖，所以赞化育而参天地者，其旨深矣。不言其占者，谨微之意，已可见于象中矣。

《象》曰："履霜""坚冰"，阴始凝也。驯致其道，至坚冰也。

凝，鱼陵反。驯，详伦反。

按：《魏志》作"初六履霜"，今当从之。"驯"，顺习也。

六二：直方大，不习无不利。

柔顺正固，坤之"直"也。赋形有定，坤之"方"也。德合无疆，坤之"大"也。六二柔顺而中正，又得坤道之纯者。故其德内"直"外"方"，而又盛大，不待学习，而无不利。占者有其德，则其占如是也。

《象》曰：六二之动，直以方也。"不习，无不利"，地道光也。

六三：含章可贞，或从王事，无成有终。

六阴三阳内含章美，可贞以守。然居下之上，不终含藏。故或时出而从上之事，则始虽"无成"，而后必"有终"。爻有此象，故戒占者有此德，则如此占也。

《象》曰："含章可贞"，以时发也。"或从王事"，知光大也。

知，音智。

六四：括囊，无咎无誉。

拓，古活反。誉，音馀又音预。

"括囊"言结囊口而不出也。"誉"者，过实之名。谨密如是，则无咎而亦无誉矣。六四重阴不中，故其象占如此。盖或事当谨密，或时当隐遁也。

《象》曰："括囊无咎"，慎不害也。

六五：黄裳，元吉。

"黄"，中色。"裳"，下饰。六五以阴居尊，中顺之德，充诸内而见于外。故其象如此，而其占为大善之吉也。占者德必如是，则其占亦如是矣。《春秋传》：南蒯将叛，筮得此爻，以为大吉。子服惠伯曰："忠信之事则可，不然必败。外强内温，忠也。和以率贞，信也。故曰'黄裳元吉'。黄，中之色也；裳，下之饰也；元，善之长也。中不忠，不得其色；下不共，不得其饰；事不善，不得其极。且夫《易》不可以占险，三者有阙，筮虽吉，未也。"后蒯果败。此可以见占法矣。

《象》曰："黄裳元吉"，文在中也。

文在中，而见于外也。

上六：龙战于野，其血玄黄。

阴盛之极，至与阳争，两败俱伤，其象如此，占者如是，其凶可知。

《象》曰："龙战于野"，其道穷也。

用六：利永贞。

"用六"言凡筮得阴爻者，皆用六而不用八，亦通例也。以此卦纯阴，而居首，故发之。遇此卦，而六爻俱变者，其占如此辞。盖阴柔而不能固守，变而为阳，则能"永贞"矣，故戒占者以"利永贞"，即乾之"利贞"也。自坤而变，故不足于"元亨"云。

《象》曰：用六永贞，以大终也。

初阴后阳，故曰"大终"。

《文言》曰：坤至柔，而动也刚，至静而德方。

"刚""方"释"牝马之贞"也。"方"谓生物有常。

后得主而有常。

《程传》曰："主"下当有"利"字。

含万物而化光。

复明"亨"义。

"坤"道其顺乎，承天而时行。

复，明顺承天之意。
此以上申《彖》之意。

积善之家，必有余庆。积不善之家，必有余殃。臣弑其君，子弑其父，非一朝一夕之故，其所由来者渐矣，由辨之不早辨也。《易》曰："履霜，坚冰至"，盖言顺也。

庆，叶韵，驱羊反。

古字"顺"、"慎"通用，按此当作"慎"。言当辨之于微也。

直其正也，方其义也。君子敬以直内，义以方外，敬义立而德不孤。"直方大，不习无不利"，则不疑其所行也。

此以学言之也。"正"谓本体。"义"谓裁制。敬则本体之守也。"直内""方外"，《程传》备矣。"不孤"言大也。疑故习而后利，不疑则何假于习。

传曰：直言其正也方，言其义也。君子主敬，以直其内，守义以方其外。敬立而内直，义形而外方。义形于外，非在外也。敬义既立，其德盛天矣。不期大而大矣，德不孤也。无所用，而不周，无所施，而不利。孰为疑乎。

阴虽有美，含之以从王事，弗敢成也。地道也，妻道也，臣道也。地道无成，而代有终也。天地变化，草木蕃，天地闭，贤人隐。《易》曰"括囊，无咎无誉"，盖言谨也。君子黄中通理。

"黄中"，言中德在内，释"黄"字之义也。

正位居体。

虽在尊位，而居下体，释"裳"字之义也。

美在其中，而畅于四支，发于事业，美之至也。

"美在其中"，复释"黄中"，"畅于四支"，复释"居体"。

阴疑于阳必战，为其嫌于无阳也，故称"龙"焉。犹未离其类也，故称"血"焉。夫玄黄者，天地之杂也。天玄而地黄。

中華藏書

为，于伪反。离，力智反。夫，音扶。

"疑"谓钧敌而无小大之差也。坤虽无阳，然阳未尝无也。"血"，阴属，盖气阳而血阴也。"玄黄"天地之正色，言阴阳皆伤也。

此以上申《象传》之意。

屉䷂坎上震下

屯：元亨，利贞。勿用有攸往，利建侯。

屯，张伦反。

震，坎，皆三画卦之名。震一阳动于二阴之下，故其德为动，其象为雷。坎一阳陷于二阴之间，故其德为陷、为险，其象为云、为雨、为水。"屯"，六画卦之名也，难也，物始生，而未通之意。故其为字，象少穿地，始出而未申也。其卦以震遇坎，乾坤始交而遇险陷，故其名为屯。震动在下，坎险在上，是能动乎险中。能动虽可以亨，而在险则宜守正而未可遽进。故筮得之者，其占为大亨，而利于正，但未可遽有所往耳。又初九阳居阴下，而为成卦之主，是能以贤下人，得民而可君之象，故筮立君者，遇之则吉也。

《彖》曰：屯，刚柔始交而难生。

难，乃旦反。六二《象》同。
以二体释卦名义，"始交"，谓震。"难生"，谓坎。

动乎险中，大亨贞。

以二体之德，释卦辞，"动"，震之为也。"险"，坎之地也。自此以下，释"元亨利贞"，乃用文王本意。

雷雨之动满盈。天造草昧，宜建侯而不宁。

以二体之象，释卦辞。"雷"，震象。"雨"，坎象。"天造"犹言天运。"草"，杂乱。"昧"，晦冥也。阴阳交而雷雨作，杂乱晦冥，塞乎两间。天下未定，名分未明。宜立君以统治，而未可遽谓安宁之时也。不取初九爻义者，取义多端，姑举其一也。

《象》曰：云雷屯，君子以经纶。

坎不言水而言"云"者，未通之意。"经纶"治丝之事，经引之，纶理之也。屯难之世，君子有为之时也。

初九：磐桓，利居贞，利建侯。

磐，步干反。

"磐桓"，难进之貌。屯难之初，以阳在下，又居动体，而上应阴柔险陷之爻，故有"磐桓"之象。然居得其正，故其占利于"居贞"。又本成卦之主，以阳下阴，为民所归，侯之象也，故其象又如此，而占者如是，则利建以为侯也。

《象》曰：虽"磐桓"，志行正也。以贵下贱，大得民也。

下，遐嫁反。

六二：屯如邅如，乘马班如，匪寇婚媾。女子贞不字，十年乃字。

邅，张连反。

"班"，分布不进之貌。"字"，许嫁也。《礼》曰："女子许嫁，笄而字。"六二阴柔中正，有应于上。而乘初刚，故为所难，而邅回不进。然初非为寇也，乃求与己为婚媾耳。但己守正，故不之许。至于十年，数穷理极，则妄求者去，正应者

中华藏书

周易全书·最新整理珍藏版

合，而可许矣。爻有此象，故因以戒占者。

《象》曰：六二之难，乘刚也。"十年乃字"，反常也。

六三：即鹿无虞，惟入于林中，君子几，不如舍，往吝。

几，音机。舍，音捨。《象》同。

阴柔居下，不中不正，上无正应，妄行取困。为逐鹿无虞，陷入林中之象。君子见几，不如舍去。若往逐而不舍，必致羞吝。戒占者宜如是也。

《象》曰："即鹿无虞"，以从禽也。君子舍之，"往吝"穷也。

六四：乘马班如，求婚媾，往吉，无不利。

阴柔居屯，不能上进，故为"乘马班如"之象。然初九守正居下，以应于己，故其占为下，求婚媾则吉也。

《象》曰：求而往，明也。

九五：屯其膏，小贞吉，大贞凶。

九五虽以阳刚中正居尊位，然当屯之时，陷于险中。虽有六二正应，而阴柔才弱，不足以济。初九得民于下，众皆归之。九五坎体，有膏润而不得施，为"屯其膏"之象。占者以处小事，则守正犹可获吉；以处大事，则虽守正而不免于凶。

《象》曰："屯其膏"，施来光也。

施，始豉反。

上六：乘马班如，泣血涟如。

阴柔无应，处屯之终，进无所之，忧惧而已。故其象如此。

《象》曰："泣血涟如"，何可长也？

蒙䷃ 艮上 坎下

蒙：亨。匪我求童蒙，童蒙求我。初筮告，再三渎，渎则不告。利贞。

告，古毒反。三，息暂反。下同。

艮亦三画卦之名。一阳止于二阴之上，故其德为止、其象为山。蒙，昧也。物生之初，蒙昧未明也。其卦以坎遇艮。山下有险，蒙之地也；内险外止，蒙之意也。故其名为蒙。"亨"以下，占辞也。九二内卦之主，以刚居中，能发人之蒙者，而与六五阴阳相应，故遇此卦者有亨道也。"我"，二也；"童蒙"，幼稚而蒙昧，谓五也。筮者明则人当求我而其亨在人；筮者暗则我当求人而亨在我。人求我者，当视其可否而应之；我求人者，当致其精一而扣之。而明者之养蒙与蒙者之自养，又皆利于以正也。

《象》曰：蒙，山下有险。险而止，蒙。

以卦象卦德释卦名，有两义。

"蒙亨"，以亨行时中也。"匪我求童蒙，童蒙求我"，志应也，"初筮告"，以刚中也。"再三渎，渎则不告"，渎蒙也。蒙以养正，圣功也。

以卦体释卦辞也，九二以可亨之道，发人之蒙，而又得其时之中，谓如下文所指之事，皆以亨行而当其可也。"志应"

中華藏書

周易全书·最新整理珍藏版

中国书店

者，二刚明五柔暗，故二不求五而五求二，其志自相应也。"以刚中"者，以冈而中，故能告而有节也。"渎"，筮者二三，则问者固渎，而告者亦渎矣。"蒙以养正"乃作圣之功，所以释"利贞"之义也。

《象》曰：山下出泉，蒙。君子以果行育德。

得，下孟反。六三《象》同。
"泉"，水之始出者，必行而有渐也。

初六：发蒙，利用刑人，用说桎梏，以往吝。

说，吐活反。桎，职日反。梏，古禄反。
以阴居下，蒙之甚也，占者遇此，当发其蒙。然发之之道，当痛惩而暂舍之，以观其后。若遂往而不舍，则致羞吝矣。戒占者当如是也。

《象》曰："利用刑人"，以正法也。

"发蒙"之初，法不可不正，惩戒所以正法也。

九二：包蒙吉。纳妇吉，子克家。

九二以阳刚为内卦之主，统治群阴，当"发蒙"之任者。然所治既广，物性不齐，不可一概取必，而爻之德刚而不过，为能有所包容之象。又以阳受阴，为"纳妇"之象。又居下位而能任上事，为"子克家"之象。故占者有其德而当其事，则如是而"吉"也。

《象》曰："子克家"，刚柔接也。

指二五之应。

六三：勿用取女。见金夫，不有躬，无攸利。

取，七具反。下《象》同。

六三阴柔，不中不正。女之"见金夫"而不能有其身之象也。占者遇之，则其取女必得如是之人，无所利矣。"金夫"盖以金赂己而挑之，若鲁秋胡之为者。

《象》曰："勿用取女"，行不顺也。

行，下孟反。

"顺"当作慎，盖"顺""慎"占字通用。荀子"顺墨"作"慎墨"，且行不慎于经意尤亲切，今当从之。

六四：困蒙，吝。

既远于阳，又无正应，为困于蒙之象，占者如是，可羞吝也。能求刚明之德而亲近之，则可免矣。

《象》曰："困蒙"之吝，独远实也。

远，袁万反。实，叶韵去声。

六五：童蒙，吉。

柔中居尊下应九二，纯一未发以听于人，故其象为"童蒙"，而其占为如是则吉也。

《象》曰："童蒙"之吉，顺以巽也。

上九：击蒙，不利为寇，利御寇。

以刚居上，治蒙过刚，故为"击蒙"之象。然取必太过，攻治太深，则必反为之害。惟捍其外诱，以全其真纯，则虽过于严密，乃为得宜，故戒占者如此。凡事皆然不止为诲人也。

《象》曰：利用"御寇"，上下顺也。

"御寇"以刚，上下皆得其道。

需 ䷄ 坎上
乾下

需：有孚，光亨，贞吉，利涉大川。

"需"，待也。以乾遇坎，乾健坎险。以刚遇险，而不遽进，以陷于险，待之义也。"孚"，信之在中者也。其卦九五，以坎体中实，阳刚中正，而居尊位，为有孚得正之象。坎水在前，乾健临之，将涉水而不轻进之象。故占者为有所待而能有信，则"光亨"矣。若又得正则吉，而"利涉大川"。正固无所不利，而涉川尤贵于能待，则不欲速而犯难也。

《象》曰：需，须也，险在前也。刚健而不陷，其义不困穷矣。

此以卦德释卦名义。

"需，有孚，光亨，贞吉"，位乎天位，以正中也。"利涉大川"，往有功也。

以卦体及两象释卦辞。

《象》曰：云上于天，需。君子以饮食宴乐。

上，上声。乐，音洛。

"云上于天"，无所复为，待其阴阳之和，而自雨尔。事之当需者，亦不容更有所为。但饮食宴乐，俟其自至而已。一有所为，则非需也。

初九：需于郊。利用恒，无咎。

"郊"，旷远之地，未近于险之象也，而初九阳刚，又有能恒于其所之象，故戒占者能如是，则"无咎"也。

《象》曰："需于郊"，不犯难行也。"利用恒，无咎"，未失常也。

难，去声。

九二：需于沙，小有言，终吉。

"沙"，则近于险矣。言语之伤亦灾害之小者，渐进近坎，故有此象。刚中能需，故得"终吉"。戒占者当如是也。

《象》曰："需于沙"，衍在中也。虽"小有言"，以吉终也。

衍，以善反。
"衍"，宽意。以宽居中，不急进也。

九三：需于泥，致寇至。

"泥"，将陷于险矣。"寇"，则害之大者。九三去险愈近而过刚不中，故其象如此。

《象》曰："需于泥"，灾在外也。自我"致寇"，敬慎不败也。

"外"，谓外卦。"敬慎不败"，发明占外之占，圣人示人之意切矣。

六四：需子血，出自穴。

"血"者，杀伤之地。"穴"者，险陷之所。四交坎体，入乎险矣，故为"需于血"之象。然柔得其正，需而不进，故又为"出自穴"之象。占者如是，则虽在伤地，而终得出也。

《象》曰："需于血"，顺以听也。

九五：需于酒食，贞吉。

"酒食"，宴乐之具，言安以待之。九五阳刚中正，需于尊位，故有此象。占者如是而贞固，则得吉也。

《象》曰："酒食，贞吉"，以中正也。

上六：入于穴，有不速之客三人来，敬之终吉。

阴居险极无复有需。有陷而入穴之象。下应九三，九三与下二阳，需极并进，为"不速客三人"之象。柔不能御而能顺之，有"敬之"之象。占者当陷险中，然于非意之来，敬以待之，则得"终吉"也。

《象》曰："不速之客"来，"敬之终吉"，虽不当位，未大失也。

当，都浪反。后凡言"当位""不当位"者，放此。
以阴居上，是为"当位"，言"不当位"，未详。

讼 ䷅ 乾上 坎下

讼：有孚，窒惕，中吉，终凶。利见大人，不利涉大川。

中華藏書

第二部 朱熹说易

中國書店

一二三七

窒，张栗反。

"讼"，争辩也。上乾下坎，乾刚坎险。上刚以制其下，下险以伺其上，又为内险而外健，又为己险而彼健，皆讼之道也。九二中实，上无应与，又为加忧。且于卦变自遁而来，为刚来居二，而当下卦之中，"有孚"而见"窒"，能惧而得中之象。上九过刚居讼之极，有终极其讼之象。九五刚健中正，以居尊位，有"大人"之象。以刚乘险，以实履陷，有"不利涉大川"之象。故戒占者必有争辩之事，而随其所处为吉凶也。

《彖》曰：讼，上刚下险，险而健，讼。

以卦德释卦名义。

"讼，有孚，窒惕，中吉"，刚来而得中也。"终凶"，讼不可成也。"利见大人"，尚中正也。"不利涉大川"，入于渊也。

以卦变、卦体、卦象，释卦辞。

《象》曰：天与水违行，讼。君子以作事谋始。

天上水下，其行相违。作事谋始，讼端绝矣。

初六：不永所事，小有言，终吉。

阴柔居下，不能终讼，故其象占如此。

《象》曰："不永所事"，讼不可长也。虽"小有言"，其辩明也。

九二：不克讼，归而逋。其邑人三百户，无眚。

逋，补吴反。眚，所景反。

九二阳刚，为险之主，本欲讼者也。然以刚居柔，得下之中，而上应九五，阳刚居尊，势不可敌，故其象占如此。"邑人三百户"，邑之小者，言自处卑约以免灾患。占者如是，则"无眚"矣。

《象》曰："不克讼，归逋"，窜也。自下讼上，患至掇也。

窜，七乱反。掇，都活反。

掇，自取也。

六三：食旧德，贞厉，终吉。或从王事，无成。

"食"，犹食邑之食，言所享也。六三阴柔，非能讼者，故守旧居正，则虽危而终吉。然或出而从上之事，则亦必无成功。占者守常而不出，则善也。

《象》曰："食旧德"，从上吉也。

从上吉，谓随人则吉。明自主事，则无成功也。

九四：不克讼，复即命，渝，安贞，吉。

复，房六反。下同。渝，以朱反。

"即"，就也。"命"，正理也。"渝"，变也。九四刚而不中，故有讼象。以其居柔，故又为"不克"，而复就正理。渝变其心，安处于正之象。占者如是则"吉"也。

《象》曰："复即命，渝，安贞"，不失也。

九五：讼，元吉。

阳刚中正，以居尊位，听讼而得其平者也。占者遇之，讼而有理，必获伸矣。

《象》曰："讼，元吉"，以中正也。

中则听不偏，正则断合理。

上九：或锡之鞶带，终朝三褫之。

褫，敕纸反。

"鞶带"，命服之饰。"褫"，夺也。以刚居讼极，终讼而能胜之，故有锡命受服之象。然以讼得之，岂能安久。故又有"终朝三褫"之象。其占为终讼无理而或取胜，然其所得，终必失之，圣人为戒之意深矣。

《象》曰：以讼受服，亦不足敬也。

师䷆坤上
坎下

师：贞，丈人吉，无咎。

"师"，兵众也。下坎上坤，坎险坤顺，坎水坤地，古者寓兵于农，伏至险于大顺，藏不测于至静之中。又卦唯九二一阳，居下卦之中，为将之象。上下五阴顺而从之，为众之象。九二以刚居下而用事，六五以柔居上而任之，为人君命将出师之象，故其卦之名曰师。"丈人"，长老之称。用师之道，利于得正，而任老成之人，乃得"吉"而"无咎"。戒占者亦必如是也。

《彖》曰：师，众也。贞，正也。能以众正，可以王矣。

中華藏書

第二部 朱熹说易

中国书房

王，往况反。

此以卦体释"师贞"之义。"以"谓能左右之也。一阳在下之中，而五阴皆为所以也。"能以众正"则王者之师矣。

刚中而应，行险而顺，以此毒天下而民从之，吉又何咎矣！

又以卦体卦德释"丈人吉无咎"之义。"刚中"谓九二。"应"谓六五应之。"行险"谓行危道。"顺"谓顺人心。此非有老成之德者不能也。"毒"，害也。师旅之兴，不无害于天下，然以其有是才德，是以民悦，而从之也。

《象》曰：地中有水，师。君子以容民畜众。

畜，许六反。
水不外于地，兵不外于民。故能养民，则可以得众矣。

初六：师出以律，否臧凶。

否，俯九反。
"律"，法也。"否臧"谓不善也。晁氏曰："否"字先儒多作"不"是也。在卦之初，为师之始。出师之道，当谨其始。以律则吉，不臧则凶，戒占者当谨始而守法也。

《象》曰："师出以律"，失律凶也。

九二：在师，中吉，无咎。王三锡命。

九二在下为众阴所归，而有刚中之德。上应于五而为所宠任，故其象占如此。

《象》曰："在师，中吉"，承天宠也。"王三锡命"，怀万邦也。

六三：**师或舆尸，凶。**

"舆尸"谓师徒挠败，舆尸而归也。以阴居阳，才弱志刚，不中不正，而犯非其分。故其象占如此。

《象》曰："师或舆尸"，大无功也。

六四：**师左次，无咎。**

"左次"谓退舍也。阴柔不中而居阴得正，故其象如此。全师以退，贤于六三远矣，故其占如此。

《象》曰："左次，无咎"，未失常也。

知难而退，师之常也。

六五：**田有禽，利执言，无咎。长子帅师，弟子舆尸，贞凶。**

长，丁丈反。

六五用师之主，柔顺而中，不为兵端者也。敌加于己，不得已而应之，故为"田有禽"之象，而其占利以搏执而无咎也。"言"，语辞也。"长子"，九二也。"弟子"，三四也。又戒占者专于委任，若使君子任事而又使小人参之，则是使之"舆尸"而归，故虽"贞"，而亦不免于"凶"也。

《象》曰："长子帅师"，以中行也。"弟子舆尸"，使不当也。

当，去声。

上六：**大君有命，开国承家，小人勿用。**

师之终，顺之极，论功行赏之时也。坤为土故有"开国承家"之象。然小人则虽有功，亦不可使之得有爵土，但优以金帛可也。戒行赏之人，于小人则不可用此占，而小人遇之，亦不得用此爻也。

《象》曰："大君有命"，以正功也。"小人勿用"，必乱邦也。

圣人之戒深矣。

比 坎上 坤下

比：吉。原筮，元永贞，无咎。不宁方来，后夫凶。

比，昆志反。

比，亲辅也。九五以阳刚，居上之中，而得其正。上下五阴，比而从之。以一人而抚万邦，以四海而仰一人之象。故筮者得之，则当为人所亲辅。然必再筮以自审，有元善长永正固之德，然后可以当众之归而"无咎"。其未比而有所不安者，亦将皆来归之。若又迟而后至，则此交已固，彼来已晚，而得"凶"矣。若欲比人，则亦以是，而反观之耳。

《象》曰：比，吉也。

此三字疑衍文。

比，辅也，下顺从也。

此以卦体，释卦名义。

"原筮，元永贞，无咎"，以刚中也。"不宁方来"，上下应也。"后夫凶",其道穷也。

亦以卦体释卦辞。"刚中",谓五。"上下",谓五阴。

《象》甲:地上有水,比。先王以建万国,亲诸侯。

地上有水,水比于地,不容有间建国亲侯。亦先王所以比于天下,而无间者也。《象》意人来比我,此取我往比人。

初六:有孚比之,无咎。有孚盈缶,终来有它,吉。

比之初贵乎有信则可以"无咎"矣。若其充实则又"有它吉"也。

《象》曰:比之初六,有它吉也。

六二:比之自内,贞吉。

柔顺中正,上应九五。自内比外,而得其贞,吉之道也。占者如是,则正而吉矣。

《象》曰:"比之自内",不自失也。

得正,则不自失矣。

六三:比之匪人。

阴柔不中正,承、乘、应皆阴,所比皆非其人之象。其占大凶,不言可知。

《象》曰:"比之匪人",不亦伤乎?

六四:外比之,贞吉。

以柔居柔，外比九五。为得其正，吉之道也。占者如是，则正而吉矣。

《象》曰："外比"于贤，以从上也。

九五：显比。王用三驱，失前禽。邑人不诫，吉。

驱，区遇反。

一阳居尊刚健中正，卦之群阴，皆来比己。显其比而无私，如天子不合围，开一面之网，来者不拒，去者不追，故为"用三驱失前禽"，而"邑人不诫"之象。盖虽私属亦喻上意，不相警备以求必得也。凡此皆吉之道，占者如是则"吉"也。

《象》曰："显比"之吉，位正中也。舍逆取顺，"失前禽"也。"邑人不诫"，上使中也。

舍，音拾。

由上之德使不偏也。

上六：比之无首，凶。

阴柔居上无以比下，凶之道也。故为"无首"之象，而其占则凶也。

《象》曰："比之无首"，无所终也。

以上下之象言之，则为"无首"。以终始之象言之则为无终，无首则无终矣。

小畜 ䷈ 巽上 乾下

小畜：亨。密云不雨，自我西郊。

畜，敕六反。大畜卦同。

巽亦三画卦之名。一阴伏于二阳之下，故其德为巽为入，其象为风为木。"小"，阴也。"畜"，止之之义也。上巽下乾，以阴畜阳。又卦惟六四一阴，上下五阳皆为所畜，故为小畜。又以阴畜阳，能系而不能固，亦为所畜者小之象。内健外巽，二五皆阳，各居一卦之中而用事，有刚而能中，其志得行之象，故其占当得亨通。然畜未极而施未行，故有"密云不雨，自我西郊"之象。盖"密云"阴物，"西郊"阴方。"我"者，文王自我也。文王演《易》于羑里，视岐周为西方，正小畜之时也。筮者得之则占亦如其象云。

《彖》曰：小畜，柔得位而上下应之，曰"小畜"。

以卦体释卦名义，"柔得位"，指六居四。"上下"，谓五阳。

健而巽，刚中而志行，乃亨。

以卦德卦体而言，阳犹可亨也。

"密云不雨"，尚往也。广自我西郊"，施未行也。

施，始豉反。
"尚往"，言畜之未极，其气犹上进也。

《象》曰：风行天上，小畜。君子以懿文德。

风有气而无质，能畜而不能久，故为小畜之象。"懿文德"，言未能厚积而远施也。

初九：复自道，何其咎，吉。

下卦乾体，本皆在上之物，志欲上进而为阴所畜。然初九体乾，居下得正，前远于阴，虽与四为正应，而能自守以正，不为所畜，故有进复自道之象。占者如是则无咎而"吉"也。

《象》曰："复自道"，其义吉也。

九二：牵复，吉。

三阳志同，而九二渐近于阴。以其刚中，故能与初九牵连而复，亦吉道也。占者如是则"吉"矣。

《象》曰："牵复"在中，亦不自失也。

"亦"者，承上爻义。

九三：舆说辐，夫妻反目。

说，吐活反。

九三亦欲上进，然刚而不中，迫近于阴。而又非正应，但以阴阳相说，而为所系畜，不能自进，故有"舆说辐"之象。然以志刚，故又不能平，而与之争，故又为"夫妻反目"之象。戒占者如是，则不得进，而有所争也。

《象》曰："夫妻反目"，不能正室也。

程子曰：说辐反目，三自为也。

六四：有孚，血去惕出，无咎。

去，上声。

以一阴畜众阳，本有伤害忧惧。以其柔顺得正，虚中巽体，二阳助之，是"有孚"而"血去惕出"之象也。"无咎"宜矣，故戒占者亦有其德，则无咎也。

《象》曰："有孚""惕出"，上合志也。

九五：有孚挛如，富以其邻。

挛，力传反。

巽体三爻，同力畜乾，"邻"之象也。而九五居中处尊，势能有为，以兼乎上下，故为"有孚挛如"，用富厚之力而"以其邻"之象。"以"犹《春秋》"以某师"之"以"，言能左右之也。占者"有孚"，则能如是也。

《象》曰："有孚挛如"，不独富也。

上九：既雨既处，尚德载。妇贞厉，月几望，君子征凶。

几，音机。

畜极而成，阴阳和矣，故为"既雨既处"之象。盖尊尚阴德，至于积满而然也。阴加于阳，故虽正亦厉。然阴既盛而抗阳，则君子亦不可以有行矣。其占如此，为戒深矣。

《象》曰："既雨既处"，德积载也。"君子征凶"，有所疑也。

履 <ruby>乾上<rt></rt></ruby><ruby>兑下<rt></rt></ruby>

履：虎尾，不咥人，亨。

咥，直结反。

兑，亦三画卦之名，一阴见于二阳之上，故其德为说，其象为泽。"履"，有所蹑，而进之义也。以兑遇乾，和说以蹑刚强之后，有"履虎尾"而不见伤之象，故其卦为履，而占如是也。人能如是则处危而不伤矣。

《彖》曰：履，柔履刚也。

以二体释卦名义。

说而应乎乾，是以"履虎尾，不咥人，亨"。

说，音悦。
以卦德释彖辞。

刚中正，履帝位而不疚，光明也。

又以卦体明之，指九五也。

《象》曰：上天下泽，履。君子以辨上下，定民志。

《程传》备矣。传曰：天在上，泽居下。上天作下之正理也。人之所履当如是，故取其象而为履。君子观履之象，以辨别上下之分，以定其民志。夫上下之分明，然后民志有定。民志定，然后可以言治；民志不定，天下不可得而治也。古之时公卿大夫而下，位各称其德。终身居之，得其分也。位未称德，则君举而进之。士修其学，学至而君求之，皆非有预于己也。农工商贾，勤其事，而所享有限，故皆有定志，而天下之心可一。后世自庶士至于公卿，日志于尊荣。农工商贾，日志于富侈。亿兆之心，交骛于利，天下纷然，如之何其可一也。欲其不乱，难矣。此由上下无定志也。君子观履之象，而分辨上下，使各当其分：以定民之心志也。

初九：素履，往无咎。

以阳在下，居履之初，未为物迁。率其"素履"者也。占者如是，则"往"而"无咎"也。

《象》曰："素履"之往，独行愿也。

九二：履道坦坦，幽人贞吉。

刚中在下，无应于上，故为履道平坦，幽独守贞之象。幽人履道而遇其占，则贞而吉矣。

《象》曰："幽人贞吉"，中不自乱也。

六三：眇能视，跛能履。履虎尾，咥人，凶。武人为于大君。

跛，波我反。

六三不中不正，柔而志刚，以此履乾，必见伤害。故其象如此，而占者凶。又为刚武之人，得志而肆暴之象，如秦政、项籍，岂能久也？

《象》曰："眇能视"，不足以有明也。"跛能履"，不足以与行也。"咥人"之凶，位不当也。"武人为于大君"，志刚也。

九四：履虎尾，愬愬终吉。

愬，色窄反，音啬。

九四亦以不中不正，履九五之刚，然以刚居柔，故能戒惧而得"终吉"。

《象》曰："愬愬终吉"，志行也。

九五：夬履，贞厉。

夬，古快反。

九五以刚中，正履帝位，而下以兑说应之，凡事必行，无所疑碍，故其象为夬决其履。虽使得正亦危道也。故其占为虽正而危，为戒深矣。

《象》曰："夬履，贞厉"，位正当也。

伤于所恃。

上九：视履考祥，其旋元吉。

"视履"之终，以考其祥。周旋无亏则得"元吉"。占者祸福，视其所履而未定也。

《象》曰："元吉"在上，大有庆也。

若得元吉，则大有福庆也。

泰 ䷊ 坤上
　　　 乾下

泰：小往大来，吉，亨。

"泰"，通也。为卦天地交，而二气通，故为泰，正月之卦也。"小"，谓阴。"大"，谓阳。言坤往居外，乾来居内。又自归妹来，则六往居四，九来居三也。占者有刚阳之德则"吉"而"亨"矣。

《象》曰："泰，小往大来，吉，亨"，则是天地交而万物通也，上下交而其志同也。内阳而外阴，内健而外顺，内君子而外小人。君子道长，小人道消也。

长，之丈反。否卦同。

《象》曰：天地交，泰。后以财成。天地之道，辅相天地之宜，以左右民。

财裁同。相，息亮反。左，音佐。右，音佑。

"财成"，以制其过，"辅相"，以补其不及。

初九：拔茅茹，以其汇，征吉。

茹，人余反。汇，于位反，音胃。否卦同。

三阳在下，相连而进。"拔茅"连"茹"之象，征行之吉也。占者阳刚则其"征吉"矣。郭璞《洞林》读至汇字绝句。下卦放此。

《象》曰："拔茅""征吉"，志在外也。

九二：包荒，用冯河，不遐遗。朋亡，得尚于中行。

冯，音凭。

九二以刚居柔，在下之中。上有六五之应，主乎泰，而得中道者也。占者能包容荒秽而果断刚决，不遗遐远，而不昵朋比，则合乎此爻中行之道矣。

《象》曰："包荒"，"得尚于中行"，以光大也。

九三：无平不陂，无往不复。艰贞无咎，勿恤其孚，于食有福。

将过乎中，泰将极而否欲来之时也。"恤"，忧也。"孚"，所期之信也。戒占者艰难守贞，则"无咎"而"有福"。

《象》曰："无往不复"，天地际也。

六四：翩翩，不富以其邻，不戒以孚。

已过乎中，泰已极矣，故三阴翩然而下复。不待富而其类从之，不待戒令而信也。其占为有小人合交，以害正道，君子所当戒也。阴虚阳实，故凡言不富者，皆阴爻也。

《象》曰："翩翩，不富"，皆失实也。"不戒以孚"，中心愿也。

阴本居下，在上为"失实"。

六五：帝乙归妹，以祉元吉。

以阴居尊，为泰之主。柔中虚己，下应九二，吉之道也。而"帝乙归妹"之时，亦尝占得此爻。占者如是则有祉而"元吉"矣。凡经以古人为言，如"高宗"、"箕子"之类者，皆放此。

《象》曰："以祉元吉"，中以行愿也。

上六：城复于隍。勿用师，自邑告命，贞吝。

复，房六反。下同。
泰极而否，"城复于隍"之象。戒占者不可力争，但可自守。虽得其贞亦不免于羞吝也。

《象》曰："城复于隍"，其命乱也。

命乱，故复否。告命，所以治之也。
治，平声。

否 ䷋ 乾上
坤下

否之匪人，不利君子贞，大往小来。

否，备鄙反。

"否"，闭塞也，七月之卦也。正与泰反，故曰"匪人"，谓非人道也。其占不利于君子之正道，盖乾往居外，坤来居内，又自渐卦而来，则九往居四，六来居三也。或疑"之匪人"三字衍文，由《比·六三》而误也，《传》不特解其义，亦可见。

《彖》曰："否之匪人，不利君子声，大往小来"，则是天地不交，而万物不通也，上下不交，而天下无邦也。内阴而外阳，内柔而外刚，内小人而外君子。小人道长，君子道消也。

《象》曰：天地不交，否。君子以俭德辟难，不可荣以禄。

俭，巨险反。辟，音避。难，去声。

收敛其德，不形于外，以辟小人之难。人不得以禄位荣之。

初六：拔茅茹，以其汇。贞吉，亨。

释，见泰卦。

三阴在下，当否之时，小人连类而进之象，而初之恶则未形也，故戒其"贞"则"吉"而"亨"。盖能如是，则变而为君子矣。

《象》曰："拔茅""贞吉"，志在君也。

小人而变为君子，则能以爱君为念，而不计其私矣。

六二：包承，小人吉，大人否，亨。

阴柔而中正，小人而能包容。承顺乎君子之象，小人之吉道也。故占者小人如是则吉，大人则当安守其否，而后道亨。

盖不可以彼"包承"于我，而自失其守也。

《象》曰："大人否，亨"，不乱群也。

言不乱于小人之群。

六三：包羞。

以阴居阳，而不中正，小人志于伤善，而未能也，故为"包羞"之象。然以其未发，故无凶咎之戒。

《象》曰："包羞"，位不当也。

九四：有命无咎，畴离祉。

否过中矣，将济之时也。九四以阳居阴，不极其刚，故其占为"有命无咎"。而"畴"类三阳，皆获其福也。"命"，谓天命。

《象》曰："有命无咎"，志行也。

九五：休否，大人吉。其亡其亡，系子苞桑。

苞读作包，古《易》亦曰包桑。

阳刚中正，以居尊位，能休时之否，大人之事也，故此爻之占，大人遇之则吉，然又当戒惧，如《系辞传》所云也。

《象》曰："大人"之吉，位正当也。

上九：倾否，先否后喜。

以阳刚居否极，能倾时之否者也，其占为"先否后喜"。

《象》曰：否终则倾，何可长也？

中華藏書

第二部 朱熹说易

中国书店

一二五五

同人 乾上 离下

同人于野，亨，利涉大川，利君子贞。

离，亦三画卦之名，一阴丽于二阳之间，故其德为丽，为文明，其象为火，为日，为电。同人，与人同也。以离遇乾，火上同于天。六二得位得中而上应九五。又卦唯一阴，而五阳同与之，故为同人。"于野"，谓旷远而无私也，有亨道矣。以健而行，故能涉川。为卦内文明，而外刚健，六二中正而有应，则君子之道也。占者能如是则"亨"，而又可涉险，然必其所同合于君子之道，乃为"利"也。

《彖》曰：同人，柔得位得中，而应乎乾，曰"同人"。

以卦体释卦名义。"柔"，谓六二，"乾"，谓九五。

同人曰：

衍文。

"同人于野，亨，利涉大川"，乾行也。文明以健，中正而应，君子正也。唯君子为能通天下之志。

以卦德卦体，释卦辞，通天下之志，乃为大同。不然，则是私情之合而已，何以致"亨"而"利涉"哉！

《象》曰：天与火，同人。君子以类族辨物。

天在上而火炎上，其性同也。"类族辨物"，所以审异而致同也。

初九：同人于门，无咎。

同人之初未有私主，以刚在下，上无系应，可以"无咎"，故其象占如此。

《象》曰：出门同人，又谁咎也？

六二：同人于宗，吝。

"宗"，党也。六二虽中且正，然有应于上，不能大同，而系于私，吝之道也。故其象占如此。

《象》曰："同人于宗"，吝道也。

九三：伏戎于莽，升其高陵，三岁不兴。

刚而不中，上无正应。欲同于二而非其正，惧九五之见攻，故有此象。

《象》曰："伏戎于莽"，敌刚也。"三岁不兴"，安行也？

言不能行。

九四：乘其墉，弗克攻，吉。

墉，音庸。

刚不中正，又无应与。亦欲同于六二而为三所隔，故为乘墉以攻之象。然以刚居柔，故有自反而不克攻之象。占者如是则是能改过而得吉也。

《象》曰："乘其墉"，义弗克也。其吉，则困而反则也。

"乘其墉"矣，则非其力之不足也。特以义之弗克，而不攻耳。能以义断，困而反于法则，故吉也。

九五：同人，先号眺，而后笑。大师克相遇。

号，五羔反。眺，徒刀反。旅卦同。

五刚中正，二以柔中正，相应于下，同心者也。而为三四
所隔，不得其同。然义理所同，物不得而间之，故有此象。然
六二柔弱而三四刚强，故必用"大师"以胜之，然后得"相
遇"也。

《象》曰：同人之先，以中直也。"大师"相遇，言相
克也。

"直"谓理直。

上九：同人于郊，无悔。

居外无应，物莫与同，然亦可以无悔。故其象占如此。郊
在野之内，未至于旷远，但荒僻无与同耳。

《象》曰："同人于郊"，志未得也。

大有 _{离上} 乾下

大有：元亨。

"大有"，所有之大也，离居乾上，火在天上，无所不照。
又六五，一阴居尊得中，而五阳应之，故为大有。乾健离明，
居尊应天，有亨之道。占者有其德，则大善而亨也。

《象》曰：大有，柔得尊位大中，而上下应之，曰"大

有"。

以卦体释卦名义，"柔"谓六五，"上下"谓五阳。

其德刚健而文明，应乎天而时行，是以"元亨"。

以卦德卦体释卦辞。应天，指六五也。

《象》曰：火在天上，大有。君子以遏恶扬善，顺天休命。

火在天上，所照者广，为大有之象。所有既大，无以治之，则衅蘖萌于其间矣。天命有善而无恶，故遏恶扬善，所以顺天，反之于身，亦若是而已矣。

初九：无交害，匪咎，艰则无咎。

虽当大有之时，然以阳居下，上无系应。而在事初，未涉乎"害"者也，何咎之有？然亦必艰以处之，则无咎，戒占者宜如是也。

《象》曰：大有初九，无交害也。

九二：大车以载，有攸往，无咎。

刚中在下，得应乎上，为大车以载之象。有所往而如是，可以"无咎"矣。占者必有此德，乃应其占也。

《象》曰："大车以载"，积中不败也

九三：公用亨于天子，小人弗克。

亨，读作享。

"亨"，《春秋传》作"享"，谓朝献也。古者"亨通"之"亨"，"享献"之"享"，"烹饪"之"烹"，皆作"亨"字。

九三居下之上，公侯之象。刚而得正，上有六五之君，虚中下贤。故为"享于天子"之象。占者有其德，则其占如是。小人无刚正之德，则虽得此爻，不能当也。

《象》曰："公用亨于天子"，小人害也。

九四：匪其彭，无咎。

彭，蒲光反，音旁。

"彭"字音义未详。《程传》曰"盛貌"，理或当然。六五柔中之君，九四以刚近之，有僭逼之嫌。然以其处柔也，故有不极其盛之象，而得"无咎"，戒占者宜如是也。

《象》曰："匪其彭，无咎"，明辨晢也。

晢，之列反，音哲。

"晢"，明貌。

六五：厥孚交如，威如，吉。

大有之世，柔顺而中，以处尊位。虚己以应九二之贤，而上下归之，是其孚信之交也。然君道贵刚，太柔则废，当以威济之则吉，故其象占如此，亦戒辞也。

《象》曰："厥孚交如"，信以发志也。

一人之信，足以发上下之志也。

"威如"之吉，易而无备也。

易，以智反。

太柔则人将易之，而无畏备之心。

上九：自天佑之，吉，无不利。

大有之世，以刚居上，而能下从六五，是能履信思顺，而尚贤也。满而不溢，故其占如此。

《象》曰：大有上吉，自天佑也。

谦 坤上 艮下

谦：亨，君子有终。

谦者，有而不居之义。止乎内，而顺乎外，谦之意也。山至高而地至卑，乃屈而止于其下，谦之象也。占者如是则亨通而有终矣。"有终"谓先屈而后伸也。

《彖》曰：谦，亨，天道下济而光明，地道卑而上行。

上，时掌反。
言谦之必"亨"。

天道亏盈，而益谦，地道变盈，而流谦，鬼神害盈，而福谦，人道恶盈，而好谦。谦尊而光，卑而不可逾，君子之终也。

恶，乌路反。好，呼报反。
"变"，谓倾坏。"流"，谓聚而归之。人能谦则其居尊者，其德愈光，其居卑者，人亦莫能过，此君子所以"有终"也。

《象》曰：地中有山，谦。君子以裒多益寡，称物平施。

裒，浦侯反。称，尺证反。施，始豉反。

以卑蕴高，谦之象也。"哀多益寡"，所以称物之宜，而平其施。损高增卑，以趣于平，亦谦之意也。

初六：谦谦君子，用涉大川，吉。

以柔处下，谦之至也。君子之行也。以此涉难，何往不济？故占者如是，则利以涉川也。

《象》曰："谦谦君子"，卑以自牧也。

六二：鸣谦，贞吉。

柔顺中正，以谦有闻，正而且吉者也，故其占如此。

《象》曰："鸣谦，贞吉"，中心得也。

九三：劳谦，君子有终，吉。

卦唯一阳，居下之上。刚而得正，上下所归，有功劳而能谦，尤人所难。故"有终"而"吉"。占者如是，则如其应矣。

《象》曰："劳谦君子"，万民服也。

六四：无不利，㧑谦。

㧑，呼回反，与挥同。
柔而得正，上而能下，其占"无不利"矣。然居九三之上，故戒以更。当发挥其谦，以示不敢自安之意也。

《象》曰："无不利，㧑谦"，不违则也。

言不为过。

中華藏書

第二部 朱熹说易

中國書房

六五：不富以其邻，利用侵伐，无不利。

以柔居尊，在上而能谦者也，故为不富，而能以其邻之象，盖从之者众矣。犹有未服者则利以征之，而于它事亦无不利。人有是德，则如其占也。

《象》曰："利用侵伐"，征不服也。

上六：鸣谦，利用行师，征邑国。

谦极有闻，人之所与，故可"用行师"。然以其质柔而无位，故可以"征"己之"邑国"而已。

《象》曰："鸣谦"，志未得也。可用"行师"，"征邑国"也。

阴柔无位才力不足，故其志未得。而至于行师，然亦适足以治其私邑而已。

豫 ䷏ 震上 坤下

豫：利建侯行师。

"豫"，和乐也。人心和乐以应其上也。九四一阳上下应之。其志得行，又以坤遇震，为顺以动，故其卦为豫，而其占利以立君用师也。

《象》曰：豫，刚应而志行。顺以动，豫。

以卦体卦德释卦名义。

豫顺以动，故天地如之，而况"建侯行师"乎？

以卦德释卦辞。

天地以顺动，故日月不过，而四时不忒。圣人以顺动，则刑罚清而民服。豫之时义大矣哉！

极言之，而赞其大也。

《象》曰：雷出地奋，豫。先王以作乐崇德，殷荐之上帝，以配祖考。

"雷出地奋"，和之至也。先王作乐，既象其声，又取其义。殷，盛也。

初六：鸣豫，凶。

阴柔小人，上有强援。得时主事，故不胜其豫，而以自鸣，凶之道也，故其占如此。卦之得名，本为和乐。然卦辞为众乐之义，爻辞除九四与卦同外，皆为自乐，所以有吉凶之异。

《象》曰：初六"鸣豫"，志穷凶也。

穷，谓满极。

六二：介于石，不终日，贞吉。

豫虽主乐，然易以溺人。溺则反而忧矣。卦独此爻，中而得正，是上下皆溺于豫，而独能以中正自守，其介如石也。其德安静而坚确，故其思虑明审，不俟终日，而见凡事之几微也。《大学》曰：安而后能虑，虑而后能得，意正如此。占者如是则正而吉矣。

《象》曰："不终日，贞吉"，以中正也。

六三：盱豫悔，迟有悔。

盱，休居反。

"盱"，上视也。阴不中正而近于四。四为卦主，故六三上视于四。而下溺于豫，宜有悔者也。故其象如此，而其占为事当速悔。若悔之迟，则必有悔也。

《象》曰："盱豫""有悔"，位不当也。

九四：由豫，大有得。勿疑，朋盍簪。

簪，侧林反。

九四，卦之所由以为豫者也，故其象如此，而其占为"大有得"。然又当至诚不疑，则朋类合而从之矣，故又因而戒之。"簪"，聚也，又速也。

《象》曰："由豫，大有得"，志大行也。

六五：贞疾，恒不死。

当豫之时，以柔居尊，沈溺于豫，又乘九四之刚，众不附而处势危，故为"贞疾"之象。然以其得中，故又为"恒不死"之象。即象而观占在其中矣。

《象》曰：六五"贞疾"，乘刚也。"恒不死"，中未亡也。

上六：冥豫，成有渝，无咎。

渝，以朱反。

以阴柔居豫极，为昏冥于豫之象。以其动体，故又为其事。虽"成"而能"有渝"之象。戒占者如是，则能补过而无咎，所以广迁善之门也。

《象》曰："冥豫"在上，何可长也？

随 ䷐ 兑上 震下

随：元亨，利贞，无咎。

"随"，从也。以卦变言之，本自困卦。九来居初，又自噬嗑上来居五。而自未济来者，兼此二变，皆刚来随柔之义。以二体言之，为此动而彼说，亦随之义，故为随。己能随物，物来随己，彼此相从，其通易矣，故其占为"元亨"。然必利于贞，乃得"无咎"。若所随不贞，则虽大亨，而不免于有咎矣。《春秋传》穆姜曰："有是四德，随而无咎。我皆无之，岂随也哉？"今按四德虽非本义，然其下云云，深得占法之意。

《象》曰：随，刚来而下柔，动而说，随。

下，遐嫁反。说，音悦。
以卦变卦德释卦名义。

大亨，贞，无咎，而天下随时。

王肃本"时"作"之"，今当从之。释卦辞，言能如是，则天下之所从也。

随时之义大矣哉！

王肃本"时"字在"之"字之下，今当从之。

《象》曰：泽中有雷，随。君子以向晦入宴息。

雷藏泽中，随时休息。

初九：官有渝，贞吉。出门交有功。

卦以物随为义，爻以随物为义，初九以阳居下，为震之主，卦之所以为随者也。既有所随则有所偏主而变其常矣，惟得其正则吉。又当出门以交，不私其随，则有功也。故其象占如此，亦因以戒之。

《象》曰："官有渝"，从正吉也。"出门交有功"，不失也。

六二：系小子，失丈夫。

初阳在下而近，五阳正应而远。二阴柔不能自守，以须正应，故其象如此，凶吝可知，不假言矣。

《象》曰："系小子"，弗兼与也。

六三：系丈夫，失小子。随有求得，利居贞。

"丈夫"谓九四。"小子"亦谓初也。三近系四而失于初，其象与六二正相反。四阳当任，而己随之，有求必得。然非正应，故有不正，而为邪媚之嫌。故其占如此，而又戒以居贞也。

《象》曰："系丈夫"，志舍下也。

舍，音拾。

九四：随有获，贞凶。有孚在道以明，何咎？

九四以刚居上之下，与五同德。故其占"随"而"有获"。然势陵于五，故虽正而凶。惟有孚在道而明，则上安而下从之，可以无咎也。占者当时之任，宜审此戒。

《象》曰："随有获"，其义凶也。"有孚在道"，明功也。

九五：孚于嘉，吉。

阳刚中正，下应中正，是信于善也。占者如是，其吉宜矣。

《象》曰："孚于嘉，吉"，位正中也。

上六：拘系之，乃从维之。王用亨于西山。

亨音，见大有卦，后升卦同。

居随之极，随之固结，而不可解者也。诚意之极，可通神明，故其占为"王用亨于西山"。"亨"，亦当作"祭享"之"享"。自周而言，岐山在西。凡筮祭山川者得之，其诚意如是，则吉也。

《象》曰："拘系之"，上穷也。

"穷"，极也。

蛊 艮上 巽下

蛊：元亨，利涉大川。先甲三日，后甲三日。

先，息荐反。后，胡豆反。

"蛊"，坏极而有事也。其卦艮刚居上，巽柔居下。上下不交，下卑巽而上苟止，故其卦为蛊。或曰：刚上柔下，谓卦变自贲来者；初上二下，自井来者；五上上下，自既济来者。兼之亦刚上而柔下，皆所以为蛊也。蛊坏之极，乱当复治，故其占为"元亨"而"利涉大川"。"甲",日之始,事之端也。"先甲三日",辛也。"后甲三日",丁也。前事过中而将坏,则可自新以为后事之端,而不使至于大坏。后事方始而尚新,然更当致其丁宁之意,以监前事之失,而不使至于速坏,圣人之深戒也。

《彖》曰:蛊,刚上而柔下,巽而止,蛊。

以卦体卦变卦德释卦名义。盖如此则积弊而至于蛊矣。

蛊,"元亨"而天下治也。"利涉大川",往有事也。"先甲三日,后甲三日",终则有始,天行也。

治,直利反。下同。

释卦辞,治蛊至于"元亨",则乱而复治之象也。乱之终,治之始,天运然也。

《象》曰:山下有风,蛊。君子以振民育德。

"山下有风",物坏而有事矣,而事莫大于二者,乃治己、治人之道也。

初六:干父之蛊,有子,考无咎,厉终吉。

"干",如木之干,枝叶之所附,而立者也。"蛊"者,前人已坏之绪,故诸爻皆有父母之象,子能干之,治而振起矣。初六蛊未深,而事易济,故其占为有子,则能治蛊,而考得"无咎",然亦危矣。戒占者宜如是。又知危而能戒,则"终吉"也。

《象》曰:"干父之蛊",意承考也。

九二:干母之蛊,不可贞。

九二刚中，上应六五，子干母蛊而得中之象，以刚承柔而治其坏，故又戒以不可坚贞，言当巽以入之也。

《象》曰："干母之蛊"，得中道也。

九三：干父之蛊，小有悔，无大咎。

过刚不中，故"小有悔"。巽体得正，故"无大咎"。

《象》曰："干父之蛊"，终无咎也。

六四：裕父之蛊，往见吝。

以阴居阴，不能有为。宽裕以治蛊之象也。如是则蛊将日深，故"往"则"见吝"，戒占者不可如是也。

《象》曰："裕父之蛊"，往未得也。

六五：干父之蛊，用誉。

柔中居尊，而九二承之以德，以此干蛊，可致闻誉，故其象占如此。

《象》曰："干父""用誉"，承以德也。

上九：不事王侯，高尚其事。

阳刚居上，在事之外，故为此象，而占与戒，皆在其中矣。

《象》曰："不事王侯"，志可则也。

临 _{坤上}_{兑下}

临：元亨，利贞。至子八月有凶。

"临"，进而陵逼于物也。二阳浸长，以逼于阴，故为临，十二月之卦也。又其为卦，下兑说，上坤顺。九二以刚居中，上应六五，故占者大亨，而利于正，然"至于八月"当"有凶"也。"八月"，谓自复卦一阳之月，至于遁卦二阴之月，阴长阳遁之时也。或曰："八月"谓夏正八月，于卦为观，亦临之反对也。又因占而戒之。

《彖》曰：临，刚浸而长。

长，之丈反。
以卦体释卦名。

说而顺，刚中而应。

又以卦德卦体言卦之善。

大亨以正，天之道也。

当刚长之时，又有此善。故其占如此也。

"至于八月有凶"，消不久也。

言虽天运之当然，然君子宜知所戒。

《象》曰：泽上有地，临。君子以教思无穷，容保民无疆。

思，去声。

地临于泽，上临下也，二者皆临下之事。教之无穷者，兑也，容之无疆者，坤也。

初九：咸临，贞吉。

卦惟二阳，遍临四阴，故二爻皆有"咸临"之象。初九刚而得正，故其占为"贞吉"。

《象》曰："咸临，贞吉"，志行正也。

九二：咸临，吉，无不利。

刚得中而势上进，故其占"吉"而"无不利"也。

《象》曰："咸临，吉，无不利"，未顺命也。

未详。

六三：甘临，无攸利。既忧之，无咎。

阴柔不中正，而居下之上，为以甘说临人之象，其占固无所利。然能忧而改之，则"无咎"也，勉人迁善，为教深矣。

《象》曰："甘临"，位不当也。"既忧之"，咎不长也。

六四：至临，无咎。

处得其位，下应初九。相临之至，宜"无咎"者也。

《象》曰："至临，无咎"，位当也。

六五：知临，大君之宜，吉。

知，音智。

中華藏書

周易全书·最新整理珍藏版

中国书店

以柔居中，下应九二，不自用而任人，乃知之事，而"大君之宜"，吉之道也。

《象》曰："大君之宜"，行中之谓也。

上六：敦临，吉，无咎。

居卦之上，处临之终，敦厚于临，"吉"而"无咎"之道也，故其象占如此。

《象》曰："敦临"之吉，志在内也。

观　巽上 坤下

观：盥而不荐，有孚颙若。

观，官唤反。下"大观"，"以观之"，"观大象"，"观"字并同。盥，古玩反。颙，鱼恭反。

"观"者，有以中正示人，而为人所仰也。九五居上，四阴仰之，又内顺外巽，而九五以中正示天下，所以为观，盥将祭而洁手也。"荐"，奉酒食以祭也。颙然，尊严之貌。言致其洁清，而不轻自用，则其孚信在中，而颙然可仰，戒占者宜如是也。或曰："有孚颙若"，谓在下之人，信而仰之也。此卦四阴长，而二阳消，正为八月之卦，而名卦系辞，更取它义，亦扶阳抑阴之意。

《象》曰：大观在上，顺而巽，中正以观天下。

以卦体卦德释卦名义。

"观，盥而不荐，有孚颙若"，下观而化也。

观，女口字。下"观天"，《大象》"观民"之"观"，六爻"观"字，并同。

释卦辞。

观天之神道，而四时不忒。圣人以神道设教，而天下服矣。

极言观之道也。"四时不忒"，天之所以为观也。"神道设教"，圣人之所以为观也。

《象》曰：风行地上，观。先王以省方观民设教。

省，悉井反。

"省方"以"观民"，"设教"以为"观"。

初六：童观，小人无咎，君子吝。

卦以观示为义，据九五为主也。爻以观瞻为义，皆观乎九五也。初六阴柔在下，不能远见，"童观"之象，小人之道，君子之羞也。故其占在小人，则"无咎"，君子得之，则可羞矣。

《象》曰："初六，童观"，小人道也。

六二：窥观，利女贞。

窥，苦规反。

阴柔居内，而观乎外，"窥观"之象，女子之正也。故其占如此。丈夫得之，则非所利矣。

《象》曰："窥观""女贞"，亦可丑也。

在丈夫则为丑也。

六三：观我生进退。

"我生"，我之所行也。六三居下之上，可进可退，故不观九五，而独观己所行之通塞，以为进退，占者宜自审也。

《象》曰："观我生进退"，未失道也。

六四：观国之光，利用宾于王。

六四最近于五，故有此象。其占为利于朝觐仕进也。

《象》曰："观国之光"，尚宾也。

九五：观我生，君子无咎。

九五阳刚中正，以居尊位，其下四阴，仰而观之，君子之象也。故戒居此位，得此占者，当观己所行，必其阳刚中正，亦如是焉，则得"无咎"也。

《象》曰："观我生"，观民也。

此夫子以义言之，明人君观己所行，不但一身之得失，又当观民德之善否，以自省察也。

上九：观其生，君子无咎。

上九阳刚，居尊位之上，虽不当事任，而亦为下所观，故其戒辞略与五同。但以"我"为"其"，小有主宾之异耳。

《象》曰："观其生"，志未平也。

"志未平"，言虽不得位，未可忘戒惧也。

噬嗑 ䷔ 离上
震下

噬嗑：亨。利用狱。

噬，市利反。嗑，胡腊反。

"噬"，啮也。"嗑"，合也。物有间者，啮而合之也。为卦上下两阳，而中虚，颐口之象。九四一阳，间于其中。必啮之而后合，故为噬嗑。其占当得亨通者，有间故不通。啮之而合，则亨通矣。又三阴三阳，刚柔中半，下动上明，下雷上电。本自益卦，六四之柔，上行以至于五，而得其中，是知以阴居阳，虽不当位，而"利用狱"。盖治狱之道，惟威与朋，而得其中之为贵。故筮得之者，有其德，则应其占也。

《彖》曰：颐中有物，曰"噬嗑"。

以卦体释卦名义。

"噬嗑"而"亨"，刚柔分，动而明。雷电合而章，柔得中而上行，虽不当位，"利用狱"也。

上，时掌反。
又以卦名、卦体、卦德、二象卦变释卦辞。

《象》曰：雷电，噬嗑，先王以明罚敕法。

"雷电"当作"电雷"。

初九：屦校灭趾，无咎。

初上无位，为受刑之象，中四爻为用刑之象。初在卦始，罪薄过小，又在卦下，故为"屦校灭趾"之象。止恶于初，故得"无咎"，占者小伤而无咎也。

《象》曰："屦校灭趾"，不行也。

"灭趾"，又有不进于恶之象。

六二：噬肤灭鼻，无咎。

祭有肤鼎，盖肉之柔脆，噬而易嗑者。六二中正，故其所治如"噬肤"之易。然以柔乘刚，故虽甚易。亦不免于伤灭其鼻。占者虽伤而终"无咎"也。

《象》曰："噬肤灭鼻"，乘刚也。

六三：噬腊肉，遇毒，小吝，无咎。

腊，音昔。

"腊肉"，谓兽腊，全体骨而为之者，坚韧之物也。阴柔不中正，治人而人不服，为"噬腊""遇毒"之象。占虽"小吝"，然时当噬嗑，于义为"无咎"也。

《象》曰："遇毒"，位不当也。

九四：噬乾胏，得金矢。利艰贞，吉。

乾，音干。胏，美缁反。

"胏"，肉之带骨者，与"胾"通。《周礼》：狱讼人钧金束矢，而后听之。九四以刚居柔，得用刑之道，故有此象。言所噬愈坚，而得听讼之宜也，然必利于艰难正固则吉，戒占者宜如是也。

《象》曰："利艰贞，吉"，未光也。

六五：噬乾肉，得黄金。贞厉，无咎。

"噬乾肉",难于肤而易于腊肺者也。"黄",中色。"金",亦谓钧金。六五柔顺而中,以居尊位,用刑于人,人无不服,故有此象。然必"贞厉"乃得"无咎",亦戒占者之辞也。

《象》曰:"贞厉,无咎",得当也。

上九:何校灭耳,凶。

何,何可反。

"何",负也。过极之阳,在卦之上,恶极罪大,凶之道也。故其象占如此。

《象》曰:"何校灭耳",聪不明也。

"灭耳",盖罪其听之不聪也。若能审听而早图之,则无此凶矣。

贲☲_{艮上}_{离下}

贲:亨。小利有攸往。

贲,必砦反。卦内同。

"贲",饰也。卦自损来者,柔自三来,而文二,刚自二上,而文三。自既济而来者,柔自上来,而文五,刚自五上,而文上。又内离而外艮,有文明而各得其分之象,故为贲。占者以其柔来文刚,阳得阴助,而离明于内,故为"亨"。以其刚上文柔,而艮止于外,故"小利有攸往"。

《象》曰:贲,"亨"。

"亨"字疑衍。

柔来而文刚，故"亨"。分刚上而文柔，故"小利有攸往"，天文也。

上，时掌反。

以卦变释卦辞，刚柔之交，自然之象，故曰"天文"。先儒说"天文"上当有"刚柔交错"四字，理或然也。

文明以止，人文也。

又以卦德言之。"止"，谓各得其分。

观乎天文，以察时变。观乎人文，以化成天下。

极言贲道之大也。

《象》曰：山下有火，贲。君子以明庶政，无敢折狱。

"山下有火"，明不及远。"明庶政"，事之小者。"折狱"，事之大者。内离明，而外艮止，故取象如此。

初九：贲其趾，舍车而徒。

舍，音拾。下同。

刚德明体，自贲于下，为舍非道之车，而安于徒步之象。占者自处，当如是也。

《象》曰："舍车而徒"，义弗乘也。

君子之取舍，决于义而已。

六二：贲其须。

二以阴柔居中正，三以阳刚而得正，皆无应与，故二附三而动，有贲须之象。占者宜从上之阳刚而动也。

《象》曰："贲其须"，与上兴也。

九三：贲如濡如，永贞吉。

一阳居二阴之间，得其贲，而润泽者也。然不可溺于所安，故有"永贞"之戒。

《象》曰："永贞"之吉，终莫之陵也。

六四：贲如皤如，白马翰如。匪寇，婚媾。

皤，白波反。

"皤"，白也。"马"，人所乘，人白则马亦白矣。四与初相贲者，乃为九三所隔而不得遂，故"皤如"，而其往求之心，如飞翰之疾也。然九三刚正，非为寇者也，乃求婚媾耳，故其象如此。

《象》曰：六四当位，疑也。"匪寇婚媾"，终无尤也。

"当位疑"，谓所当之位可疑也。"终无尤"，谓若守正而不与，亦无它患也。

六五：贲于丘园，束帛戋戋。吝，终吉。

戋，在千反。

六五柔中，为贲之主。敦本尚实，得贲之道。故有"丘园"之象。然阴性吝啬，故有"束帛戋戋"之象。"束帛"，薄物；"戋戋"，浅小之意。人而如此，虽可羞吝，然礼奢宁俭，故得"终吉"。

《象》曰：六五之吉，有喜也。

上九：白贲，无咎。

贲极反本，复于无色，善补过矣，故其象占如此。

《象》曰："白贲，无咎"，上得志也。

剥䷖ 艮上
坤下

剥：不利有攸往。

剥，邦角反。

"剥"，落也。五阴在下，而方生，一阳在上，而将尽，阴盛长而阳消落，九月之卦也。阴盛阳衰，小人壮而君子病。又内坤外艮，有顺时而正之象。故占得之者，不可以有所往也。

《象》曰：剥，剥也，柔变刚也。

以卦体释卦名义。言柔进干阳，变刚为柔也。

"不利有攸往"，小人长也。顺而止之，观象也。君子尚消息盈虚，天行也。

长，之丈反。
以卦体卦德释卦辞。

《象》曰：山附于地，剥。上以厚下安宅。

初六：剥床以足，蔑贞凶。

剥自下起，灭正则"凶"，故其占如此。"蔑"，灭也。

《象》曰："剥床以足"，以灭下也。

六二：剥床以辨，蔑贞凶。

"辨"，床干也。进而上矣。

《象》曰："剥床以辨"，未有与也。

言未大盛。

六三：剥之，无咎。

众阴方剥阳，而己独应之，去其党而从正，"无咎"之道也。占者如是，则得"无咎"。

《象》曰："剥之，无咎"，失上下也。

"上下"，谓四阴。

六四：剥床以肤，凶。

阴祸切身，故不复言"蔑贞"，而直言"凶"也。

《象》曰："剥床以肤"，切近灾也。

六五：贯鱼以宫人宠，无不利。

"鱼"，阴物。"宫人"，阴之美而受制于阳者也。五为众阴之长，当率其类。受制于阳，故有此象。而占者如是，则"无不利"也。

《象》曰："以宫人宠"，终无尤也。

上九：硕果不食。君子得舆，小人剥庐。

一阳在上，剥未尽，而能复生。君子在上，则为众阴所载。小人居之，则剥极于上，自失所覆，而无复"硕果""得舆"之象矣。取象既明，而君子小人，其占不同，圣人之情，益可见矣。

《象》曰："君子得舆"，民所载也。"小人剥庐"，终不可用也。

复 ䷗ 坤上
震下

复：亨。出入无疾，朋来无咎。反复其道，七日来复，利有攸往。

"反复"之"复"，芳福反，又作覆。《彖》同。

"复"，阳复生于下也，剥尽则为纯坤，十月之卦而阳气已生于下矣。积之逾月，然后一阳之体始成而来复，故十有一月，其卦为复。以其阳既往，而复反，故有亨道。又内震外坤，有阳动于下，而以顺上行之象，故其占又为己之"出入"。既得"无疾"，朋类之来，亦得"无咎"。又自五月姤卦一阴始生，至此七爻而一阳来复，乃天运之自然，故其占又为"反复其道"。至于"七日"，当得"来复"，又以刚德方长，故其占又为"利有攸往"也。"反复其道"，往而复来，来而复往之意。"七日"者，所占来复之期也。

《彖》曰："复，亨"，刚反。

刚，反则亨。

动而以顺行，是以"出入无疾，朋来无咎"。

以卦德而言。

"反复其道，七日来复"，天行也。

阴阳消息，天运然也。

"利有攸往"，刚长也。

长，之丈反。下同。
以卦体而言，既生则渐长矣。

复，其见天地之心乎！

积阴之下，一阳复生。天地生物之心，几于灭息，而至此乃复可见。在人则为静极而动，恶极而善，本心几息而复，见之端也。程子论之详矣，而邵子之诗亦曰："冬至子之半，天心无改移。一阳初动处，万物未生时。玄酒味方淡，大音声正希。此言如不信，更请问包羲。"至哉言也！学者宜尽心焉。

《象》曰：雷在地中，复。先王以至日闭关，商旅不行，后不省方。

安静以养微阳也。月令，是月斋戒掩身，以待阴阳之所定。

初九：不远复，无祇悔，元吉。

祇，音其。
一阳复生，于下复之主也。"祇"，抵也。又居事初失之未远，能复于善，不抵于悔，大善而吉之道也，故其象占如此。

《象》曰："不远"之复，以修身也。

六二：休复，吉。

柔顺中正，近于初九，而能下之，复之休美，吉之道也。

《象》曰："休复"之吉，以下仁也。

下，退嫁反。

六三：频复，厉无咎。

以阴居阳，不中不正。又处动极，复而不固。屡失屡复之象。屡失故危，复则"无咎"，故其占又如此。

《象》曰："频复"之厉，义无咎也。

六四：中行独复。

四处群阴之中而独与初应，为与众俱行，而独能从善之象。当此之时，阳气甚微，未足以有为，故不言吉。然理所当然，吉凶非所论也。董子曰："仁人者，正其谊，不谋其利，明其道，不计其功。"于剥之六三及此爻见之。

《象》曰："中行独复"，以从道也。

六五：敦复，无悔。

以中顺居尊而当复之时，"敦复"之象，"无悔"之道也。

《象》曰："敦复，无悔"，中以自考也。

"考"，成也。

上六：迷复，凶，有灾眚。用行师终有大败。以其国，君凶，至于十年不克征。

昔，所景反。

以阴柔居复终，终迷不复之象，凶之道也，故其占如此。
"以"，犹及也。

《象》曰："迷复"之凶，反君道也。

无妄 乾上 震下

无妄：元亨利贞。其匪正有眚，不利有攸往。

昔，所景反，象与上爻同。

"无妄"，实理自然之谓。《史记》作"无望"，谓无所期
望，而有得焉者，其义亦通。为卦自讼而变，九自二来，而居
于初，又为震主，动而不妄者也，故为"无妄"。又二体震动
而乾健，九五刚中而应六二，故其占大亨，而利于正。若其不
正，则有眚，而不利有所往也。

《象》曰：无妄，刚自外来而为主于内，动而健，刚中而
应，大亨以正，天之命也。"其匪正有眚，不利有攸往"，无妄
之往，何之矣？天命不佑，行矣哉！

以卦变、卦德、卦体言卦之善如此，故其占当获"大亨"，
而利于正，乃天命之当然也。其有不正则不利有所往，欲何往
哉？盖其逆天之命而天不佑之，故不可以有行也。

《象》曰：天下雷行，物与无妄。先王以茂对时育万物。

"天下雷行"，震动发生，万物各正其性命，是物物而与
之，以无妄也。先王法此以对时育物，因其所性，而不为

私焉。

初九：无妄，往吉。

以刚在内，诚之主也。如是而往，其"吉"可知。故其象占如此。

《象》曰：无妄之往，得志也。

六二：不耕获，不菑畬，则利有攸往。

菑，侧其反。畬，音余。

柔顺中正，因时顺理而无私意期望之心，故有"不耕获，不菑畬"之象。言其无所为于前，无所冀于后也。占者如是则利有所往矣。

《象》曰："不耕获"，未富也。

"富"，如非富天下之富，言非计其利而为之也。

六三：无妄之灾，或系之牛，行人之得，邑人之灾。

卦之六爻，皆无妄者也。六三处不得正，故遇其占者，无故而有灾，如行人牵牛以去，而居者反遭诘捕之扰也。

《象》曰："行人"得牛，"邑人"灾也。

九四：可贞，无咎。

阳刚乾体，下无应与，可固守而"无咎"。不可以有为之占也。

《象》曰："可贞，无咎"，固有之也。

"有",犹守也。

九五：无妄之疾，勿药有喜。

乾刚中正，以居尊位。而下应亦中正，无妄之至也。如是而有疾，"勿药"而自愈矣，故其象占如此。

《象》曰："无妄"之药，不可试也。

既已无妄，而复药之，则反为妄，而生疾矣。"试"，谓少尝之也。

上九：无妄，行有眚，无攸利。

上九非有妄也，但以其穷极，而不可行耳，故其象占如此。

《象》曰："无妄"之行，穷之灾也。

大畜䷙艮上乾下

大畜：利贞。不家食，吉。利涉大川。

"大"，阳也。以艮畜乾，又畜大者也，又以内乾刚健，外艮笃实辉光，是以能"日新其德"而为畜之大也。以卦变言，此卦自需而来，九自五而上。以卦体言，六五尊而尚之。以卦德言，又能止健，皆非大正不能。故其占为"利贞"，而"不家食吉"也。又六五下应于乾，为应乎天，故其占又为"利涉大川"也。"不家食"谓食禄于朝，不食于家也。

《象》曰：大畜，刚健笃实辉光，日新其德。

以卦德释卦名义。

刚上而尚贤，能止健，大正也。

以卦变卦体卦德释卦辞。

"不家食，吉"，养贤也。

亦取"尚贤"之象。

"利涉大川"，应乎天也。

亦以卦体而言。

《象》曰：天在山中，大畜。君子以多识前言往行，以畜其德。

识，如字，又音志。行，下孟反。

"天在山中"，不必实有是事，但以其象言之耳。

初九：有厉，利已。

已，夷止反。

乾之三阳，为艮所止，故内外之卦，各取其义。初九为六四所止，故其占往则有危，而利于止也。

《象》曰："有厉，利已"，不犯灾也。

九二：舆说辐。

说，吐活反。辐，音服。

九二亦为六五所畜，以其处中，故能自止而不进，有此象也。

《象》曰："舆说辐"，中无尤也。

九三：良马逐，利艰贞。曰闲舆卫，利有攸往。

日，读为日。

三以阳居健极，上以阳居畜极，极而通之时也，又皆阳爻，故不相畜而俱进，有"良马逐"之象焉。然过刚锐进，故其占，必戒以"艰贞"。"闲"习，乃利于有往也。"曰"，当为日月之"日"。

《象》曰："利有攸往"，上合志也。

六四：童牛之牿，元吉。

牿，古毒反。

"童"者，未角之称。"牿"，施横木于牛角，以防其触，《诗》所谓"福衡"者也。止之于未角之时，为力则易，大善之吉也。故其象占如此。《学记》曰："禁于未发之谓豫。"正此意也。

《象》曰：六四"元吉"，有喜也。

六五：豮豕之牙，吉。

豮，符云反，音焚。

阳已进而止之，不若初之易矣，然以柔居中，而当尊位，是以得其机会而可制。故其象如此，占虽"吉"而不言"元"也。

《象》曰：六五之"吉"，有庆也。

上九：何天之衢，亨。

"何天之衢"，言何其通达之甚也？畜极而通，豁达无碍。

故其象占如此。

《象》曰："何天之衢"，道大行也。

颐䷚ 艮上
震下

颐：贞吉。观颐，自求口实。

颐，以之反。

"颐"，口旁也。口食物以自养，故为养义。为卦上下二阳，内含四阴，外实内虚，上止下动。为颐之象，养之义也。"贞吉"者，占者得正则吉。"观颐"，谓观其所养之道。"自求口实"谓观其所以养身之术，皆得正则吉也。

《象》曰：颐，"贞吉"，养正则吉也。"观颐"，观其所养也。"自求口实"，观其自养也。

释卦辞。

天地养万物，圣人养贤以及万民，颐之时大矣哉！

极言养道而赞之。

《象》曰：山下有雷，颐。君子以慎言语，节饮食。

二者养德养身之切务。

初九：舍尔灵龟，观我朵颐，凶。

舍，音拾。朵，多果反。

"灵龟"，不食之物。"朵"，垂也。"朵颐"，欲食之貌。

中華藏書

第二部 朱熹说易

中国书房

初九阳刚在下，足以不食。乃上应六四之阴，而动于欲，"凶"之道也，故其象占如此。

《象》曰："观我朵颐"，亦不足贵也。

六二：颠颐，拂经于丘颐，征凶。

求养于初则颠倒而违于常理。求养于上则往而得凶。"丘"，土之高者，上之象也。

《象》曰：六二"征凶"，行失类也。

初上皆非其类也。

六三：拂颐，贞凶，十年勿用，无攸利。

阴柔不中正，以处动极，拂于颐矣，既拂于颐，虽正亦凶，故其象占如此。

《象》曰："十年勿用"，道大悖也。

六四：颠颐，吉。虎视眈眈，其欲逐逐，无咎。

耽，都舍反。逐，直六反，音轴。

柔居上，而得正，所应又正，而赖其养，以施于下，故虽颠而吉。"虎视眈眈"，下而专也。"其欲逐逐"，求而继也。又能如是，则"无咎"矣。

《象》曰："颠颐"之吉，上施光也。

施，始豉反。

六五：拂经，居贞吉，不可涉大川。

六五阴柔不正，居尊位，而不能养人，反赖上九之养，故其象占如此。

《象》曰："居贞"之吉，顺以从上也。

上九：由颐，厉吉，利涉大川。

六五赖上九之养，以养人，是物由上九以养也。位高任重，故"厉"而"吉"。阳刚在上，故"利"涉川。

《象》曰："由颐，厉吉"，大有庆也。

大过 ䷛ 兑上 巽下

大过：栋桡。利有攸往，亨。

过，古卧反。桡，女教反。《象》并三爻并同。
"大"，阳也。四阳居中过盛，故为大过。上下二阴，不胜其重，故有"栋桡"之象。又以四阳虽过而二五得中，内巽外说，有可行之道，故利有所往而得"亨"也。

《象》曰：大过，大者过也。

以卦体释卦名义。

"栋桡"，本末弱也。

复以卦体释卦辞。"本"，谓初。"末"，谓上。"弱"，谓阴柔。

刚过而中，巽而说行，"利有攸往"，乃"亨"。

说，音悦。

又以卦体卦德释卦辞。

大过之时大矣哉！

大过之时非有大过人之材，不能济也，故叹其大。

《象》曰：泽灭木，大过。君子以独立不惧，遁世无闷。

"泽灭于木"，大过之象也。不惧无闷，大过之行也。

初六：藉用白茅。无咎。

藉，在夜反。
当大过之时，以阴柔居巽下。过于畏惧，而"无咎"者
也，故其象占如此。"白茅"，物之洁者。
《象》曰："藉用白茅"，柔在下也。

九二：枯杨生稊，老夫得其女妻，无不利。

稊，杜兮反。
阳过之始，而比初阴，故其象占如此。"稊"，根也，荣于
下者也。荣于下则生于上矣。夫虽老，而得女妻，犹能成生育
之功也。

《象》曰："老夫""女妻"，过以相与也。

九三：栋桡，凶。

三四二爻，居卦之中，栋之象也。九三以刚居刚，不胜其
重，故象"桡"而占"凶"。

《象》曰："栋桡"之"凶"，不可以有辅也。

中華藏書

周易全书·最新整理珍藏版

中国书店

九四：栋隆，吉。有它，吝。

它，汤何反。

以阳居阴，过而不过，故其象隆，而占“吉”。然下应初六，以柔济之，则过于柔矣，故又戒以“有它”，则“吝”也。

《象》曰：“栋隆”之“吉”，不桡乎下也。

九五：枯杨生华，老妇得其士夫，无咎无誉。

华，如字。

九五阳过之极，又比过极之阴，故其象占皆与二反。

《象》曰：“枯杨生华”，何可久也？“老妇”“士夫”，亦可丑也。

上六：过涉灭顶，凶，无咎。

处过极之地，才弱不足以济。然于义为“无咎”矣。盖杀身成仁之事，故其象占如此。

《象》曰：“过涉”之凶，不可咎也。

坎 ䷜ 坎上
坎下

习坎，有孚，维心亨。行有尚。

“习”，重习也。“坎”，险陷也。其象为水，阳陷阴中，外虚而中实也。此卦上下皆坎，是为重险。中实为有孚，心亨之象，以是而行，必有功矣。故其占如此。

《彖》曰：习坎，重险也。

释卦名义。

水流而不盈，行险而不失其信。

以卦象释"有孚"之义，言内实而行有常也。

"维心亨"，乃以刚中也。"行有尚"，往有功也。

以刚在中，"心亨"之象。如是而往，必有功也。

天险，不可升也。地险，山川丘陵也。王公设险以守其
国。坎之时用大矣哉！

极言之，而赞其大也。

《象》曰：水溶至，习坎。君子以常德行，习教事。

溶，在旬反。行，下孟反。
治己治人，皆必重习，然后熟而安之。

初六：习坎，入于坎窞，凶。

窞，徒坎反。三爻同。
以阴柔居，重险之下，其陷益深，故其象占如此。

《象》曰："习坎"入坎，失道凶也。

九二：坎有险，求小得。

处重险之中，未能自出，故为"有险"之象。然刚而得

中，故其占可以"求小得"也。

《象》曰："求小得"，未出中也。

六三：来之坎坎，险且枕。入于坎窞，勿用。

枕，针甚反。注同。

以阴柔不中正，而履重险之间，来往皆险，前险而后枕，其陷益深，不可用也，故其象占如此。枕，倚著未安之意。

《象》曰："来之坎坎"，终无功也。

六四：樽酒簋，贰用缶，纳约自牖，终无咎。

簋，音癸。缶，俯九反。

晁氏云：先儒读"樽酒簋"为一句，"贰用缶"为一句，今从之。"贰"，益之也。《周礼》"大祭三贰"。《弟子职》"左执虚豆，右执挟匕，周旋而贰"是也。九五尊位，六四近之，在险之时，刚柔相济。故有但用薄礼，益以诚心，进结"自牖"之象。牖非所由之正，而室之所以受明也。始虽艰阻，终得"无咎"，故其占如此。

《象》曰："樽酒簋贰"，刚柔际也。

晁氏曰：陆氏《释文》本无"贰"字，今从之。

九五：坎不盈，祗既平，无咎。

祗，音见复初爻。

九五虽在坎中，然以阳刚中正，居尊位，而时亦将出矣，故其象占如此。

《象》曰："坎不盈"，中未大也。

有中德而未大。

上六：系用徽纆，寘于丛棘，三岁不得，凶。

纆，音墨。寘，音置。
以阴柔居险极，故其象占如此。

《象》曰：上六失道，凶"三岁"也。

离 ䷝ 离上
离下

离：利贞，亨。畜牝牛，吉。

畜，昌六反。
"离"，丽也。阴丽于阳，其象为火，体阴而用阳也，物之所丽，贵乎得正。"牝牛"，柔顺之物也。故占者能正则"亨"，而"畜牝牛"则"吉"也；

《象》曰：离，丽也。日月丽乎天，百谷草木丽乎土，重明以丽乎正，乃化成天下。

重，直龙反。
释卦名义。

柔丽乎中正，故"亨"，是以"畜牝牛，吉"也。

以卦体释卦辞。

《象》曰：明两作，离。大人以继明照于四方。

作，起也。

初九：履错然，敬之，无咎。

错，七各反。

以刚居下，而处明体，志欲上进，故有"履错然"之象，"敬之"则"无咎"矣，戒占者宜如是也。

《象》曰："履错"之敬，以辟咎也。

辟避同。

六二：黄离，元吉。

"黄"，中色。柔离乎中，而得其正，故其象占如此。

《象》曰："黄离，元吉"，得中道也。

九三：日昃之离，不鼓缶而歌，则大耋之嗟，凶。

耋，杜结反。

重离之间，前明将尽，故有"日昃"之象。不安常以自乐，则不能自处而凶矣，戒占者宜如是也。

《象》曰："日昃之离"，何可久也。

九四：突如其来如，焚如，死如，弃如。

后明将继之时而九四以刚迫之，故其象如此。

《象》曰："突如其来如"，无所容也。

"无所容"，言"焚""死""弃"也。

六五：出涕沱若，戚嗟若，吉。

沱，徒河反。

以阴居尊，柔丽乎中。然不得其正而迫于上下之阳，故忧惧如此。然后得"吉"。戒占者宜如是也。

《象》曰：六五之吉，离王公也。

上九：王用出征，有嘉，折首，获匪其丑，无咎。

折，之列反。

刚明及远，威震，而刑不滥？"无咎"之道也，故其象占如此。

《象》曰："王用出征"，以正邦也。

中
華
藏
書

周
易
全
书
·
最
新
整
理
珍
藏
版

中
国
书
店

第三章　周易本义卷二

周易下经

咸 兑上 艮下

咸：亨，利贞。取女吉。

取，七具反。

"咸"，交感也。兑柔在上，艮刚在下而交相感应。又艮止则感之专，兑说则应之至。又艮以少男下于兑之少女，男先于女，得男女之正，婚姻之时，故其卦为咸，其占"亨"而"利贞"，"取女"则"吉"。盖感有必通之理，然不以正，则失其"亨"而所为皆凶矣。

《彖》曰：咸，感也。

释卦名义。

柔上而刚下，二气感应以相与。止而说，男下女，是以"亨，利贞，取女吉"也。

说，音悦。"男下"之"下"，遐嫁反。

以卦体卦德卦象释卦辞，或以卦变言"柔上""刚下"之义，曰"咸自旅来，柔上居六，刚下居五也"。亦通。

天地感而万物化生，圣人感人心而天下和平。观其所感，

而天地万物之情可见矣。

极言感通之理。

《象》曰：山上有泽，咸。君子以虚受人。

山上有泽，以虚而通也。

初六：咸其拇。

拇，茂后反。
"拇"，足大指也，咸以人身取象，感于最下，"咸拇"之象也。感之尚浅，欲进未能，故不言吉凶。此卦虽主于感，然六爻皆宜静，而不宜动也。

《象》曰："咸其拇"，志在外也。

六二：咸其腓，凶，居吉。

腓，房非反，音肥。艮六二同。
"腓"，足肚也。欲行则先自动，躁妄而不能固守者也。二当其处，又以阴柔不能固守，故取其象。然有中正之德，能居其所，故其占动"凶"而静"吉"也。

《象》曰：虽"凶，居吉"，顺不害也。

九三：咸其股，执其随，往吝。

"股"，随足而动。不能自专者也。"执"者，主当持守之意。下二爻皆欲动者，三亦不能自守而随乏。"往"则"吝"矣，故其象占如此。

《象》曰："咸其股"，亦不处也。志在随人，所执下也。

言"亦"者，因前二爻皆欲动而云也，二爻阴躁，其动也宜。九三阳刚，居止之极，宜静而动，可吝之甚也。

九四：贞吉，悔亡。憧憧往来，朋从尔思。

憧，昌容反，又音同。

九四居股之上脢之下，又当三阳之中心之象，咸之主也。心之感物当正而固，乃得其理。今九四乃以阳居阴，为失其正，而不能固，故因占设戒，以为能正而固，则吉而"悔亡"。若"憧憧往来"，不能正固而累于私感，则但其朋类从之，不复能及远矣。

《象》曰："贞吉，悔亡"，未感害也。"憧憧往来"，未光大也。

"感害"，言不正而感，则有害也。

九五：咸其脢，无悔。

脢，武杯反，又音每。

"脢"，背肉。在心上而相背，不能感物而无私系。九五适当其处，故取其象而戒占者。以能如是，则虽不能感物，而亦可以"无悔"也。

《象》曰："咸其脢"，志末也。

"志末"，谓不能感物。

上六：咸其辅颊舌。

颊，古协反。

"辅颊舌"，皆所以言者，而在身之上。上六以阴居说之终，处咸之极，感人以言，而无其实，又兑为口舌；故其象如此，凶咎可知。

《象》曰："咸其辅颊舌"，滕口说也。

"滕""腾"通用。

恒 ䷟ 震上
巽下

恒：亨，无咎，利贞。利有攸往。

"恒"，常久也。为卦震刚在上，巽柔在下，震雷巽风，二物相与，巽顺震动，为巽而动，二体六爻阴阳相应。四者皆理之常，故为恒。其占为能久于其道，则"亨"而"无咎"。然又必利于守贞则乃为得所常久之道，而利有所往也。

《彖》曰：恒，久也。刚上而柔下，雷风相与，巽而动，**刚柔皆应，恒。**

以卦体卦象卦德释卦名义，或以卦变言"刚上"、"柔下"之义，曰恒自丰来，刚上居二，柔下居初也，亦通。

"恒，亨，无咎，利贞"，久于其道也。天地之道，恒久而不已也。

恒固能"亨"，且"无咎"矣。然必利于正，乃为久于其道，不正则久非其道矣。天地之道，所以常久，亦以正而已矣。

"利有攸往"，终则有始也。

"久于其道"，终也。"利有攸往"，始也。动静相生，循环之理，然必静为主也。

日月得天，而能久照，四时变化，而能久成，圣人久于其道，而天下化成。观其所恒，而天地万物之情可见矣。

极言恒久之道。

《象》曰：雷风，恒。君子以立不易方。

初六：浚恒，贞凶，无攸利。

浚，荀润反。

初与四为正应，理之常也，然初居下而在初，未可以深有所求。四震体而阳性，上而不下，又为二三所隔。应初之意，异乎常矣。初之柔暗，不能度势，又以阴居巽下，为巽之主，其性务入，故深以常理求之，"浚恒"之象也。占者如此则虽"贞"亦凶，而无所"利"矣。

《象》曰："浚恒"之凶，始求深也。

九二：悔亡。

以阳居阴，本当有"悔"。以其久中，故得"亡"也。

《象》曰：九二"悔亡"，能久中也。

九三：不恒其德，或承之羞。贞吝。

位虽得正，然过刚不中。志从于上，不能久于其所，故为"不恒其德，或承之羞"之象。"或"者，不知其何人之辞。"承"，奉也，言人皆得奉而进之，不知其所自来也。"贞吝"者，正而不恒，为可羞吝，申戒占者之辞。

《象》曰："不恒其德"，无所容也。

九四：田无禽。

以阳居阴，久非其位，故为此象，占者田无所获，而凡事亦不得其所求也。

《象》曰：久非其位，安得禽也？

六五：恒其德，贞。妇人吉，夫子凶。

以柔中而应刚中，常久不易，正而固矣，然乃妇人之道，非夫子之宜也，故其象占如此。

《象》曰："妇人"贞吉，从一而终也。"夫子"制义，从妇凶也。

上六：振恒，凶。

"振"者，动之速也。上六居恒之极，处震之终。恒极则不常，震终则过动，又阴柔不能固守，居上非其所安，故有"振恒"之象，而其占则"凶"也。

《象》曰："振恒"在上，大无功也。

遁 乾上
艮下

遁：亨，小利贞。

遁，徒巽反。

"遁"，退避也。为卦二阴浸长，阳当退避，故为遁，六月之卦也，阳虽当遁，然九五当位，而下有六二之应，若犹可以

中華藏書

第二部 朱熹说易

有为，但二阴浸长于下，则其势不可以不遁，故其占为君子能遁，则身虽退而道亨，小人则利于守正，不可以浸长之故，而遂侵迫于阳也。"小"，谓阴柔小人也。此卦之占，与否之初、二两爻相类。

《彖》曰：遁"亨"，遁而亨也。刚当位而应，与时行也。

以九五一爻释亨义。

"小利贞"，浸而长也。

长，丁丈反。
以下二阴释"小利贞"。

遁之时义大矣哉！

阴方浸长，处之为难，故其时义为尤大也。

《象》曰：天下有山，遁。君子以远小人，不恶而严。

远，袁万反。
天体无穷，山高有限，遁之象也。"严"者，君子自守之常，而小人自不能近。

初六：遁尾，厉，勿用有攸往。

遁而在后，"尾"之象，危之道也。占者不可以有所往，但晦处静俟，可免灾耳。

《象》曰："遁尾"之厉，不往何灾也？

六二：执之用黄牛之革，莫之胜说。

胜，音升。说，叶活反。

以中顺自守，人莫能解，必遁之志也。占者固守，亦当如是。

《象》曰：执用黄牛，固志也。

九三：系遁，有疾厉。畜臣妾，吉。

畜，许六反。

下比二阴当遁而有所系之象，有"疾"而"危"之道也。然以"畜臣妾"则"吉"。盖君子之于小人，惟"臣妾"则不必其贤，而可"畜"耳，故其占如此。

《象》曰："系遁"之厉，有疾惫也。"畜臣妾，吉"，不可大事也。

惫，薄迈反，音败。

九四：好遁，君子吉，小人否。

好，呼报反。否，方有反。

下应初六，而乾体刚健。有所好而能绝之，以遁之象也。唯自克之君子能之而小人不能。故占者君子则吉，而小人否也。

《象》曰："君子""好遁"，"小人否"也。

九五：嘉遁，贞吉。

刚阳中正，下应六二，亦柔顺而中正，遁之嘉美者也，占者如是而正，则"吉"矣。

《象》曰："嘉遁，贞吉"，以正志也。

上九：肥遁，无不利。

以刚阳居卦外，下无系应，遁之远，而处之裕者也，故其象占如此。"肥"者，宽裕自得之意。

《象》曰："肥遁，无不利"，无所疑也。

大壮 震上 乾下

大壮：利贞。

"大"，谓阳也。四阳盛长，故为"大壮"，二月之卦也。阳壮则占者吉亨不假言，但利在正固而已。

《象》曰："大壮"，大者壮也。刚以动，故壮。

释卦名义。以卦体言则阳长过中，大者壮也。以卦德言，则乾刚震动，所以壮也。

"大壮，利贞"，大者正也。正大，而天地之情可见矣。

释"利贞"之义而极言之。

《象》曰：雷在天上，大壮。君子以非礼弗履。

自胜者强。

初九：壮于趾，征凶，有孚。

"趾"在下而进，动之物也，刚阳处下而当壮时，壮于进者也，故有此象。居下而壮于进，其"凶"必矣。故其占又如此。

《象》曰："壮于趾"，其孚穷也。

言必困穷。

九二：贞吉。

以阳居阴，已不得其正矣，然所处得中，则犹可因以不失其正。故戒占者，使因中以求正，然后可以得"吉"也。

《象》曰：九二"贞吉"，以中也。

九三：小人用壮，君子用罔，贞厉。羝羊触藩，羸其角。

羝，音低。羸，卢回反，垢同。
过刚不中，当壮之时，是"小人用壮"，而君子则"用罔"也。"罔"，无也。视有如无，君子之过于勇者也。如此则虽正亦危矣。"羝羊"，刚壮喜触之物。"藩"，篱也。"羸"，困也。"贞厉"之占，其象如此。

《象》曰："小人用壮"，君子罔也。

小人以壮败，君子以罔困。

九四：贞吉，悔亡。藩决不羸，壮于大舆之辐。

辐，音福。
"贞吉悔亡"，与咸九四同占。"藩决不羸"，承上文而言也。"决"，开也。三前有四，犹有藩焉。四前二阴，则"藩决"矣。"壮于大舆之辐"，亦可进之象也。以阳居阴，不极其刚，故其象占如此。

《象》曰："藩决不羸"，尚往也。

中华藏书

第二部 朱熹说易

中国书店

中
華
藏
書

周易全书·最新整理珍藏版

六五：丧羊于易，无悔。

丧，息浪反。易，以豉反，一音亦。旅卦同。

卦体似兑，有羊象焉，外柔而内刚者也，独六五以柔居中，不能抵触，虽失其壮，然亦无所悔矣，故其象占如此，而占亦与咸九五同。"易"，"容易"之易，言忽然不觉其亡也。或作"疆埸"之"埸"，亦通。《汉·食货志》"埸"作"易"。

《象》曰："丧羊于易"，位不当也。

上六：羝羊触藩，不能退，不能遂，无攸利。艰则吉。

壮终动极，故"触藩"而"不能退"。然其质本柔，故又"不能遂"其进也。其象如此，其占可知。然犹幸其不刚，故能艰以处，则尚可以得"吉"也。

《象》曰："不能退，不能遂"，不详也。"艰则吉"，咎不长也。

晋 ䷢ 离上
坤下

晋：康侯用锡马蕃庶，昼日三接。

"晋"，进也。"康侯"，安国之侯也。"锡马蕃庶，昼日三接"，言多受大赐，而显被亲礼也。盖其为卦，上离下坤，有日出地上之象，顺而丽乎大明之德。又其变自观而来，为六四之柔，进而上行，以至于五。占者有是三者，则亦当有是宠也。

《象》曰：晋，进也。

释卦名义。

明出地上，顺而丽乎大明，柔进而上行，是以"康侯用锡马蕃庶，昼日三接"也。

"上行"之"上"，时掌反。
以卦象卦德卦变释卦辞。

《象》曰："明出地上"，晋。君子以自昭明德。

"昭"，明之也。

初六：晋如摧如，贞吉。罔孚，裕无咎。

以阴居下，应不中正，有欲进见摧之象。占者如是而能守正则吉，设不为人所信，亦当处以宽裕，则"无咎"也。

《象》曰："晋如摧如"，独行正也。"裕无咎"，未受命也。

初居下位，未有官守之命。

六二：晋如愁如，贞吉。受兹介福，于其王母。

六二中正，上无应援，故欲进而愁。占者如是而能守正则吉，而受福于王母也。"王母"，指六五。盖享先妣之吉占而凡以阴居尊者，皆其类也。

《象》曰："受兹介福"，以中正也。

六三：众允，悔亡。

三不中正，宜有悔者，以其与下二阴，皆欲上进，是以为众所信，而"悔亡"也。

《象》曰："众允"之志，上行也。

九四：晋如鼫鼠，贞厉。

鼫，音石。

不中不正，以窃高位。贪而畏人，盖危道也，故为"鼫鼠"之象。占者如是，虽正亦"危"。

《象》曰："鼫鼠，贞厉"，位不当也。

六五：悔亡，失得勿恤。往吉，无不利。

以阴居阳，宜有"悔"矣。以大明在上而下皆顺从，故占者得之，则其"悔亡"。又一切去其计功谋利之心，则"往吉"而"无不利"也。然亦必有其德，乃应其占耳。

《象》曰："失得勿恤"，往有庆也。

上九：晋其角，维用伐邑。厉吉无咎，贞吝。

"角"，刚而居上，上九刚进之极，有其象矣。占者得之而以伐其私邑，则虽"危"而"吉"且"无咎"。然以极刚治小邑，虽得其正，亦可"吝"矣。

《象》曰："维用伐邑"，道未光也。

明夷☷☲ 坤上 离下

明夷：利艰贞。

"夷"，伤也。为卦下离上坤，日人地中。明而见伤之象，故为明夷。又其上六为暗之主，六五近之，故占者利于艰难以守正，而自晦其明也。

《象》曰：明入地中，明夷。

以卦象释卦名。

内文明而外柔顺，以蒙大难，文王以之。

难，乃旦反。下同。
以卦德释卦义。"蒙大难"谓遭纣之乱而见囚也。

"利艰贞"，晦其明也。内难而能正其志，箕子以之。

以六五一爻之义释卦辞。"内难"谓为纣近亲。在其国内，如六五之近于上六也。

《象》曰：明入地中，明夷。君子以莅众，用晦而明。

初九：明夷于飞，垂其翼。君子于行，三日不食。有攸往，主人有言。

飞而垂翼，见伤之象。占者行而不食，所如不合，时义当然不得而避也。

《象》曰："君子于行"，义不食也。

唯义所在不食可也。

六二：明夷，夷于左股。用拯马壮，吉。

拯，之陵反。涣初爻同。
伤而未切，救之速则免矣，故其象占如此。

《象》曰：六二之"吉"，顺以则也。

九三：明夷于南狩，得其大首。不可疾贞。

狩，守救反。

以刚居刚，又在明体之上。而屈于至暗之下，正与上六暗主为应，故有向明除害，得其首恶之象。然不可以亟也，故有"不可疾贞"之戒。成汤赴于夏台，文王兴于羑里，正合此爻之义，而小事亦有然者。

《象》曰："南狩"之志，乃大得也。

六四：入于左腹，获明夷之心，子出门庭。

此爻之义未详，窃疑左腹者幽隐之处，"获明夷之心，于出门庭"者，得意于远去之义。言筮而得此者，其自处当如是也。盖离体为至明之德，坤体为至暗之地。下三爻明在暗外，故随其远近高下，而处之不同。六四以柔正居暗地，而尚浅，故犹可以得意于远去。五以柔中居暗地而已迫，故为内难正志，以晦其明之象。上则极乎暗矣，故为自伤其明，以至于暗，而又足以伤人之明。盖下五爻皆为君子，独上一爻为暗君也。

《象》曰："入子左腹"，获心意也。

意，叶音益。

六五：箕子之明夷，利贞。

居至暗之地，近至暗之君，而能正其志。箕子之象也，贞之至也。"利贞"，以戒占者。

《象》曰："箕子"之贞，明不可息也。

上六：不明晦。初登于天，后入于地。

以阴居坤之极，不明其德，以至于晦。始则处高位，以伤人之明，终必至于自伤而坠厥命。故其象如此，而占亦在其中矣。

《象》曰："初登于天"，照四国也。"后入于地"，失则也。

"照四国"，以位言。

家人 ䷤ 巽上 离下

家人：利女贞。

"家人"者，一家之人。卦之九五六二，外内各得其正，故为"家人"。"利女贞"者，欲选正乎内也。内正，则外无不正矣。

《象》曰：家人，女正位乎内，男正位乎外。男女正，天地之大义也。

以卦体九五、六二释"利女贞"之义。

家人有严君焉，父母之谓也。

亦谓二五。

父父、子子，兄兄、弟弟、夫夫、妇妇，而家道正。正家，而天下定矣。

上父，初子，五、三夫，四、二妇，五兄三弟。以卦画推之，又有此象。

《象》曰：风自火出，家人。君子以言有物而行有恒。

行，下孟反。
身修则家治矣。

初九：闲有家，悔亡。

初九以刚阳处，有家之始，能防闲之，其"悔亡"矣。戒占者当如是也。

《象》曰："闲有家"，志未变也。

志未变而豫防之。

六二：无攸遂，在中馈，贞吉。

六二柔顺中正，女之正位乎内者也。故其象占如此。

《象》曰：六二之"吉"，顺以巽也。

九三：家人嗃嗃，悔厉吉。妇子嘻嘻，终吝。

嗃，呼落反。嘻，吉悲反。《象》同。
以刚居刚而不中，过乎刚者也，故有"嗃嗃"严厉之象。如是则虽有"悔厉"而"吉"也。"嘻嘻"者，"嗃嗃"之反，吝之道也，占者各以其德为应，故两言之。

《象》曰："家人嗃嗃"，未失也。"妇子嘻嘻"，失家节也。

六四：富家，大吉。

阳主义，阴主利，以阴居阴而在上位，能"富"其"家"者也。

《象》曰："富家，大吉"顺在位也。

九五：王假有家，勿恤，吉。

假，更白反。下同。

"假"，至也，如假于太庙之假。"有家"犹言有国也。九五刚健中正，下应六二之柔顺中正，王者以是至于其家，则勿用忧恤，而"吉"可必矣。盖聘纳后妃之吉占，而凡有是德者遇之，皆吉也。

《象》曰："王假有家"，交相爱也。

程子曰：夫爱其内助，妇爱其刑家。

上九：有孚威如，终吉。

上九以刚居上，在卦之终，故言正家久远之道。占者必有诚信严威则"终吉"也。

《象》曰："威如"之吉，反身之谓也。

谓非作威也，反身自治，则人畏服之矣。

睽 离上
兑下

睽：小事吉。

睽，苦圭反。

"睽"，乖异也。为卦上火下泽，性相违异。中女少女，志不同归，故为"睽"。然以卦德言之，内说而外明。以卦变言之则自离来者，柔进居三。自中孚来者，柔进居五。自家人来者兼之。以卦体言之则六五得中而下应九二之刚。是以其占不可大事，而"小事"尚有"吉"之道也。

《彖》曰：睽，火动而上，泽动而下，二女同居，其志不同行。

"上""下"俱上声。下同。
以卦象释卦名义。

说而丽乎明，柔进而上行，得中而应乎刚，是以"小事吉"。

说，音悦。
以卦德卦变卦体释卦辞。

天地睽而其事同也，男女睽而其志通也，万物睽而其事类也。睽之时用大矣哉！

极言其理而赞之。

《象》曰：上火下泽，睽。君子以同而异。

二卦合体，而性不同。

初九：悔亡。丧马勿逐，自复。见恶人，无咎。

丧，息浪反。复，房六反。注并同。
上无正应，有"悔"也，而居睽之时，同德相应，其"悔亡"矣，故有"丧马勿逐"而"自复"之象，然亦必见"恶人"，然后可以辟咎，如孔子之于阳货也。

《象》曰："见恶人"，以辟咎也。

辟，音避。

九二：遇主于巷，无咎。

二五阴阳正应，居睽之时，乖戾不合。必委曲相求而得会遇，乃为"无咎"。故其象占如此。

《象》曰："遇主于巷"，未失道也。

本其正应，非有邪也。

六三：见舆曳，其牛掣。其人天且劓。无初有终。

曳，以制反。掣，昌逝反。劓，鱼器反。

六三上九正应而三居二阳之间，后为二所"曳"，前为四所"掣"，而当睽之时，上九猜狠高深，故又有盈髡劓之伤。然邪不胜正，终必得合，故其象占如此。

《象》曰："见舆曳"，位不当也。"无初有终"，遇刚也。

九四：睽孤。遇元夫，交孚，厉无咎。

夫，如字。

"睽孤"谓无应。"遇元夫"谓得初九。"交孚"谓同德相信。然当睽时，故必"危"厉，乃得"无咎"，占者亦如是也。

《象》曰："交孚""无咎"，志行也。

六五：悔亡，厥宗噬肤，往何咎？

噬，市制反。

以阴居阳，"悔"也。居中得应，故能"亡"之。"厥宗"指九二。"噬肤"，言易合。六五有柔中之德，故其象占如是。

《象》曰："厥宗噬肤"，往有庆也。

上九：睽孤。见豕负涂，载鬼一车。先张之弧，后说之弧。匪寇婚媾，往遇雨则吉。

说，吐活反。

"睽孤"谓六三为二阳所制，而己以刚处明极睽极之地，又自猜狠而乖离也。"见豕负涂"，见其污也。"载鬼一车"，以无为有也。"张弧"，欲射之也。"说弧"，疑稍释也。"匪寇婚媾"，知其非寇而实亲也。"往遇雨则吉"，疑尽释而睽合也。上九之与六三，先睽后合，故其象占如此。

《象》曰："遇雨"之吉，群疑亡也。

蹇 ䷦ 坎上 艮下

蹇：利西南，不利东北。利见大人，贞吉。

蹇，纪免反。

"蹇"，难也。足不能进，行之难也。为卦艮下坎上，见险而止，故为"蹇"。"西南"平易，"东北"险阻，又艮方也。方在蹇中，不宜走险。又卦自小过而来，阳进则往居五而得中，退则入于艮而不进，故其占曰"利西南"而"不利东北"。当蹇之时，必见"大人"，然后可以济难。又必守正，然后得"吉"，而卦之九五，刚健中正，有大人之象。自二以上五爻，皆得正位，则又贞之义也，故其占又曰"利见大人，贞吉"。盖见险者，贵于能止，而又不可终于止；处险者利于进，而不可失其正也。

《象》曰：蹇，难也，险在前也。见险而能止，知矣哉！

难，乃旦反。知，音智。
以卦德释卦名义，而赞其美。

蹇"利西南"，往得中也。"不利东北"，其道穷也。"利见大人"，往有功也。当位"贞吉"，以正邦也。蹇之时用大矣哉！

以卦变卦体释卦辞，而赞其时用之大也。

《象》曰：山上有水，蹇。君子以反身修德。

初六：往蹇来誉。

"往"遇险，"来"得誉。

《象》曰："往蹇来誉"，宜待也。

六二：王臣蹇蹇，匪躬之故。

柔顺中正，正应在上。而在险中，故"蹇"而又"蹇"，以求济之，非以其身之故也。不言吉凶者，占者但当鞠躬尽力而已。至于成败利钝，则非所论也。

《象》曰："王臣蹇蹇"，终无尤也。

事虽不济，亦无可尤。

九三：往蹇来反。

反就二阴，得其所安。

《象》曰："往蹇来反"，内喜之也。

六四：往蹇来连。

连于九三，合力以济。

《象》曰："往蹇来连"，当位实也。

当，去声。

九五：大蹇朋来。

"大蹇"者，非常之蹇也。九五居尊而有刚健中正之德，必有"朋来"而助之者。占者有是德则有是助矣。

《象》曰："大蹇朋来"，以中节也。

上六：往蹇来硕。吉，利见大人。

已在卦极，往无所之，益以蹇耳，来就九五，与之济蹇，则有硕大之功。"六人"指九五。晓占者宜如是也。

《象》曰："往蹇来硕"，志在内也。"利见大人"，以从贵也。

解 ䷧ 震上
坎下

解：利西南。无所往，其来复，吉。有攸往，夙吉。

解，胡买反。《彖》、《大象》并同。

"解"，难之散也。居险能动则出于险之外矣，解之象也。难之既解，利于平易安静，不欲久为烦扰。且其卦自升来，三往居四，入于坤体，二居其所而又得中，故"利"于"西南"平易之地。若"无所往"，则宜来复其所而安静。若尚有所往，则宜早往早复，不可久烦扰也。

《彖》曰：解，险以动，动而免乎险，解。

以卦德释卦名义。

"解，利西南"，往得众也。"其来复，吉"，乃得中也。"有攸往，夙吉"，往有功也。

以卦变释卦辞，坤为众。"得众"，谓九四入坤体。"得中""有功"，皆指九二。

天地解而雷雨作，霄雨作而百果草木皆甲坼。解之时大矣哉！

极言而赞其大也。

《象》曰：雷雨作，解。君子以赦过宥罪。

初六：无咎。

难既解矣，以柔在下，上有正应，何"咎"之有？故其占如此。

《象》曰：刚柔之际，义"无咎"也。

九二：田获三狐，得黄矢，贞吉。

此爻取象之意未详。或曰：卦凡四阴，除六五君位。余三阴，即"三狐"之象也。大抵此爻为卜田之吉占，亦为去邪

中华藏书

周易全书·最新整理珍藏版

中国书店

媚，而得中直之象。能守其正，则无不吉矣。

《象》曰：九二"贞吉"，得中道也。

六三：负且乘，致寇至。贞吝。

乘，如字。
《系辞》备矣。"贞吝"，言虽以正得之，亦可羞也。唯避而去之，为可免耳。

《象》曰："负且乘"，亦可丑也。自我致戎，又谁咎也？

"戎"，古本作"寇"。

九四：解而拇，朋至斯孚。

解，佳买反。《象》同。
"拇"指初。初与四皆不得其位，而相应应之，不以正者也。然四阳初阴，其类类不同矣。若能解而去之，则君子之"朋至"而相信矣。

《象》曰："解而拇"，未当位也。

六五：君子维有解，吉。有孚于小人。

解，佳买反。《象》同。
卦凡四阴而六五当君位。与三阴同类者，必解而去之，则"吉"也。"孚"，验也。君子"有解"，以小人之退为验也。

《象》曰：君子"有解"，小人退也。

上六：公用射隼于高墉之上，获之，无不利。

射，食亦反。隼，耸允反。

《系辞》备矣。

《象》曰："公用射隼"，以解悖也。

解，佳买反。

损 艮上兑下

损：有孚，元吉。无咎，可贞。利有攸往。

"损"，减省也。为卦损下卦上画之阳，益上卦上画之阴。损兑泽之深，益艮山之高。损下益上，损内益外，剥民奉君之象，所以为损也。损所当损而有孚信，则其占当有此下四者之应矣。

曷之用，二簋可用享。

簋，音轨。
言当损时则至薄无害。

《象》曰：损，损下益上，其道上行。

"上行"之"上"，时掌反。
以卦体释卦名义。

损而"有孚，元吉。无咎，可贞。利有攸往。曷之用，二簋可用享"，二簋应有时，损刚益柔有时。损益盈虚，与时偕行。

此释卦辞。"时"，谓当损之时。

《象》曰：山下有泽，损。君子以惩忿窒欲。

惩，时征反。窒，片栗反。
君子修身，所当损者，莫切于此。

初九：已事遄往，无咎，酌损之。

已音以。遄，市专反。四爻同。

初九当损下益上之时，上应六四之阴。辍所为之事而速往以益之，"无咎"之道也。故其象占如此。然居下而益上，亦当斟酌其浅深也。

《象》曰："已事遄往"，尚合志也。

"尚""上"通。

九二：利贞，征凶。弗损益之。

九二刚中，志在自守，不肯妄进，故占者"利贞"，而"征"则"凶"也。"弗损益之"，言不变其所守，乃所以益上也。

《象》曰：九二"利贞"，中以为志也。

六三：三人行，则损一人。一人行，则得其友。

下卦本乾而损上爻以益坤，"三人行"而"损一人"也。一阳上，而一阴下，"一人行"，而"得其友"也。两相与则专，三则杂而乱，卦有此象，故戒占者当致一也。

《象》白："一人行"，"三"则疑也。

六四：损其疾，使遄有喜，无咎。

以初九之阳刚益己而损其阴柔之疾，唯速则善。戒占者如是，则"无咎"也。

《象》曰："损其疾"，亦可喜也。

六五：或益之十朋之龟，弗克违，元吉。

柔顺虚中，以居尊位。当损之时，受天下之益者也。两龟为朋，"十朋之龟"，大宝也。或以此益之而不能辞，其吉可知。占者有是德则获其应也。

《象》曰：六五"元吉"，自上佑也。

上九：弗损益之，无咎。贞吉，利有攸往，得臣无家。

上九当损下益上之时。居卦之上，受益之极而欲自损以益人也。然居上而益下，有所惠而不费者，不待损己，然后可以益人也。能如是则无咎。然亦必以正则吉而利有所往，惠而不费，其惠广矣，故又曰"得臣无家"。

《象》曰："弗损益之"，大得志也。

益 ䷩巽上
震下

益：利有攸往，利涉大川。

"益"，增益也。为卦损上卦初画之阳，益下卦初画之阴。自上卦而下于下卦之下，故为"益"。卦之九五、六二，皆得中正。下震上巽，皆木之象，故其占利有所往，而"利涉大川"也。

《象》曰：益，损上益下，民说无疆。自上下下，其道大光。

"上下"之"下"，遐嫁反。下，如字。
以卦体释卦名义。

"利有攸往"，中正有庆。"利涉大川"，木道乃行。

以卦体卦象释卦辞。

益动而巽，日进无疆。天施地生，其益无方。凡益之道，与时偕行。

施，始豉反。
动巽，二卦之德。乾下施，坤上生，亦上文卦体之义。又以此极言赞益之大。

《象》曰：风雷，益。君子以见善则迁，有过则改。

风雷之势，交相助益。迁善改过，益之大者而其相益亦犹是也。

初九：利用为大作，元吉，无咎。

初虽居下，然当益下之时，受上之益者也。不可徒然无所报效，故"利用为大作"，必"元吉"，然后得"无咎"。

《象》曰："元吉，无咎"，下不厚事也。

下本不当任厚事，故不如是，不足以塞咎也。

六二：或益之十朋之龟，弗克违，永贞吉。王用享于帝，吉。

中華藏書

第二部 朱熹说易

中国书房

六二当益下之时，虚中处下，故其象占与损六五同。然爻位皆阴，故以"永贞"为戒。以其居下，而受上之益，故又为卜郊之吉占。

《象》曰："或益之"，自外来也。

"或"者，众无定主之辞。

六三：益之用凶事，无咎。有孚中行，告公用圭。

六三阴柔，不中不正，不当得益者也。然当益下之时，居下之上，故有益之以凶事者。盖警戒震动，乃所以益之也，占者如此，然后可以"无咎"，又戒以""有孚中行"而"告公用圭"也。"用圭"，所以通信。

《象》曰：益"用凶事"，固有之也。

"益用凶事"，欲其困心衡虑，而"固有之"也。

六四：中行告公从，利用为依迁国。

三四皆不得中，故皆以"中行"为戒。此言以益下为心而合于"中行"，则"告公"而见"从"矣。传曰："周之东迁，晋郑焉依。"盖古者迁国以益下，必有所依，然后能立。此爻又为迁国之吉占也。

《象》曰："告公从"，以益志也。

九五：有孚惠心，勿问元吉。有孚惠我德。

上有信以惠于下，则下亦有信，以惠于上矣，不问而"元吉"可知。

中華藏書

周易全书·最新整理珍藏版

《象》曰："有孚惠心"，勿问之矣。"惠我德"，大得志也。

上九：莫益之，或击之。立心勿恒，凶。

以阳居益之极，求益不已，故"莫益"而"或击之"。"立心勿恒"，戒之也。

《象》曰："莫益之"，偏辞也。"或击之"，自外来也。

"莫益之"者，犹从其求益之偏辞而言也。若究而言之则又有击之者矣。

夬 ䷪ 兑上
乾下

夬：扬于王庭，孚号有厉。告自邑，不利即戎，利有攸往。

夬，古快反。号，户羔反。卦内并同。

"夬"，决也，阳决阴也，三月之卦也，以五阳去一阴，决之而已。然其决之也，必正名其罪。而尽诚以呼号其众，相与合力。然亦尚有危厉，不可安肆。又当先治其私，而不可专尚威武，则利有所往也。皆戒之之辞。

《象》曰：夬，决也，刚决柔也。健而说，决而和。

说，音悦。
释卦名义而赞其德。

"扬于王庭"，柔乘五刚也。"孚号有厉"，其危乃光也。"告自邑，不利即戎"，所尚乃穷也。"利有攸往"，刚长乃终也。

长，丁丈反。

此释卦辞。"柔乘五刚"，以卦体言，谓以一小人加于众君子之上，是其罪也。"刚长乃终"谓一变则为纯乾也。

《象》曰：泽上于天，夬。君子以施禄及下，居德则忌。

上，时掌反。施，始豉反。
"泽上于天"，溃决之势也。"施禄及下"，溃决之意也。"居德则忌"，未详。

初九：壮于前趾，往不胜，为咎。

"前"，犹进也。当决之时，居下任壮，不胜宜矣。故其象占如此。

《象》曰："不胜"而往，咎也。

九二：惕号，莫夜有戎，勿恤。

莫，音暮。
九二当决之时，刚而居柔，又得中道。故能忧惕号呼以自戒备，而"莫夜有戎"，亦可无患也。

《象》曰："有戎""勿恤"，得中道也。

九三：壮于頄，有凶。君子夬夬，独行遇雨，若濡有愠，无咎。

頄，求龟反。
"頄"，颧也，九三当决之时，以刚而过乎中，是欲决小人，而刚壮见于面目也。如是则有凶道矣。然在众阳之中，独与上六为应。若能果决其决，不系私爱，则虽合于上六，如"独行遇雨"，至于"若濡"而为君子所愠，然终必能决去小人而无所咎也。温峤之于王敦，其事类此。

《象》曰："君子夬夬"，终无咎也。

九四：臀无肤，其行次且。牵羊悔亡，闻言不信。

臀，徒敦反。次，七私反。且，七余反。垢三爻同。

以阳居阴，不中不正，居则不安，行则不进。若不与众阳竞进，而安出其后，则可以"亡"其"悔"。然当决之时，志在上进，必不能也。占者闻言而信，则转凶而吉矣。"牵羊"者，当其前则不进，纵之使前，而随其后，则可以行矣。

《象》曰："其行次且"，位不当也。"闻言不信"，聪不明也。

九五：苋陆夬夬，中行无咎。

苋，闲辨反。

"苋陆"，今马齿苋，感阴气之多者。九五当决之时，为决之主，而切近上六之阴，如"苋陆"然。若决而决之，而又不为过暴。合于"中行"，则"无咎"矣。戒占者当如是也。

《象》曰："中行无咎"，中未光也。

《程传》备矣。传曰：卦辞言"夬夬"，则于中行，为无咎矣。《象》复尽其义云"中未光也"。夫人心正意诚，乃能极中正之道，而充实光辉。五心有所比，以义之不可而决之，虽行于外，不失中正之义，可以无咎。然于中道，未得为光大也。盖人心一有所欲，则离道矣，夫子于此，示人之意深矣。

上六：无号，终有凶。

阴柔小人，居穷极之时，党类已尽，无所号呼，终必"有凶"也。占者有君子之德，则其敌当之，不然反是。

《象》曰："无号"之凶，终不可长也。

姤 乾上 巽下

姤：女壮，勿用取女。

姤，古后反。取，七喻反。

"姤"，遇也。决尽则为纯乾，四月之卦。至姤然后一阴可见而为五月之卦，以其本非所望而卒然值之，如不期而遇者，故为遇。遇已非正，又一阴而遇五阳，则女德不贞，而壮之甚也。取以自配，必害乎阳，故其象占如此。

《象》曰：姤，遇也，柔遇刚也。

释卦名。

"勿用取女"，不可与长也。

释卦辞。

天地相遇，品物咸章也。

以卦体言。

刚遇中正，天下大行也。

指九五。

姤之时义大矣哉！

几微之际，圣人所谨。

《象》曰：天下有风，姤。后以施命诰四方。

初六：系于金柅，贞吉。有攸往，见凶。羸豕孚蹢躅。

柅，乃李反。墉，直益反。躅，局六反。

"柅"，所以止车。以金为之，其刚可知。一阴始生，静正则吉。往进则凶，故以二义戒小人，使不害于君子，则有吉而无凶。然其势不可止也，故以"羸豕""蹢躅"晓君子，使深为之备云。

《象》曰："系于金柅"，柔道牵也。

"牵"，进也。以其进故止之。

九二：包有鱼，无咎，不利宾。

"鱼"，阴物。二与初遇，为"包有鱼"之象。然制之在己，故犹可以"无咎"。若不制而使遇于众，则其为害广矣，故其象占如此。

《象》曰："包有鱼"，义不及宾也。

九三：臀无肤，其行次且，厉，无大咎。

音释见夬卦。

九三过刚不中，下不遇于初。上无应于上，居则不安，行则不进，故其象占如此。然既无所遇则无阴邪之伤，故虽危"厉"而"无大咎"也。

《象》曰："其行次且"，行未牵也。

九四：包无鱼，起凶。

初六正应。已遇于二而不及于己，故其象占如此。

《象》曰："无鱼"之凶，远民也。

远，袁万反。
民之去己，犹己远之。

九五：以杞包瓜，含章，有陨自天。

陨，羽敏反。
"瓜"，阴物之在下者，甘美而善溃。"杞"，高大坚实之
木也。五以阳刚中正，主卦于上，而下防始生必溃之阴，其象
如此。然阴阳迭胜，时运之常。若能含晦章美，静以制之则可
以回造化矣。"有陨白天"本无而倏有之象也。

《象》曰：九五"含章"，中正也。"有陨白天"，志不舍
命也。

舍，音拾。

上九：蛢其角，吝，无咎。

"角"，刚乎上者也。上九以刚居上而无位，不得其遇。故
其象占与九三类。

《象》曰："媚其角"，上穷吝也。

萃䷬ 兑上
坤下

萃：亨。王假有庙，利见大人，亨，利贞。用大牲，吉，利有攸往。

假，更白反。

"萃"，聚也。坤顺兑说，九五刚中，而二应之，又为泽上于地，万物萃聚之象，故为萃。"亨"字衍文。"王假有庙"言王者可以至于宗庙之中，王者卜祭之吉占也。《祭义》曰"公假于太庙"是也。庙所以聚祖考之精神，又人必能聚己之精神，则可以至于庙而承祖考也。物既聚则必"见大人"，而后可以得"亨"。然又必利于正，所聚不正，则亦不能亨也。大牲必聚而后有，聚则可以有所往，皆占吉而有戒之辞。

《彖》曰：萃，聚也。顺以说，刚中而应，故聚也。

说，音悦。
以卦德卦体，释卦名义。

"王假有庙"，致孝享也。"利见大人，亨"，聚以正也。"用大牲，吉，利有攸往"，顺天命也。

释卦辞。

观其所聚，而天地万物之情可见矣。

极言其理而赞之。

《象》曰：泽上于地，萃。君子以除戎器，戒不虞。

上，时掌反。

"除"者，修而聚之之谓。

初六：有孚不终，乃乱乃萃。若号，一握为笑，勿恤，往无咎。

握，乌学反。

初六上应九四而隔于二阴。当萃之时，不能自守，是"有孚"而"不终"，志乱而妄聚也。若呼号正应，则众以为笑。但"勿恤"而往，从正应则"无咎"矣。戒占者当如是也。

《象》曰："乃乱乃萃"，其志乱也。

六二：引吉，无咎。孚乃利用禴。

禴，羊略反。

二应五而杂于二阴之间，必牵引以萃，乃"吉"而"无咎"。又二中正柔顺，虚中以上应。九五刚健中正，诚实而下交。故卜祭者有其孚诚，则虽薄物亦可以祭矣。

《象》曰："引吉，无咎"，中未变也。

六三：萃如，嗟如，无攸利。往无咎，小吝。

六三阴柔，不中不正。上无应与，欲求萃于近而不得。故"嗟如"而无所利。唯往从于上，可以"无咎"。然不得其萃，困然后往，复得阴极无位之爻，亦小可羞矣。戒占者当近舍不正之强援，而远结正应之穷交，则"无咎"也。

《象》曰："往无咎"，上巽也。

九四：大吉，无咎。

上比九五，下比众阴，得其萃矣。然以阳居阴不正，故戒占者必"大吉"，然后得"无咎"也。

中華藏書

周易全书·最新整理珍藏版

《象》曰:"大吉,无咎",位不当也。

九五:萃有位,无咎。匪孚,元永贞,悔亡。

九五刚阳中正,当萃之时而居尊,固"无咎"矣。若有未信则亦修其"元永贞"之德而"悔亡"矣。戒占者当如是也。

《象》曰:"萃有位",志未光也。

"未光",谓匪孚。

上六:赍咨涕洟,无咎。

齐,音咨。又,将啼反。洟,音夷。《象》同。
处萃之终,阴柔无位,求萃不得,故戒占者必如是,而后可以"无咎"也。

《象》曰:"赍咨涕洟",未安上也。

升 坤上
巽下

升:元亨。用见大人,勿恤。南征吉,

"升",进而上也。卦自解来,柔上居四,内巽外顺,九二刚中,而五应之,是以其占如此。"南征",前进也。

《象》曰:柔以时升。

以卦变释卦名。

巽而顺，刚中而应，是以大亨。

以卦德卦体释卦辞。

"用见大人，勿恤"，有庆也。"南征吉"，志行也。

《象》曰：地中生木，升。君子以顺德，积小以高大。

王肃本"顺"作"慎"。今案他书引此，亦多作"慎"，意尤明白，盖古字通用也。说见上篇蒙卦。

初六：允升，大吉。

初以柔顺居下，巽之主也。当升之时，巽于二阳，占者如之，则信能升而"大吉"矣。

《象》曰："允升，大吉"，上合志也。

九二：孚乃利用禴，无咎。

禴，戈灼反。
义见萃卦。

《象》曰：九二之"孚"，有喜也。

九三：升虚邑。

阳实阴虚而坤有国邑之象。九三以阳刚当升时而进临于坤，故其象占如此。

《象》曰："升虚邑"，无所疑也。

六四：王用亨于岐山，吉，无咎。

义见随卦。

《象》曰："王用亨于岐山"，顺事也。

以顺而升，登祭于山之象。

六五：贞吉，升阶。

以阴居阳当升而居尊位，必能正固，则可以得吉而升阶矣。"阶"，升之易者。

《象》曰："贞吉，升阶"，大得志也。

上六：冥升，利于不息之贞。

以阴居升极，昏冥不已者也。占者遇此，无适而利。但可反其不外之心，施之于不息之正而已。

《象》曰："冥升"在上，消不富也。

困 兑上
坎下

困：亨。贞，大人吉，无咎。有言不信。

"困"者，穷而不能自振之义，坎刚为兑柔所掩，九二为二阴所掩，四五为上六所掩，所以为"困"。坎险兑说，处险而说，是身虽困而道则亨也。二五刚中，又有"大人"之象，占者处困能"亨"，则得其正矣。非"大人"其孰能之？故曰"贞"。又曰"大人"者，明不正之小人不能当也。"有言不信"又戒以当务晦默，不可尚口，益取困穷。

《象》曰：困，刚掩也。

掩，于检反。

以卦体释卦名。

险以说，困而不失其所。"亨"，其惟君子乎？"贞，大人吉"，以刚中也。"有言不信"，尚口乃穷也。

说，音悦。

以卦德卦体释卦辞。

《象》曰：泽无水，困。君子以致命遂志。

水下漏则泽上枯，故曰"泽无水"。"致命"犹言授命。言持以与人而不之有也。能如是，则虽困而亨矣。

初六：臀困于株木，入于幽谷，三岁不觌。

臀，音见夬四爻。

"臀"，物之底也。"困于株木"，伤而不能安也。初六以阴柔，处困之底，居暗之甚，故其象占如此。

《象》曰："入于幽谷"，幽不明也。

九二：困于酒食，朱绂方来，利用亨祀。征凶，无咎。

绂，音弗。亨，读作享。

"困于酒食"厌饫苦恼之意。"酒食"人之所欲，然醉饱过宜，则是反为所困矣。"朱绂方来"，上应之也。九二有刚中之德，以处困时，虽无凶害，而反困于得其所欲之多，故其象如此，而其占利以亨祀。若征行则非其时，故"凶"，而于义为"无咎"也。

《象》曰："困于酒食"，中有庆也。

六三：困于石，据于蒺藜，入于其宫，不见其妻，凶。

蒺，音疾。

阴柔而不中正，故有此象，而其占则凶。"石"，指四。"蒺藜"指二。"宫"谓三，而妻则六也。其义则《系辞》备矣。

《象》曰："据于蒺藜"，乘刚也。"入于其宫，不见其妻"，不祥也。

九四：来徐徐，困于金车，吝，有终。

初六、九四之正应，九四处位不当，不能济物。而初六方困于下，又为九二所隔，故其象如此。然邪不胜正，故其占虽为可"吝"，而必有终也。"金车"为九二，象未详，疑坎有轮象也。

《象》曰："来徐徐"，志在下也。虽不当位，有与也。

九五：劓刖，困于赤绂，乃徐有说，利用祭祀。

劓，音见睽。刖，音月。说，音悦。

"劓刖"者，伤于上下。上下既伤，则赤绂无所用，而反为困矣。九五当困之时，上为阴掩，下则乘刚，故有此象。然刚中而说体，故能迟久，而有说也。占具象中，又利用祭祀，久当获福。

《象》曰："劓刖"，志未得也。"乃徐有说"，以中直也。"利用祭祀"，受福也。

上六：困于葛藟，于臲卼，曰动悔。有悔，征吉。

藟，力轨反。臲，五结反。卼，五骨反。

以阴柔处困极，故有"困于葛藟，于臲卼，曰动悔"之象。然物穷则变，故其占曰若能"有悔"，则可以"征"而"吉"矣。

《象》曰："困于葛藟"，未当也。"动悔，有悔"，吉行也。

井䷯ 坎上 巽下

井：改邑不改井，无丧无得，往来井井。汔至，亦未繘井，羸其瓶，凶。

丧，息浪反。汔，许讫反。繘，音橘。羸，律裴反。

"井"者，穴地出水之处。以巽木入乎坎水之下，而上出其水，故为井。"改邑不改井"，故"无丧无得"，而"往"者"来"者，皆"井"其"井"也。"汔"，几也。"繘"，绠也。"羸"，败也。汲井几至，未尽绠而败其瓶，则凶也。其占为事仍旧，无得丧而又当敬勉，不可几成而败也。

《象》曰：巽乎水而上水，井。井，养而不穷也。

上，时掌反。
以卦象释卦名义。

"改邑不改井"，乃以刚中也。"汔至，亦未绡井"，未有功也。"羸其瓶"，是以凶也。

以卦体释卦辞。"无丧无得，往来井井"两句，意与"不改井"同，故不复出。"刚中"以二五而言。"未有功"而败其瓶，所以"凶"也。

《象》曰：木上有水，井。君子以劳民劝相。

中華藏書

第二部 朱熹说易

中国书店

一三四三

上，如字。劳，力报反。相，息亮反。

木上有水，津润上行，井之象也。"劳民"者以君养民，"劝相"者使民相养，皆取井养之义。

初六：井泥不食，旧井无禽。

泥，乃计反。

井以阳刚为泉，上出为功，初六以阴居下，故为此象。盖井不泉而泥则人所"不食"而禽鸟亦莫之顾矣。

《象》曰："井泥不食"，下也。"旧井无禽"，时舍也。

舍，音拾。
言为时所弃。

九二：井谷射鲋，瓮敝漏。

谷，余六反，音育。射，石亦反。鲋，音附。
九二刚中，有泉之象。然上无正应，下比初六，功不上行，故其象如此。

《象》曰："井谷射鲋"，无与也。

九三：井渫不食，为我心恻。可用汲。王明并受其福。

渫，息列反。
"渫"，不停污也。"井渫不食"而使人"心恻"，"可用汲"矣。"王明"则汲井以及物而施者受者"并受其福"也。九三以阳居阳，在下之上，而未为时用，故其象占如此。

《象》曰："井渫不食"，行恻也。求"王明"，受福也。

"行侧"者，行道之人，皆以为侧也。

六四：井甃，无咎。

甃，侧救反，音奏。

以六居四，虽得其正，然阴柔不泉，则但能修治而无及物之功。故其象为"井甃"，而占则"无咎"。占者能自修治，则虽无及物之功，而亦可以"无咎"矣。

《象》曰："井甃，无咎"，修井也。

九五：井冽，寒泉食。

冽，音列。

"冽"，洁也。阳刚中正，功及于物，故为此象。占者有其德则契其象也。

《象》曰："寒泉"之食，中正也。

上六：井收勿幕，有孚元吉。

收，诗救反。幕，音莫。

"收"，汲取也。晁氏云："收，鹿卢收缅者也。"亦通。"幕"，蔽覆也。"有孚"，谓其出有源，而不穷也。井以上出为功而坎口不掩，故上六虽非阳刚，而其象如此。然占者应之，必"有孚"乃"元吉"也。

《象》曰："元吉"在上，大成也。

革 ䷰ 兑上
离下

革：己日乃孚，元亨，利贞，悔亡。

"革"，变革也。兑泽在上，离火在下。火燃则水干，水决则火灭。中少二女，合为一卦，而少上中下，志不相得，故其卦为革也。变革之初，人未之信，故必"己日"而后信。又以其内有文明之德而外有和说之气，故其占为有所更革，皆大亨而得其正。所革皆当而所革之"悔亡"也。一有不正则所革不信不通而反有悔矣。

《彖》曰：革，水火相息。二女同居，其志不相得，曰革。

以卦象释卦名义，大略与睽相似。然以相违而为睽，相息而为革也。"息"，灭息也，又为生息之义，灭息而后生息也。

"己日乃孚"，革而信之。文明以说，大亨以正，革而当，其悔乃亡。

说，音悦。当，去声。
以卦德释卦辞。

天地革而四时成。汤武革命，顺乎天而应乎人。革之时大矣哉！

极言而赞其大也。

《象》曰：泽中有火，革。君子以治历明时。

四时之变，革之大者。

初九：巩用黄牛之革。

巩，九勇反。
虽当革时，居初无应。未可有为，故为此象。"巩"，固也。"黄"，中色。"牛"，顺物。革所以固物，亦取卦名，而义不同也。其占为当坚确固守，而不可以有为。圣人之于变革，其谨如此。

《象》曰："巩用黄牛"，不可以有为也。

六二：己日乃革之，征吉，无咎。

六二柔顺中正而为文明之主，有应于上，于是可以革矣。然必"己日"然后革之，则"征吉"而"无咎"，戒占者，犹未可遽变也。

《象》曰："己日""革之"，行有嘉也。

九三：征凶，贞厉。革言三就，有孚。

过刚不中，居离之极。躁动于革者也，故其占有"征凶贞厉"之戒。然其时则当革，故至于"革言三就"，则亦"有孚"而可革也。

《象》曰："革言三就"，又何之矣！

言已审。

九四：悔亡，有孚改命，吉。

以阳居阴，故有"悔"，然卦已过中，水火之际，乃革之时而刚柔不偏，又革之用也，是以"悔亡"。然又必"有孚"然后革，乃可获"吉"。明占者有其德，而当其时，又必有信，乃"悔亡"而得"吉"也。

《象》曰："改命"之吉，信志也。

九五：大人虎变，未占有孚。

"虎"，大人之象。"变"，谓希革而毛毪也。在大人则自新新民之极，顺天应人之时也。九五以阳刚中正，为革之主，故有此象。占而得此，则有此应，然亦必自其未占之时，人已信其如此，乃足以当之耳。

《象》曰："大人虎变"，其文炳也。

上六：君子豹变，小人革面。征凶，居贞吉。

革道已成，君子如豹之变，小人亦革面，以听从矣。不可以往，而居正则"吉"。变革之事，非得已者，不可以过，而上六之才，亦不可以有行也，故占者如之。

《象》曰："君子豹变"，其文蔚也。"小人革面"，顺以从君也。

蔚，纡胃反。

鼎 离上 巽下

鼎：元吉，亨。

"鼎"，烹饪之器。为卦下阴为足，二三四阳为腹，五阴为耳，上阳为铉，有鼎之象。又以巽木人离火，而致烹饪，鼎之用也，故其卦为鼎。下巽，巽也。上离为目而五为耳，有内巽顺，而外聪明之象。卦自巽来，阴进居五，而下应九二之阳，故其占曰"元亨"。"吉"，衍文也。

《象》曰：鼎，象也。以木巽火，亨饪也。圣人亨以享上帝，而大亨以养圣贤。

亨，普庚反。饪，人甚反。

以卦体二象，释卦名义，因极其大而言之。享帝贵诚，用
犊而已。养贤则饔飧牢礼，当极其盛，故曰"大亨"。

巽而耳目聪明，柔进而上行，得中而应乎刚，是以元亨。

上，时掌反。

以卦象卦变卦体释卦辞。

《象》曰：木上有火，鼎。君子以正位凝命。

鼎，重器也，故有"正位凝命"之意。"凝"，犹至道不
凝之凝，传所谓"协于上下，以承天休"者也。

初六：鼎颠趾，利出否。得妾以其子，无咎。

出，尺遂反，又如字。否，音鄙。

居鼎之下，鼎趾之象也。上应九四，则"颠"矣。然当卦
初，鼎未有实，而旧有否恶之积焉。因其颠而出之，则为利
矣。得妾而因得其子，亦犹是也。此爻之象如此，而其占"无
咎"。盖因败以为功，因贱以致贵也。

《象》曰："鼎颠趾"，未悖也。"利出否"，以从贵也。

悖，必内反。

鼎而"颠趾"，悖道也，而因可"出否以从贵"，则未为
悖也。"从贵"，谓应四，亦为取新之意。

九二：鼎有实。我仇有疾，不我能即，吉。

仇，音求。

以刚居中，"鼎有实"之象也。"我仇"，谓初。阴阳相
求，而非正，则相陷于恶，而为仇矣。二能以刚中自守，则初

虽近，不能以就之矣。是以其象如此，而其占为如是，则"吉"也。

《象》曰："鼎有实"，慎所之也。"我仇有疾"，终无尤也。

有实而不慎其所往，则为仇所即，而陷于恶矣。

九三：鼎耳革，其行塞。雉膏不食，方雨亏悔，终吉。

行，下孟反。塞，悉则反。

以阳居鼎腹之中，本有美实者也。然以过刚失中，越五应上，又居下之极，为变革之时，故为鼎耳方革，而不可举移。虽承上卦文明之腴，有"雉膏"之美，而不得以为人之食。然以阳居阳，为得其正，苟能自守，则阴阳将和而失其悔矣。占者如是则初虽不利，而"终"得"吉"也。

《象》曰："鼎耳革"，失其义也。

九四：鼎折足，覆公𫗧，其形渥，凶。

折，之舌反。覆，方服反。𫗧，送六反。渥，乙角反。

晁氏曰："形渥"，诸本作"刑渥"，谓重刑也，今从之。九四居上，任重者也，而下应初六之阴，则不胜其任矣。故其象如此，而其占凶也。

《象》曰："覆公𫗧"，信如何也？

言失信也。

六五：鼎黄耳，金铉，利贞。

铉，玄典反。

五于象为耳而有中德，故云"黄耳"。"金"，坚刚之物。"铉"，贯耳以举鼎者也。五虚中以应九二之坚刚，故其象如此，而其占则利在贞固而已。或曰"金铉"以上九而言，更详之。

《象》月："鼎黄耳"，中以为实也。

上九：鼎玉铉，大吉，无不利。

上于象为"铉"而以阳居阴，刚而能温，故有"玉铉"之象，而其占为"大吉无不利"。盖有是德，则如其占也。

《象》日："玉铉"在上，刚柔节也。

震 ䷲ 震上 震下

震：亨。震来虩虩，笑言哑哑。震惊百里，不丧匕鬯。

虩，许逆反。哑，乙革反。初爻同。丧，息浪反。卦内并同。匕，必以反。鬯，敕亮反。

"震"，动也。一阳始生，于二阴之下，震而动也。其象为雷，其属为长子。震有亨道，"震来"，当震之来时也。"虩虩"，恐惧惊顾之貌。"震惊百里"，以雷言。"匕"，所以举鼎实；"鬯"，以柜黍酒和郁金，所以灌地降神者也。"不丧匕鬯"，以长子言也。此卦之占为能恐惧则致福，而不失其所主之重。

《彖》曰：震，亨。

震有亨道，不待言也。

"震来虩虩"，恐致福也。"笑言哑哑"，后有则也。

"恐致福"，恐惧以致福也。"则"，法也。

"震惊百里"，惊远而惧迩也。出可以守宗庙社稷，以为祭主也。

程子以为迩也下，脱"不丧匕鬯"四字，今从之。"出"，谓继世而主祭也。或云"出"，即"鬯"字之误。

《象》曰：洊雷，震。君子以恐惧修省。

洊，在荐反。省，悉井反。

初九：震来虩虩，后笑言哑哑，吉。

成震之主，处震之初，故其占如此。

《象》曰："震来虩虩"，恐致祸也。"笑言哑哑"，后有则也。

六二：震来厉，亿丧贝，跻于九陵，勿逐。七日得。

跻，子西反。

六二乘初九之刚，故当震之来，而危厉也。"亿"字未详，又当丧其货贝，而升于九陵之上。然柔顺中正，足以自守，故不求而自获也。此爻占具象中，但"九陵""七日"之象，则未详耳。

《象》曰："震来厉"，乘刚也。

六三：震苏苏，震行无眚。

"苏苏"，缓散自失之状，以阴居阳。当震时而居不正，是以如此。占者若因惧而能行，以去其不正，则可以"无告"矣。

《象》曰："震苏苏"，位不当也。

九四：震遂泥。

泥，乃计反。
以刚处柔，不中不正。陷于二阴之间，不能自震也。"遂"者，无反之意。"泥"，滞溺也。

《象》曰："震遂泥"，未光也。

六五：震往来厉。亿无丧，有事。

以六居五，而处震时，无时而不危也。以其得中，故无所丧，而能"有事"也。占者不失其中，则虽危"无丧"矣。

《象》曰："震往来厉"，危行也。其事在中，大无丧也。

上六：震索索，视矍矍，征凶。震不于其躬，于其邻，无咎。婚媾有言。

索，桑落反。矍，俱缚反。
以阴柔处震极，故为"索索""矍矍"之象，以是而行，其凶必矣。然能及其震未及其身之时，恐惧修省，则可以"无咎"，而亦不能免于"婚媾"之"有言"。戒占者当如是也。

《象》曰："震索索"，中未得也。虽凶无咎，畏邻戒也。

"中"，谓中心。

艮 艮上 艮下

艮其背，不获其身。行其庭，不见其人，无咎。

背，必丙反。

"艮"，止也。一阳止，于二阴之上，阳自下升，极上而止也。其象为山，取坤地，而隆其上之状，亦止于极而不进之意也。其占则必能止于背，而不有"其身"，"行其庭而不见其人"，乃"无咎"也。盖身，动物也，唯背为止，"艮其背"，则止于所当止也，止于所当止，则不随身而动矣，是不有其身也。如是则虽行于庭除有人之地，而亦不见其人矣。盖"艮其背"而"不获其身"者，止而止也。"行其庭"而"不见其人"者，行而止也。动静各止其所而皆主夫静焉，所以得"无咎"也。

《象》曰：艮，止也。时止则止，时行则行。动静不失其时，其道光明。

此释卦名，艮之义则止也。然行止各有其时，故"时止而止"，止也。"时行而行"，亦止也。艮体笃实，故又有"光明"之义。大畜于艮亦以"辉光"言之。

艮其止，止其所也。上下敌应，不相与也。是以"不获其身，行其庭，不见其人，无咎也"。

此释卦辞。易"背"为"止"，以明背即止也。"背"者，止之所也。以卦体言，内外之卦，阴阳敌应，而"不相与"也。"不相"与，则内不见己，外不见人，而"无咎"矣。晁氏云："艮其止"，当依卦辞作"背"。

《象》曰：兼山，艮。君子以思不出其位。

中華藏書

第二部 朱熹说易

中國書店

初六：艮其趾，无咎，利永贞。

以阴柔居艮初，为艮趾之象。占者如之，则"无咎"，而又以其阴柔，故又戒其"利永贞"也。

《象》曰："艮其趾"，未失正也。

六二：艮其腓，不拯其随，其心不快。

拯，之凌反。

六二居中得正，既止其腓矣。三为限则腓所随也。而过刚不中，以止乎上，二虽中正，而体柔弱，不能往而拯之，是以其心不快也。此爻占在象中，下爻放此。

《象》曰："不拯其随"，未退听也。

三止乎上，亦不肯退而听乎二也。

九三：艮其限，列其夤，厉熏心。

夤，引真反。

"限"，身上下之际，即腰胯也。"夤"，膋也。止于腓则不进而已。九三以过刚不中，当限之处而艮其限，则不得屈伸，而上下判隔，如"列其夤"矣。危厉"熏心"，不安之甚也。

《象》曰："艮其限"，危"熏心"也。

六四：艮其身，无咎。

以阴居阴，时止而止。故为"艮其身"之象，而占得"无咎"也。

《象》曰："艮其身"，止诸躬也。

六五：艮其辅，言有序，悔亡。

六五当辅之处，故其象如此，而其占"悔亡"也。"悔"谓以阴居阳。

《象》曰："艮其辅"，以中正也。

"正"字羡文，叶韵可见。

上九：敦艮，吉。

以阳刚居止之极，敦厚于止者也。

《象》曰："敦艮"之吉，以厚终也。

渐 巽上
艮下

渐：女归吉，利贞。

"渐"，渐进也。为卦止于下，而巽于上，为不遽进之义，有"女归"之象焉。又自二至五，位皆得正，故其占为"女归吉"，而又戒以"利贞"也。

《象》曰：渐之进也，"女归吉"也。

之字疑衍，或是渐字。

进得位，往有功也。进以正，可以正邦也。

以卦变释"利贞"之意，盖此卦之变，自涣而来。九进居三，自旅而来，九进居五，皆为得位之正。

其位，刚得中也。

以卦体言，谓九五也。

止而巽，动不穷也。

以卦德言，渐进之义。

《象》曰：山上有木，渐。君子以居贤德善俗。

二者皆当以"渐"而进。疑"贤"字衍，或"善"下有脱字。

初六：鸿渐于干。小子厉，有言，无咎。

鸿之行有序而进有渐。"干"，水涯也。始进于下，未得所安。而上复无应，故其象如此。而其占则为"小子厉"，虽"有言"，而于义则"无咎"也。

《象》曰："小子"之厉，义"无咎"也。

六二：鸿渐于磐，饮食衎衎，吉。

衎，音看。

"磐"，大石也。渐远于水，进于磐，而益安矣。"衎衎"，和乐意。六二柔顺中正，进以其渐，而上有九五之应，故其象如此，而占则"吉"也。

《象》曰："饮食衎衎"，不素饱也。

"素饱"，如《诗》言"素餐"。得之以道，则不为徒饱，而处之安矣。

中华藏书

周易全书·最新整理珍藏版

中国书店

九三：鸿渐于陆。夫征不复，妇孕不育，凶。利御寇。

复，房六反。

"鸿"，水鸟，陆非所安也。九三过刚，不中而无应，故其象如此。而其占夫征则不复，"妇孕"则"不育"，"凶"莫甚焉。然以其过刚也，故"利御寇"。

《象》曰："夫征不复"，离群丑也。"妇孕不育"，失其道也。"利"用"御寇"，顺相保也。

离，力智反。

六四：鸿渐于木，或得其桷，无咎。

桷，音角。

鸿不木栖。"桷"，平柯也，或得平柯，则可以安矣。六四乘刚，而顺巽，故其象如此。占者如之，则"无咎"也。

《象》曰："或得其桷"，顺以巽也。

九五：鸿渐于陵，妇三岁不孕。终莫之胜，吉。

"陵"，高阜也。九五居尊，六二正应在下，而为三四所隔。然终不能夺其正也，故其象如此。而占·者如是则"吉"也。

《象》曰："终莫之胜，吉"，得所愿也。

上九：鸿渐于陆，其羽可用为仪，吉。

胡氏程氏皆云："陆"当作"逵"，谓云路也。今以韵读之良是。"仪"，羽旄旌纛之饰也。上九至高，出乎人位之外，而其羽毛可用，以为仪饰，位虽极高而不为无用之象，故其占为如是，则"吉"也。

《象》曰:"其羽可用为仪,吉",不可乱也。

渐进愈高而不为无用。其志卓然,岂可得而乱哉!

归妹 震上 兑下

归妹:征凶,无攸利。

妇人谓嫁曰"归"。"妹",少女也。兑以少女,而从震之长男,而其情又为以说而动,皆非正也,故卦为归妹。而卦之诸爻自二至五,皆不得正。三五又皆以柔乘刚,故其占"征凶",而无所利也。

《象》曰:归妹,天地之大义也。天地不交而万物不兴。归妹,人之终始也。

释卦名义也。"归"者,女之终。生育者,人之始。

说以动,所归妹也。

说,音悦。
又以卦德言之。

"征凶",位不当也。"无攸利",柔乘刚也。

又以卦体释卦辞。男女之交,本皆正理。唯若此卦则不得其正也。

《象》白:泽上有雷,归妹。君子以永终知敝。

雷动泽随，归妹之象。君子观其合之不正，知其终之有敝也。推之事物莫不皆然。

初九：归妹以娣，跛能履，征吉。

娣，音弟。跛，波我反。

初九居下，而无正应，故为"娣"象。然阳刚在女子，为贤正之德，但为娣之贱，仅能承助其君而已，故又为"跛能履"之象。而其占则"征吉"也。

《象》曰："归妹以娣"，以恒也。"跛能履，吉"，相承也。

恒，谓有常久之德。

九二：眇能视，利幽人之贞。

"眇能视"，承上爻而言。九二阳刚得中，女之贤也。上有正应而反阴柔不正，乃女贤而配不良，不能大成内助之功。故为"眇能视"之象，而其占则"利幽人之贞"也。"幽人"，亦抱道守正，而不偶者也。

《象》曰："利幽人之贞"，未变常也。

六三：归妹以须，反归以娣。

六三阴柔，而不中正，又为说之主。女之不正，人莫之取者也。故为未得所适而反归为娣之象。或曰："须"，女之贱者。

《象》曰："归妹以须"，未当也。

九四：归妹愆期，迟归有时。

九四以阳居上体，而无正应，贤女不轻从人，而"愆期"

以待所归之象，正与六三相反。

《象》曰："愆期"之志，有待而行也。

六五：帝乙归妹，其君之袂，不如其娣之袂良。月几望，吉。

袂，弥计反。

六五柔中居尊，下应九二，尚德而不贵饰，故为帝女下嫁，而服不盛之象。然女德之盛，无以加此，故又为"月几望"之象，而占者如之则"吉"也。

《象》曰："帝乙归妹"，"不如其娣之袂良"也，其位在中，以贵行也。

以其有中德之贵而行，故不尚饰。

上六：女承筐。无实。士刲羊，无血。无攸利。

刲，苦圭反。

上六以阴柔居归妹之终而无应，约婚而不终者也。故其象如此而于占为无所利也。

《象》曰：上六"无实"，"承"虚"筐"也。

丰䷶ 震上 离下

丰：亨，王假之。勿忧，宜日中。

假，更自反。

"丰"，大也。以明而动，盛大之势也，故其占有"亨"

道焉。然王者至此，盛极当衰，则又有忧道焉。圣人以为徒忧无益，但能守常不至于过盛，则可矣，故戒以"勿忧宜日中"也。

《象》曰：丰，大也。明以动，故丰。

以卦德释卦名义。

"王假之"，尚大也。"勿忧，宜日中"，宜照天下也。

释卦辞。

日中则昃，月盈则食，天地盈虚，与时消息，而况于人乎？况于鬼神乎？

此又发明卦辞外意，言不可过中也。

《象》曰：雷电皆至，丰。君子以折狱致刑。

折，之舌反。
取其威照并行之象。

初九：遇其配主，虽旬无咎，往有尚。

"配主"，谓四。"旬"，均也，谓皆阳也。当丰之时，明动相资，故初九之遇九四，虽皆阳刚而其占如此也。

《象》曰："虽旬无咎"，过旬灾也。

戒占者，不可求胜其配，亦爻辞外意。

六二：丰其蔀，日中见斗。往得疑疾，有孚发若，吉。

蔀，音部。

六二居丰之时，为离之主，至明者也，而上应六五之柔暗，故为丰蔀"见斗"之象。"蔀"，障蔽也，大其障蔽，故日中而昏也。往而从之则昏暗之主，必反见疑。唯在积其诚意以感发之则吉，戒占者宜如是也。虚中，有孚之象。

《象》曰："有孚发若"，信以发志也。

九三：丰其沛，日中见沫。折其右肱，无咎。

"沫""昧"同，莫佩反。折，食列反。

"沛"，一作旆，谓幡幔也，其蔽甚于蔀矣。"沫"，小星也。三处明极而应上六，虽不可用，而非咎也，故其象占如此。

《象》曰："丰其沛"，不可大事也。"折其右肱"，终不可用也。

九四：丰其蔀，日中见斗。遇其夷主，吉。

象与六二同。"夷"，等夷也，谓初九也。其占为当丰，而遇暗主，下就同德则"吉"也。

《象》曰："丰其蔀"，位不当也。"日中见斗"，幽不明也。"遇其夷主"，"吉"行也。

六五：来章，有庆誉，吉。

质虽柔暗，若能来致天下之明，则有"庆誉"而"吉"矣。盖因其柔暗而设此以开之。占者能如是则如其占矣。

《象》曰：六五之"吉"，"有庆"也。

上六：丰其屋，蔀其家，窥其户，阒其无人，三岁不觌，凶。

中華藏書

第二部 朱熹说易

中国书房

一三六三

阒，居缺反，音翕。

以阴柔居丰极，处动终。明极而反暗者也，故为丰大其屋，而反以自蔽之象。"无人""不觌"，亦言障蔽之深，其"凶"甚矣。

《象》曰："丰其屋"，天际翔也。"窥其户，阒其无人"，自藏也。

"藏"，谓障蔽。

旅 _{离上}
艮下

旅：小亨，旅贞吉。

"旅"，羁旅也。山止于下，火炎于上，为去其所止，而不处之象，故为"旅"。以六五得中于外而顺乎上下之二阳，艮止而离丽于明，故其占可以"小亨"。而能守其旅之贞，则"吉"。旅非常居，若可苟者，然道无不在，故自有其正，不可须臾离也。

《象》曰：旅，小亨。柔得中乎外而顺乎刚，止而丽乎明，是以"小亨，旅贞吉"也。

以卦体卦德释卦辞。

旅之时义大矣哉！

旅之时，为难处。

《象》曰：山上有火，旅。君子以明慎用刑而不留狱。

慎刑如山，不留如火。

初六：旅琐琐，斯其所取灾。

当旅之时，以阴柔居下位，故其象占如此。

《象》曰："旅琐琐"，志穷灾也。

六二：旅即次，怀其资，得童仆贞。

"即次"则安，"怀""资"则裕，得其"童仆"之贞信，则无欺而有赖，旅之最吉者也。二有柔顺中正之德，故其象占如此。

《象》曰："得童仆贞"，终无尤也。

九三：旅焚其次，丧其童仆，贞厉。

丧，息浪反。《象》同。

过刚不中，居下之上，故其象占如此。"丧其童仆"则不止于失其心矣，故"贞"字连下句为义。

《象》曰："旅焚其次"，亦以伤矣。以旅与下，其义丧也。

以旅之时而与下之道如此，义当丧也。

九四：旅于处，得其资斧，我心不快。

以阳居阴，处上之下，用柔能下，故其象占如此。然非其正位，又上无刚阳之与，下唯阴柔之应，故其心有所不快也。

《象》曰："旅于处"，未得位也。"得其资斧"，心未

快也。

六五：射雉，一矢亡，终以誉命。

射，石亦反。

"雉"，文明之物，离之象也。六五柔顺文明，又得中道，为离之主，故得此爻者，为"射雉"之象。虽不无"亡矢"之费，而所丧不多，终有"誉命"也。

《象》曰："终以誉命"，上逮也。

"上逮"，言其誉命，闻于上也。

上九：鸟焚其巢，旅人先笑后号咷。丧牛于易，凶。

"丧"、"易"并去声。

上九过刚，处旅之上。离之极，骄而不顺，凶之道也，故其象占如此。

《象》曰：以旅在上，其义"焚"也。"丧牛于易"，终莫之闻也。

巽 巽上
巽下

巽：小亨，利有攸往，利见大人。

巽，苏困反。

"巽"，入也。一阴伏于二阳之下，其性能巽以入也。其象为风，亦取入义。阴为主，故其占为"小亨"。以阴从阳，故又利有所往。然必知所从，乃得其正，故又曰"利见大人"也。

《象》曰：重巽以申命。

重，平声。

释卦义也，巽顺而入，必究乎下，命令之象。"重巽"，故为"申命"也。

刚巽乎中正，而志行，柔皆顺乎刚，是以"小亨，利有攸往，利见大人"。

以卦体释卦辞。"刚巽乎中正而志行"，指九五。"柔"，谓初四。

《象》曰：随风，巽。君子以申命行事。

"随"，相继之义。

初六：进退，利武人之贞。

初以阴居下，为巽之主，卑巽之过，故为"进退"不果之象。若以"武人之贞"处之，则有以济其所不及，而得所宜矣。

《象》曰："进退"，志疑也。"利武人之贞"，志治也。

九二：巽在床下，用史巫纷若，吉，无咎。

二以阳处阴而居下，有不安之意。然当巽之时，不厌其卑而二又居中，不至已甚。故其占为能过于巽，而丁宁烦悉其辞，以自道达，则可以"吉"而"无咎"。亦竭诚意，以祭祀之吉占也。

《象》曰："纷若"之吉，得中也。

中華藏書

周易全书·最新整理珍藏版

中国书局

九三：频巽，吝。

过刚不中，居下之上，非能巽者，勉为屡失，"吝"之道也，故其象占如此。

《象》曰："频巽"之吝，志穷也。

六四：悔亡，田获三品。

阴柔无应，承乘皆刚，宜有"悔"也，而以阴居阴，处上之下，故得"悔亡"，而又为卜田之吉占也。"三品"者，一为乾豆，一为宾客，一以充庖。

《象》曰："田获三品"，有功也。

九五：贞吉，悔亡，无不利。无初有终。先庚三日，后庚三日，吉。

先，所荐反。后，胡豆反。

九五刚健中正而居巽体，故有"悔"。以有"贞"而"吉"也，故得亡其悔而"无不利"。有"悔"，是"无初"也。"亡"之，是"有终"也。"庚"，更也，事之变也。"先庚三日"，丁也。"后庚三日"，癸也。"丁"，所以丁宁于其变之前。"癸"，所以揆度于其变之后。有所变更，而得此占者，如是则"吉"也。

《象》曰：九五之"吉"，位正中也。

上九：巽在床下，丧其资斧，贞凶。

丧，息浪反。下同。

"巽在床下"，过于巽者也。"丧其资斧"，失所以断也。如是则虽"贞"亦"凶"矣。居巽之极，失其阳刚之德，故其象占如此。

《象》曰："巽在床下"，上穷也。"丧其资斧"，正乎
"凶"也。

正乎凶，言必凶。

兌☱ 兌上 兌下

兑：亨，利贞。

"兑"，说也。一阴进乎二阳之上，喜之见乎外也。其象为
"泽"，取其说万物，又取坎水，而塞其下流之象。卦体刚中而
柔外。刚中，故"说"而"亨"。柔外，故"利"于"贞"。
盖说有亨道而其妄说，不可以不戒，故其占如此。又柔外故为
"说亨"，刚中故"利"于"贞"，亦一义也。

《象》曰：兑，说也。

释卦名义。

刚中而柔外，说以"利贞"，是以顺乎天而应乎人。说以
先民，民忘其劳。说以犯难，民忘其死。说之大，民劝矣哉！

先，西荐反，又如字。难，乃旦反。
以卦体释卦辞而极言之。

《象》曰：丽泽，兑。君子以朋友讲习。

两泽相丽，互相滋益。"朋友讲习"，其象如此。

初九：和兑，吉。

以阳爻居说体，而处最下，又无系应，故其象占如此。

《象》曰："和兑"之吉，行未疑也。

居卦之初，其说也正，未有所疑也。

九二：孚兑，吉，悔亡。

刚中为"孚"，居阴为"悔"。占者以"孚"而"说"，则"吉"而"悔亡"矣。

《象》曰："孚兑"之吉，信志也。

六三：来兑，凶。

阴柔不中正，为兑之主。上无所应而反来就二阳以求说，"凶"之道也。

《象》曰："来兑"之凶，位不当也。

九四：商兑未宁，介疾有喜。

四上承九五之中正而下比六三之柔邪，故不能决。而商度所说，未能有定，然质本阳刚，故能介然守正，而疾恶柔邪也。如此则"有喜"矣。象占如此，为戒深矣。

《象》曰：九四之"喜"，有庆也。

九五：孚于剥，有厉。

"剥"，谓阴能剥阳者也。九五阳刚中正，然当说之时，而居尊位，密近上六，上六阴柔，为说之主，处说之极，能妄说以剥阳者也。故其占但戒以信，于上六则有危也。

《象》曰："孚于剥"，位正当也。

与履九五同。

上六：引兑。

上六成说之主，以阴居说之极。"引"下二阳相与为说而不能必其从也。故九五当戒而此爻不言其吉凶。

《象》曰：上六"引兑"，未光也。

涣 巽上 坎下

涣：亨。王假有庙，利涉大川，利贞。

"涣"，散也。为卦下坎上巽，风行水上，离披解散之象，故为"涣"。其变则本自渐卦，九来居二，而得中，六往居三，得九之位而上同于四，故其占可"亨"。又以祖考之精神既散，故"王"者当至于"庙"以聚之。又以巽木坎水，舟楫之象，故"利涉大川"。其曰"利贞"，则占者之深戒也。

《象》曰：涣，亨。刚来而不穷，柔得位乎外而上同。

上，如字，又时掌反。
以卦变释卦辞。

"王假有庙"，王乃在中也。

"中"，谓庙中。

"利涉大川"，乘木有功也。

《象》曰：风行水上，涣。先王以享于帝立庙。

皆所以合其散。

初六：用拯，马壮，吉。

居卦之初，涣之始也。始涣而拯之，为力既易，又有壮马，其吉可知。初六非有济涣之才，但能顺乎九二，故其象占如此。

《象》曰：初六之"吉"，顺也。

九二：涣奔其机，悔亡。

九而居二，宜有"悔"也。然当涣之时，来而不穷，能"亡"其"悔"者也，故其象占如此。盖九奔而二机也。

《象》曰："涣奔其机"，得愿也。

六三：涣其躬，无悔。

阴柔而不中正，有私于己之象也。然居得阳位，志在济时，能散其私，以得"无悔"，故其占如此。大率此上四爻，皆因涣以济涣者也。

《象》曰："涣其躬"，志在外也。

六四：涣其群，元吉。涣其丘，匪夷所思。

居阴得正，上承九五，当济涣之任者也。下无应与，为能散其朋党之象。占者如是则大善而"吉"。又言能散其小群，以成大群，使所散者聚而若丘，则非常人思虑之所及也。

中華藏書

第二部 朱熹说易

中國書房

一三七三

《象》曰："涣其群，元吉"，光大也。

九五：涣汗其大号，涣王居，无咎。

阳刚中正以居尊位，当涣之时，能散其号令。与其居积则可以济涣而"无咎"矣。故其象占如此。九五巽体，有号令之象。"汗"，谓如汗之出而不反也。"涣王居"，如陆贽所谓散小储，而成大储之意。

《象》目："王居""无咎"，正位也。

上九：涣其血，去，逖出，无咎。

去，起吕反。

上九以阳居涣极，能出乎涣，故其象占如此。"血"，谓伤害。"逖"，当作惕，与小畜六四同。言"涣其血"则"去"，涣其惕则出也。

《象》曰："涣其血"，远害也。

远，袁万反。

节 ䷻ 坎上
兑下

节：亨。苦节不可贞。

"节"，有限而止也。为卦下兑上坎，泽上有水，其容有限，故为"节"。节固，自有亨道矣。又其体阴阳各半而二五皆阳，故其占得"亨"。然至于太甚，则苦矣，故又戒以不可守以为贞也。

《彖》曰：节，亨。刚柔分而刚得中。

以卦体释卦辞。

"苦节不可贞"，其道穷也。

又以理言。

说以行险，当位以节，中正以通。

说，音悦。
又以卦德卦体言之。"当位"、"中正"，指五。又坎为通。

天地节而四时成。节以制度，不伤财，不害民。

极言节道。

《象》曰：泽上有水，节。君子以制数度，议德行。

行，下孟反。

初九：不出户庭，无咎。

"户庭"，户外之庭也。阳刚得正，居节之初，未可以行，能节而止者也，故其象占如此。

《象》曰："不出户庭"，知通塞也。

塞，悉则反。

九二：不出门庭，凶。

"门庭"，门内之庭也。九二当可行之时，而失刚不正，上无应与，知节而不知通，故其象占如此。

《象》曰："不出门庭，凶"，失时极也。

六三：不节若，则嗟若，无咎。

阴柔而不中正，以当节时，非能节者，故其象占如此。

《象》曰："不节"之嗟，又谁咎也？

此无咎与诸爻异，言无所归咎也。

六四：安节，亨。

柔顺得正，上承九五，自然有节者也，故其象占如此。

《象》曰："安节"之亨，承上道也。

九五：甘节，吉，往有尚。

所谓当位以节，中正以通者也，故其象占如此。

《象》曰："甘节"之吉，居位中也。

上六：苦节，贞凶，悔亡。

居节之极，故为"苦节"。既处过极，故虽得正，而不免于"凶"。然礼奢宁俭，故虽有"悔"，而终得"亡"之也。

《象》曰："苦节，贞凶"，其道穷也。

中華藏書

第二部 朱熹说易

中孚 ䷼ 巽上
           兑下

中孚：豚鱼吉，利涉大川，利贞。

"孚",信也。为卦二阴在内,四阳在外而二五之阳,皆得其中。以一卦言之为中虚,以二体言之为中实,皆孚信之象也。又下说以应上,上巽以顺下,亦为孚义。"豚鱼",无知之物。又木在泽上,外实内虚,皆舟楫之象。至信可感豚鱼,涉险难而不可以失其贞。故占者能致豚鱼之应则吉,而"利涉大川",又必利于贞也。

《彖》曰:中孚,柔在内而刚得中。说而巽,孚,乃化邦也。

说,音悦。

以卦体卦德释卦名义。

"豚鱼吉",信及豚鱼也。"利涉大川",乘木舟虚也。

以卦象言。

中孚以"利贞",乃应乎天也。

信而正,则"应乎天"矣。

《象》曰:泽上有风,中孚。君子以议狱缓死。

风感水受,中孚之象。"议狱缓死",中孚之意。

初九:虞吉,有它不燕。

它,汤何反。

当中孚之初,上应六四,能度其可信而信之,则吉。复有他焉则失其所以度之之正,而不得其所安矣,戒占者之辞也。

《象》曰:初九"虞吉",志未变也。

九二：鸣鹤在阴，其子和之。我有好爵，吾与尔靡之。

和，胡卧反。靡，亡池反。

九二中孚之实而九五亦以中孚之实应之，故有鹤鸣子和，我爵尔靡之象。鹤在阴谓九居二。"好爵"，谓得中。"靡"与縻同，言懿德人之所好，故"好爵"虽我之所独有，而彼亦系恋之也。

《象》曰："其子和之"，中心愿也。

六三：得敌，或鼓或罢，或泣或歌。

"敌"，谓上九，信之穷者。六三阴柔不中正，以居说极，而与之为应，故不能自主，而其象如此。

《象》曰："或鼓或罢"，位不当也。

六四：月几望，马匹亡，无咎。

六四居阴得正，位近于君，为"月几望"之象。"马匹"谓初与己为匹。四乃绝之，而上以信于五，故为"马匹亡"之象。占者如是，则"无咎"也。

《象》曰："马匹亡"，绝类上也。

上，时掌反。

九五：有孚挛如，无咎。

挛，力圆反。

九五刚健中正，中孚之实，而居尊位，为孚之主者也。下应九二，与之同德，故其象占如此。

《象》曰："有孚挛如"，位正当也。

上九：翰音登于天，贞凶。

翰，胡旦反。

居信之极，而不知变，虽得其贞，亦凶道也，故其象占如此。鸡曰"翰音"，乃巽之象。居巽之极，为"登于天"。鸡非登天之物而欲登天，信非所信，而不知变，亦犹是也。

《象》曰："翰音登于天"，何可长也！

小过 震上 艮下

小过：亨，利贞。可小事，不可大事。飞鸟遗之音，不宜上，宜下，大吉。

"小"，谓阴也。为卦四阴在外，二阳在内，阴多于阳，小者过也。既过于阳，可以"亨"矣。然必利于守贞则又不可不戒也。卦之二五，皆以柔而得中，故"可小事"。三四皆以刚失位而不中，故"不可大事"。卦体内实外虚，如鸟之飞，其声下而不上，故能致"飞鸟遗音"之应，则"宜下"而"大吉"，亦"不可大事"之类也。

《象》曰：小过，小者过而"亨"也。

以卦体释卦名义与其辞。

过以"利贞"，与时行也。柔得中，是以小事吉也。

以二五言。

刚失位而不中，是以"不可大事"也。

以三四言。

有飞鸟之象焉。"飞鸟遗之音，不宜上，宜下，大吉"，上逆而下顺也。

以卦体言。

《象》曰：山上有雷，小过。君子以行过乎恭，丧过乎哀，用过乎俭。

"山上有雷"，其声小过。三者之过，皆小者之过，可过于小，而不可过于大。可以小过，而不可甚过，《彖》所谓"可小事而宜下"者也。

初六：飞鸟以凶。

初六阴柔，上应九四。又居过时，上而不下者也。飞鸟遗音，"不宜上宜下"，故其象占如此。郭璞《洞林》：占得此者或致羽虫之孽。

《象》曰："飞鸟以凶"，不可如何也！

六二：过其祖，遇其妣。不及其君，遇其臣。无咎。

六二柔顺中正，进则过三四，而遇六五，是过阳而反遇阴也。如此则不及六五，而自得其分，是不及君而适遇其臣也。皆过而不过，守正得中之意，"无咎"之道也，故其象占如此。

《象》曰："不及其君"，臣不可过也。

所以不及君，而还遇臣者，以"臣不可过"故也。

九三：弗过防之，从或戕之，凶。

小过之时，事每当过，然后得中，九三以刚居正，众阴所欲害者也。而自恃其刚，不肯过为之备，故其象占如此。若占者能过防之则可以免矣。

《象》曰："从或戕之"，"凶"如何也！

九四：无咎，弗过遇之。往厉必戒，勿用永贞。

当过之时，以刚处柔，"过乎恭"矣，"无咎"之道也。"弗过遇之"，言弗过于刚，而适合其宜也。"往"则过矣，故有"厉"而当戒。阳性坚刚，故又戒以"勿用永贞"，言当随时之宜，不可固守也。或曰"弗过遇之"，若以六二爻例，则当如此说。若依九三爻例，则过遇当，如过防之义。未详孰是，当阙以俟知者。

《象》曰："弗过遇之"，位不当也。"往厉必戒"，终不可长也。

爻义未明，此亦当阙。

六五：密云不雨，自我西郊。公弋取彼在穴。

以阴居尊，又当阴过之时，不能有为，而弋取六二以为助，故有此象。"在穴"，阴物也。两阴相得，其不能济，大事可知。

《象》曰："密云不雨"，已上也。

"已上"，太高也。

上六：弗遇过之，飞鸟离之，凶，是谓灾眚。

咠，所景反。

六以阴居动体之上，处阴过之极，过之已高而甚远者也，故其象占如此。或曰："遇过"恐亦只当作"过遇"，义同九四。未知是否。

《象》曰："弗遇过之"，已亢也。

既济 ䷾ 坎上 离下

既济：亨小，利贞。初吉，终乱。

"既济"，事之既成也。为卦水火相交，各得其用。六爻之位，各得其正，故为既济。"亨小"当为"小亨"，大抵此卦及六爻占辞，皆有警戒之意，时当然也。

《象》曰：既济，亨，小者亨也。

"济"下疑脱"小"字。

"利贞"，刚柔正而位当也。

以卦体言。

初吉，柔得中也。

指六二。

"终止"则"乱"，其道穷也。

《象》曰：水在火上，既济。君子以思患，而豫防之。

初九：曳其轮，濡其尾，无咎。

曳，以制反。濡，音需。上爻同。

轮在下，尾在后，初之象也。曳轮则车不前，濡尾则狐不济。既济之初，谨戒如是，无咎之道，占者如是，则"无咎"矣。

《象》曰："曳其轮"，义无咎也。

六二：妇丧其茀，勿逐，七日得。

丧，息浪反。茀，力佛反。

二以文明中正之德，上应九五，刚阳中正之君，宜得行其志。而九五居既济之时，不能下贤以行其道，故二有"妇丧其茀"之象。"茀"，妇车之蔽，言失其所以行也。然中正之道，不可终废，时过则行矣，故又有"勿逐"而自得之戒。

《象》曰："七日得"，以中道也。

九三：高宗伐鬼方，三年克之。小人勿用。

既济之时，以刚居刚，"高宗伐鬼方"之象也。"三年克之"，言其久而后克，戒占者不可轻动之意。"小人勿用"，占法与师上六同。

《象》曰："三年克之"，惫也。

惫，蒲拜反。

六四：繻有衣袽，终日戒。

繻，而朱反。袽，女居反。

既济之时，以柔居柔，能豫备而戒惧者也，故其象如此。程子曰："绎"当作濡，"衣袽"所以塞舟之罅漏。

《象》曰："终日戒"，有所疑也。

九五：东邻杀牛，不如西邻之禴祭，实受其福。

东阳西阴，言九五居尊，而时已过，不如六二之在下而始得时也。又当文王与纣之事，故其象占如此。彖辞"初吉终乱"，亦此意也。

《象》曰："东邻杀牛"，"不如西邻"之时也。"实受其福"，吉大来也。

上六：濡其首，厉。

既济之极，险体之上，而以阴柔处之，为狐涉水，而"濡其首"之象。占者不戒，"危"之道也。

《象》曰："濡其首，厉"，何可久也！

未济䷿ 离上
坎下

未济：亨。小狐汔济，濡其尾。无攸利。

汔，许讫反。

"未济"，事未成之时也。水火不交，不相为用。卦之六爻，皆失其位，故为"未济"。"汔"，几也。几济而濡尾，犹未济也。占者如此，何所利哉！

《象》曰：未济，亨，柔得中也。

指六五言。

中華藏書

周易全书·最新整理珍藏版

"小狐汔济"，未出中也。"濡其尾，无攸利"，不续终也。虽不当位，刚柔应也。

《象》曰：火在水上，未济。君子以慎辨物居方。

水火异物，各居其所，故君子观象，而审辨之。

初六：濡其尾，吝。

以阴居下，当未济之初。未能自进，故其象占如此。

《象》曰："濡其尾"，亦不知极也。

"极"字未详。考上下韵亦不叶，或恐是"敬"字，今且阙之。

九二：曳其轮，贞吉。

以九二应六五，而居柔得中。为能自止而不进，得为下之正也，故其象占如此。

《象》曰：九二"贞吉"，中以行正也。

九居二，本非正，以中故得正也。

六三：未济，征凶，利涉大川。

阴柔不中正，居未济之时，以"征"则"凶"。然以柔乘刚，将出乎坎，有"利涉"之象，故其占如此。盖行者可以水浮而不可以陆走也。或疑"利"字上当有"不"字。

《象》曰："未济，征凶"，位不当也。

九四：贞吉，悔亡。震用伐鬼方，三年有赏于大国。

以九居四，不正而有"悔"也。能勉而贞，则"悔亡"矣。然以不贞之资，欲勉而贞，非极其阳刚用力之久不能也，故为"伐鬼方"，三年而受赏之象。

《象》曰："贞吉，悔亡"，志行也。

六五：贞吉，无悔。君子之光，有孚，吉。

以六居五，亦非正也，然文明之主，居中应刚，虚心以求下之助，故得"贞"而"吉"，且"无悔"。又有光辉之盛，信实而不妄，吉而又吉也。

《象》曰："君子之光"，其晖吉也。

"晖"者，光之散也。

上九：有孚于饮酒，无咎。濡其首，有孚，失是。

以刚明居未济之极，时将可以有为，而自信自养以俟命，"无咎"之道也。若纵而不反，如狐之涉水，而"濡其首"，则过于自信，而失其义矣。

《象》曰："饮酒"濡首，亦不知节也。

中華藏書

第二部 朱熹说易

中国书店

第四章　周易本义卷三

系辞上传

传，去声，后同。

"系辞"本谓文王周公所作之辞，系于卦爻之下者，即今经文。此篇乃孔子所述《系辞》之传也，以其通论一经之大体凡例，故无经可附，而自分上下云。

尊地卑，乾坤定矣。卑高以陈，贵贱位矣。动静有常，刚柔断矣。方以类聚，物以群分，吉凶生矣。在天成象，在地成形，变化见矣。

断，于乱反。见，贤遍反。

"天地"者，阴阳形气之实体。"乾坤"者，《易》中纯阴纯阳之卦名也。"卑高"者，天地万物，上下之位。"贵贱"者，《易》中卦爻上下之位也。"动"者，阳之常。"静"者，阴之常。"刚柔"者，《易》中卦爻阴阳之称也。"方"，谓事情所向。言事物善恶，各以"类"分。而"吉凶"者，《易》中卦爻占决之辞也。"象"者，日月星辰之属。"形"者，山川动植之属。"变化"者，《易》中蓍策卦爻，阴变为阳，阳化为阴者也。此言圣人作《易》，因阴阳之实体，为卦爻之法象，庄周所谓《易》以道阴阳，此之谓也。

是故刚柔相摩，八卦相荡。

荡，徒浪反。

此言《易》卦之变化也。六十四卦之初，刚柔两画而已。

两相摩而为四，四相摩而为八，八相荡而为六十四。

鼓之以霄霆，润之以风雨。日月运行，一寒一暑。

此变化之成象者。

乾道成男，坤道成女。

此变化之"成形"者，此两节又明《易》之见于实体者，与上文相发明也。

乾知大始，坤作成物。

"知"，犹主也。乾主始物，而坤作成之，承上文男女，而言乾坤之理。盖凡物之属乎阴阳者，莫不如此。大抵阳先阴后，阳施阴受，阳之轻清未形，而阴之重浊有迹也。

乾以易知，坤以简能。

易，以豉反。

乾健而动，即其所知，便能始物，而无所难，故为以易而知"大始"。坤顺而静，凡其所能，皆从乎阳而不自作，故又为以简而能"成物"。

易则易知，简则易从。易知则有亲，易从则有功。有亲则可久，有功则可大。可久则贤人之德，可大则贤人之业。

人之所为如乾之易，则其心明白而人易知，如坤之简，则其事要约而人易从。"易知"，则与之同心者多，故"有亲"。"易从"，则与之协力者众，故"有功"。有亲则一于内，故"可久"。有功则兼于外，故"可大"。"德"，谓得于己者。"业"，谓成手事者。上言乾坤之德不同，此言人法乾坤之道，至此，则可以为贤矣。

易简，而天下之理得矣。天下之理得，而成位乎其中矣。

"成位"，谓成人之位。"其中"，谓天地之中。至此则体道之极功，圣人之能事，可以与天地参矣。

上第一章。

此章以造化之实，明作经之理。又言乾坤之理，分见于天地而人兼体之也。

圣人设卦观象，系辞焉而明吉凶。

象者，物之似也。此言圣人作《易》，观卦爻之象，而系以辞也。

刚柔相推，而生变化。

言卦爻阴阳迭相推荡，而阴或变阳，阳或化阴。圣人所以观象而系辞，众人所以因蓍，而求卦者也。

是故吉凶者，失得之象也。悔吝者，忧虞之象也。

"吉凶""悔吝"者，《易》之辞也。"失得""忧虞"者，事之变也。得则吉，失则凶。忧虞虽未至凶，然已足以致悔而取羞矣。盖"吉凶"相对而"悔吝"居其中间，"悔"自凶而趋吉，"吝"自吉而向凶也，故圣人观卦爻之中，或有此象，则系之以此辞也。

变化者，进退之象也。刚柔者，昼夜之象也。六爻之动，三极之道也。

柔变而趋于刚者，退极而进也。刚化而趋于柔者，进极而退也。既变而刚，则昼而阳矣。既化而柔则夜而阴矣。六爻初二为地，三四为人，五上为天。"动"，即变化也。"极"，至也。"三极"，天地人之至理，三才各一太极也。此明刚柔相推以生变化，而变化之极，复为刚柔。流行于一卦六爻之间，而占者得因所值，以断吉凶也。

是故君子，所居而安者，《易》之序也；所乐而玩者，爻之辞也。

乐，音洛。

"《易》之序"，谓卦爻所著事理当然之次第。"玩"者，观之详。

是故君子，居则观其象，而玩其辞，动则观其变而玩其占。是以自天佑之，吉无不利。

象辞变已见上，凡单言"变"者，化在其中。"占"，谓其所值吉凶之决也。

上第二章。

此章言圣人作《易》，君子学《易》之事。

象者，言乎象者也。爻者，言乎变者也。

"象"，谓卦辞，文王所作者。"爻"，谓爻辞，周公所作者。"象"，指全体而言，"变"，指一节而言。

吉凶者，言乎其失得也；悔吝者，言乎其小疵也；无咎者，善补过也。

此卦爻辞之通例。

是故列贵贱者存乎位，齐大小者存乎卦，辨吉凶者存乎辞。

"位"，谓六爻之位。"齐"，犹定也。"小"谓阴，"大"谓阳。

忧悔吝者存乎介，震无咎者存乎悔。

上"悔"，乎罪反。下"悔"，呼对反。

"介"谓辨别之端，盖善恶已动，而未形之时也。于此忧之，则不至于"悔吝"矣。震，动也。知悔则有以动其补过之心，而可以无咎矣。

是故卦有小大，辞有险易。辞也者，各指其所之。

易，以豉反。

"小"险"大"易，各随所向。

上第三章。

此章释卦爻辞之通例。

《易》与天地准，故能弥纶天地之道。

《易》书卦爻，具有天地之道，与之齐准。"弥"如弥缝之弥，有终竟联合之意。"纶"有选择条理之意。

仰以观于天文，俯以察于地理，是故知幽明之故。原始反终，故知死生之说。精气为物，游魂为变，是故知鬼神之情状。

此穷理之事。"以"者，圣人以《易》之书也。"易"者，阴阳而已。"幽明""死生""鬼神"皆阴阳之变，天地之道也。"天文"则有昼夜上下,"地理"则有南北高深。"原"者,推之于前。"反"者,要之于后。阴精阳气,聚而成物,"神"之伸也。魂游魄降,散而为变,"鬼"之归也。

与天地相似,故不违。知周乎万物,而道济天下,故不过。旁行而不流,乐天知命,故不忧。安土敦乎仁,故能爱。

知,音智。乐,音洛。"知命"之"知",如字。

此圣人尽性之事也。天地之道,知仁而已,知周万物者,天也。道济天下者,地也。"知"且"仁",则知而不过矣。"旁行"者,行权之知也。"不流"者,守正之仁也。既乐天理而又知天命,故能无忧而其知益深。随处皆安而无一息之不仁,故能不忘其济物之心,而仁益笃。盖仁者爱之理,爱者仁之用,故其相为表里如此。

范围天地之化而不过,曲成万物而不遗,通乎昼夜之道而知,故神无方而《易》无体。

此圣人至命之事也。"范",如铸金之有模范。"围",匡郭也。天地之化无穷,而圣人为之"范围"。不使过于中道,所谓"裁成"者也。"通",犹兼也。"昼夜",即幽明死生鬼神之谓,如此然后可见至神之妙,无有方所。《易》之变化,无有形体也。

上第四章。

此章言《易》道之大,圣人用之如此。

一阴一阳之谓道。

阴阳迭运者,气也。其理则所谓道。

继之者善也,成之者性也。

道具于阴，而行乎阳。"继"，言其发也。"善"，谓化育之功，阳之事也。"成"，言其具也。"性"谓物之所受，言物生则有性，而各具是道也，阴之事也。周子程子之书，言之备矣。

　　仁者见之谓之仁，知者见之谓之知，百姓日用而不知，故君子之道鲜矣。

　　知，音智。"不知"之"知"，如字。鲜，息浅反。
　　"仁"阳"知"阴，各得是道之一隅，故随其所见，而目为全体也。"日用不知"，则莫不饮食，鲜能知味者，又其每下者也。然亦莫不有是道焉。或曰：上章以知属乎天，仁属乎地，与此不同，何也？曰：彼以清浊言，此以动静言。

　　显诸仁，藏诸用，鼓万物而不与圣人同忧，盛德大业至矣哉！

　　"显"，自内而外也。"仁"谓造化之功，德之发也。"藏"自外而内也。"用"，谓机缄之妙，业之本也。程子曰：天地无心而成化，圣人有心而无为。

　　富有之谓大业，日新之谓盛德。

　　张子曰：富有者，大而无外。日新者，久而无穷。

　　生生之谓易。

　　阴生阳，阳生阴，其变无穷，理与书皆然也。

　　成象之谓乾，效法之谓坤。

　　"效"，呈也。"法"，谓造化之详密而可见者。

极数知来之谓占，通变之谓事。

"占"，筮也。事之未定者，属乎阳也。"事"，行事也。占之已决者，属乎阴也。"极数知来"，所以通事之变。张忠定公言"公事有阴阳"，意盖如此。

阴阳不测之谓神。

张子曰：两在故"不测"。

上第五章。

此章言道之体用，不外乎阴阳。而其所以然者，则未尝倚于阴阳也。

夫《易》，广矣大矣。以言乎远则不御，以言乎迩则静而正，以言乎天地之间则备矣。

夫，音扶。下同。

"不御"言无尽，"静而正"言即物而理存。"备"言无所不有。

夫乾，其静也专，其动也直，是以大生焉。夫坤，其静也翕，其动也辟，是以广生焉。

翕，虚级反。辟，婢亦反。

乾坤各有动静，于其四德见之，静体而动用，静别而动交也。乾一而实，故以质言而曰"大"，坤二而虚，故以量言，而曰"广"。盖天之形，虽包于地之外，而其气常行乎地之中也。《易》之所以广大者以此。

广大配天地，变通配四时，阴阳之义，配日月，易简之

善，配至德。

易，以豉反。

《易》之广大变通，与其所言阴阳之说，易简之德，配之天道人事则如此。

上第六章。

子曰："《易》其至矣乎！夫《易》，圣人所以崇德而广业也。知崇礼卑，崇效天，卑法地。

知，音智。

"十翼"皆夫子所作，不应自著"子曰"字，疑皆后人所加也。穷理则知崇如天而德崇。循理，则礼卑如地而业广。此其取类，又以清浊言也。

"天地设位，而易行乎其中矣。成性存存，道义之门。"

天地设位，而变化行，犹知礼存性，而道义出也。成性，本成之性也。存存，谓存而又存，不已之意也。

上第七章。

圣人有以见天下之赜，而拟诸其形容，象其物宜，是故谓之象。

"赜"，杂乱也。"象"，卦之象，女口说卦所列者。

圣人有以见天下之动，而观其会通，以行其典礼，系辞焉，以断其吉凶，是故谓之"爻"。

断，丁玩反。

"会"，谓理之所聚，而不可遗处。"通"，谓理之可行，而无所碍处。如庖丁解牛，会则其族而通则其虚也。

言天下之至赜，而不可恶也，言天下之至动，而不可乱也。

恶，乌路反。
"恶"，犹厌也。

拟之而后言，议之而后动，拟议以成其变化。

观象玩辞，观变玩占，而法行之。此下七爻，则其例也。

"鸣鹤在阴，其子和之。我有好爵，吾与尔靡之。"子曰："君子居其室，出其言善，则千里之外应之，况其迩者乎？居其室，出其言不善，则千里之外违之，况其迩者乎？言出乎身，加乎民；行发乎迩，见乎远。言行，君子之枢机。枢机之发，荣辱之主也。言行，君子之所以动天地也，可不慎乎！"

和，胡卧反。靡，音縻。行，下孟反。见，贤遍反。
释《中孚·九二》爻义。

"同人先号眺而后笑。"子曰："君子之道，或出或处，或默或语。二人同心，其利断金。同心之言，其臭如兰。"

断，丁管反。臭，昌又反。
释《同人·九五》爻义。言君子之道，初若不同，而后实无间，断金如兰。言物莫能间，而其言有味也。

"初六：藉用白茅，无咎。"子曰："苟错诸地而可矣，藉之用茅，何咎之有？慎之至也。夫茅之为物薄，而用可重也。慎斯术也以往，其无所失矣。"

藉，在夜反。错，音措。夫，音扶。
释《大过·初六》爻义。

"劳谦，君子有终，吉。"子曰："劳而不伐，有功而不德，厚之至也。语以其功下人者也。德言盛，礼言恭。谦也者，致恭以存其位者也。"

释《谦·九三》爻义。"德言盛，礼言恭"。言德欲其盛，礼欲其恭也。

"亢龙有悔"。子曰："贵而无位，高而无民，贤人在下位而无辅，是以动而有悔也。"

释《乾·上九》爻义。当属《文言》，此盖重出。

"不出户庭，无咎。"子曰："乱之所生也，则言语以为阶。君不密则失臣，臣不密则失身，几事不密则害成，是以君子慎密而不出也。"

几，音机。
释《节·初九》爻义。

子曰："作《易》者，其知盗乎？《易》曰：'负且乘，致寇至。'负也者，小人之事也。乘也者，君子之器也。小人而乘君子之器，盗思夺之矣。上慢下暴，盗思伐之矣。慢藏诲盗，冶容诲淫。《易》曰：'负且乘，致寇至。'盗之招也。"

藏，才浪反。
释《解·六三》爻义。

上第八章。

此章言卦爻之用。

天一，地二；天三，地四；天五，地六；天七，地八；天九，地十。

此简本在第十章之首。程子曰：宜在此。今从之。此言天地之数，阳奇阴偶，即所谓河图者也。其位一六居下，二七居上，三八居左，四九居右，五十居中。就此章而言之则中五为衍母，次十为衍子，次一二三四为四象之位，次六七八九为四象之数。二老位于西北，二少位于东南，其数则各以其类，交错于外也。

天数五，地数五，五位相得而各有合。天数二十有五，地数三十。凡天地之数五十有五，此所以成变化而行鬼神也。

此简本在"大衍"之后，今按宜在此。"天数五"者，一三五七九皆奇也。"地数五"者，二四六八十皆偶也。相得谓一与二，三与四，五与六，七与八，九与十，各以奇偶为类，而自相得。"有合"谓一与六，二与七，三与八，四与九，五与十，皆两相合。"二十有五"者，五奇之积也。"三十"者，五偶之积也。"变化"谓一变生水，而六化成之；二化生火，而七变成之；三变生木，而八化成之；四化生金，而九变成之；五变生土，而十化成之。"鬼神"，谓凡奇偶生成之屈伸往来者。

大衍之数五十，其用四十有九。分而为二以象两，挂一以象三，揲之以四以象四时，归奇于扐以象闰。五岁再闰，故再扐而后挂。

揲，时设反。奇，纪宜反。扐，郎得反。

"大衍之数五十"，盖以河图中宫，天五乘地十而得之，至用以筮，则又止用"四十有九"，盖皆出于理势之自然，而非人之知力所能损益也。"两"，谓天地也。"挂"，悬其一于左手小指之间也。"三"，三才也。"揲"，间而数之也。"奇"，所揲四数之余也。"扐"，勒于左手中三指之两间也。闰，积月之余日，而成月者也。五岁之间再积日而再成月。故五岁之中，凡有"再闰"，然后别起积分。如一挂之后，左右各一揲而一扐，故五者之中，凡有"再扐"，然后别起一挂也。

乾之策二百一十有六，坤之策百四十有四，凡三百有六十，当期之日。

期，音基。

凡此策数，生于四象，盖河图四面，太阳居一而连九，少阴居二而连八，少阳居三而连七，太阴居四而连六。揲蓍之法则通计三变之余，去其初挂之一。凡四为奇，凡八为偶。奇圆围三，偶方围四。三用其全，四用其半，积而数之，则为六七八九。而第三变揲数策数，亦皆符会。盖余三奇则九而其揲亦九，策亦四九三十六，是为居一之太阳。余二奇一偶则八，而其揲亦八，策亦四八三十二，是为居二之少阴。二偶一奇则七，而其揲亦七，策亦四七二十八，是为居三之少阳。三偶则六，而其揲亦六，策亦四六二十四，是为居四之老阴。是其变化往来，进退离合之妙，皆出自然，非人之所能为也。少阴退，而未极乎虚，少阳进而未极乎盈，故此独以老阳老阴计乾坤六爻之策数，余可推而知也。"期"，周一岁也。凡三百六十五日四分日之一，此特举成数而概言之耳。

二篇之策，万有一千五百二十，当万物之数也。

二篇谓上下经。凡阳爻百九十二，得六千九百一十二策；阴爻百九十二，得四千六百八策，合之得此数。

是故四营而成易，十有八变而成卦。

"四营"谓分二挂一揲四，归奇也。"易"变易也，谓一变也。三变成爻，十八变则成六爻也。

八卦而小成。

谓九变而成三画，得内卦也。

引而伸之，触类而长之，天下之能事毕矣。

长，丁丈反。

谓已成六爻而视其爻之变与不变，以为动静。则一卦可变，而为六十四卦，以定吉凶。凡四千九十六卦也。

显道神德行，是故可与酬酢，可与佑神矣。

行，下孟反。

道因辞显，行以数神。"酬酢"，谓应对。"佑神"，谓助神化之功。

子曰："知变化之道者，其知神之所为乎？"

"变化之道"即上文数法是也，皆非人之所能为。故夫子叹之而门人加"子曰"以别上文也。

上第九章。

此章言天地大衍之数，揲蓍求卦之法，然亦略矣。意其详具于大卜筮人之官而今不可考耳。其可推者，《启蒙》备言之。

《易》有圣人之道四焉：以言者尚其辞，以动者尚其变，以制器者尚其象，以卜筮者尚其占。

四者皆变化之道，神之所为者也。

是以君子将有为也，将有行也，问焉而以言，其受命也如嚮，无有远近幽深，遂知来物。非天下之至精，其孰能与于此？

响，许两反。古文響。与，音预。下同。

此尚辞尚占之事。言人以蓍问《易》，求其卦爻之辞，而以之发言处事，则《易》受人之命而有以告之，如响之应声，以决其未来之吉凶也。"以言"与"以言者尚其辞"之以言义同。"命"，则将筮而告蓍之语，《冠礼》"筮日，宰自右赞命"是也。

参伍以变，错综其数。通其变，遂成天地之文。极其数，遂定天下之象。非天下之至变，其孰能与于此？

参，七南反。错，七各反。综作弄反。

此尚象之事。"变"则象之未定者也，"参"者三数之也，"伍"者五数之也。既参以变，又伍以变一先一后，更相考核，以审其多寡之实也。"错"者，交而互之，一左一右之谓也。"综"者，总而挈之，一低一昂之谓也。此亦皆谓揲蓍求卦之事，盖通三揲两手之策，以成阴阳老少之画；究七八九六之数，以定卦爻动静之象也。"参伍错综"皆古语，而"参伍"尤难晓。按《荀子》云："窥敌制变，欲伍以参。"韩非曰："省同异之言，以知朋党之分。偶参伍之验，以责陈言之实。"又曰："参之以比物，伍之以合参。"《史记》曰："必参而伍之。"又曰："参伍不失。"《汉书》曰："参伍其贾，以类相准。"此足以相发明矣。

易，无思也，无为也，寂然不动，感而遂通天下之故。非天下之至神，其孰能与于此？

此四者易之体所以立，而用所以行者也。易指蓍卦，无思无为，言其无心也。"寂然"者，感之体。"感""通"者，寂之用。人心之妙，其动静亦如此。

夫易，圣人所以极深而研几也。

几，音机。下同。

"研"，犹审也。"几"，微也。所以"极深"者，至精也。所以"研几"者，至变也。

唯深也，故能通天下之志；唯几也，故能成天下之务；唯神也，故不疾而速，不行而至。

所以通志，而成务者，神之所为也。

子曰"《易》有圣人之道四焉"者，此之谓也。

上第十章。

此章承上章之意，言《易》之用有此四者。

子曰："夫《易》，何为者也？夫《易》，开物成务，冒天下之道，如斯而已者也。"是故圣人以通天下之志，以定天下之业，以断天下之疑。

夫，音扶。冒，莫报反。断，丁乱反。
"开物成务"，谓使人卜筮，以知吉凶而成事业。"冒天下之道"，谓卦爻既设，而天下之道皆在其中。

是故蓍之德圆而神，卦之德方以知，六爻之义易以贡。圣人以此洗心，退藏于密，吉凶与民同患。神以知来，知以藏往，其孰能与于此哉？古之聪明睿知，神武而不杀者夫！

"方以知"之"知"，音智。下"知以"，"睿知"并同。易，音亦。与，音预。夫，音扶。
"圆"神，谓变化无方。"方"知，谓事有定理。"易以贡"，谓变易以告人。圣人体具三者之德而无一尘之累，无事则其心寂然，人莫能窥。有事则神知之用，随感而应，所谓无卜筮，而知吉凶也。"神武不杀"，得其理而不假其物之谓。

是以明于天之道，而察于民之故，是兴神物以前民用。圣人以此斋戒，以神明其德夫！

夫，音扶。

"神物"，谓蓍龟。湛然纯一之谓"齐"，肃然警惕之谓"戒"。明天道故知神物之可兴。察民故，故知其用之不可不有，以开其先。是以作为卜筮以教人，而于此焉斋戒以考其占，使其心神明不测，如鬼神之能知来也。

是故阖户谓之坤，辟户谓之乾，一阖一辟谓之变，往来不穷谓之通。见乃谓之象，形乃谓之器，制而用之谓之法，利用出入，民咸用之谓之神。

见，贤遍反。

"阖""辟"，动静之机也。先言坤者，由静而动也。乾坤变通者，化育之功也。见象形器者，生物之序也。"法"者，圣人修道之所为。而"神"者，百姓自然之日用也。

是故易有太极，是生两仪，两仪生四象，四象生八卦。

大，音泰。

一每生二，自然之理也。"易"者，阴阳之变。"太极"者，其理也。"两仪"者，始为一画以分阴阳。"四象"者，次为二画以分太少。"八卦"者，次为三画，而三才之象始备。此数言者，实圣人作《易》自然之次第，有不假丝毫智力而成者。画卦揲蓍，其序皆然，详见《序例》、《启蒙》。

八卦定吉凶，吉凶生大业。

有"吉"有"凶"，是生"大业"。

是故法象，莫大乎天地；变通，莫大乎四时；悬象，著明莫大乎日月；崇高，莫大乎富贵；备物致用，立成器以为天下

利，莫大乎圣人；探赜索隐，钩深致远，以定天下之吉凶，成
天下之亹亹者，莫大乎蓍龟。

县，音玄。探，吐南反。索，色白反。亹，亡伟反。
"富贵"谓有天下，履帝位。"立"下疑有阙文。"亹亹"
犹勉勉也。疑则怠，决故勉。

是故天生神物，圣人则之；天地变化，圣人效之；天垂
象，见吉凶，圣人象之；河出图，洛出书，圣人则之。

见，贤遍反。
此四者，圣人作《易》之所由也。河图洛书，详见《启
蒙》。

易有四象，所以示也。系辞焉，所以告也。定之以吉凶，
所以断也。

断，于乱反。
"四象"，谓阴阳老少。"示"，谓示人以所值之卦爻。

上第十一章。

此章专言卜筮。

《易》曰："自天佑之，吉无不利。"子曰："佑者，助也。
天之所助者顺也，人之所助者信也。履信思乎顺，又以尚贤
也，是以'自天佑之，吉无不利'也。"

释《大有·上九》爻义。然在此无所属，或恐是错简，宜
在第八章之末。

子曰："书不尽言，言不尽意。"然则圣人之意，其不可见
乎？子曰："圣人立象以尽意，设卦以尽情伪，系辞焉以尽其

言，变而通之以尽利，鼓之舞之以尽神。"

　　"言"之所传者浅，"象"之所示者深。观奇偶二画，包含变化，无有穷尽，则可见矣，变通鼓舞，以事而言。两"子曰"字，疑衍其一，盖"子曰"字皆后人所加，故有此误。如近世《通书》，乃周子所自作，亦为后人每章加以"周子曰"字。其设问答处，正如此也。

　　乾坤，其易之组邪？乾坤成列而易立乎其中矣。乾坤毁则无以见易。易不可见则乾坤或几乎自息矣。

　　组与蕴同。邪，于遮反。几，音机。
　　"组"，所包蓄者，犹衣之著也。易之所有，阴阳而已。凡阳皆乾，凡阴皆坤。画卦定位则二者成列，而易之体立矣。乾坤毁谓卦画不立。乾坤息谓变化不行。

　　是故形而上者，谓之道，形而下者，谓之器，化而裁之，谓之变，推而行之，谓之通，举而错之，天下之民谓之事业。

　　卦爻阴阳皆"形而下者"，其理则道也。因其自然之化，而裁制之，变化之义也。"变"、"通"二字，上章以天言，此章以人言。

　　是故夫象，圣人有以见天下之赜，而拟诸其形容。象其物宜，是故谓之象。圣人有以见天下之动而观其会通，以行其典礼，系辞焉以断其吉凶，是故谓之爻。

　　重出以起下文。

　　极天下之赜者存乎卦。鼓天下之动者，存乎辞。

　　卦即象也，辞即爻也。

化而裁之存乎变。推而行之存乎通。神而明之存乎其人。默而成之，不言而信，存乎德行。

行，下孟反。

卦爻所以变通者在人，人之所以能神而明之者在德。

上第十二章。

系辞下传

八卦成列，象在其中矣。因而重之，爻在其中矣。

重，直龙反。

"成列"谓乾一兑二，离三震四，巽五坎六，艮七坤八之类。"象"谓卦之形体也，因而重之，谓各因一卦，而以八卦次第加之为六十四也。"爻"，六爻也，既重而后卦有六爻也。

刚柔相推，变在其中矣。系辞焉而命之，动在其中矣。

"刚柔相推"，而卦爻之变，往来交错，无不可见。圣人因其如此，而皆系之辞，以命其吉凶，则占者所值，当动之爻象，亦不出乎此矣。

吉凶悔吝者，生乎动者也。

"吉凶悔吝"，皆辞之所命也，然必因卦爻之动而后见。

刚柔者，立本者也。变通者，趣时者也。

趣，七树反。

一刚一柔，各有定位。自此而彼，变以从时。

吉凶者，贞胜者也。

"贞"，正也，"常"也。物以其所，正为常者也，天下之事，非吉则凶，非凶则吉，常相胜而不已也。

天地之道，贞观者也。日月之道，贞明者也。天下之动，贞夫一者也。

观，官换反。夫，音扶。

"观"，示也。天下之动，其变无穷。然顺理则吉，逆理则凶，则其所正而常者，亦一理而已矣。

夫乾，确然示人易矣；夫坤，陆然示人简矣。

确，苦角反；易，音巽。聩，音颓。

"确然"，健貌。"聩然"，顺貌。所谓贞观者也。

爻也者，效此者也。象也者，像此者也。

"此"，谓上文乾坤所示之理，爻之奇偶，卦之消息，所以效而像之。

爻象动乎内，吉凶见乎外。功业见乎变，圣人之情见乎辞。

"内"，谓蓍卦之中。"外"，谓蓍卦之外。"变"，即动乎内之变。"辞"，即见乎外之辞。

天地之大德曰生，圣人之大宝曰位。何以守位？曰仁。何以聚人？曰财。理财正辞，禁民为非曰义。

"曰人"之"人"，今本作"仁"。吕氏从古，盖所谓非众罔与守邦。

上第一章。

此章言卦爻吉凶，造化功业。

古者包羲氏之王天下也，仰则观象于天，俯则观法于地，观鸟兽之文，与地之宜，近取诸身，远取诸物，于是始作八卦，以通神明之德，以类万物之情。

包，蒲交反。王，于况反。
王昭素曰：与地之间，诸本多有"天"字。俯仰远近，所取不一，然不过以验阴阳消息两端而已。神明之德，如健顺动止之性。万物之情，如雷风山泽之象。

作结绳而为网罟，以佃以渔；盖取诸离。

罔与网同。罟，音占。佃，音田。
两目相承，而物丽焉。

包羲氏没，神农氏作。斫木为耜，揉木为耒，耒耨之利，以教天下，盖取诸益。

斫，涉角反。耜，音似。耒，力对反。耨，奴豆反。
二体皆木，上人下动，天下之益，莫大于此。

日中为市，致天下之民，聚天下之货，交易而退，各得其所，盖取诸噬嗑。

日中为市，上明而下动。又借噬为市，嗑为合也。

神农氏没，黄帝、尧、舜氏作。通其变，使民不倦，神而化之，使民宜之。《易》穷则变，变则通，通则久。是以"自天佑之，吉无不利"。黄帝、尧、舜垂衣裳而天下治，盖取诸乾、坤。

中華藏書

周易全书·最新整理珍藏版

中国书店

一四〇八

乾坤变化而无为。

刳木为舟，剡木为楫。舟楫之利，以济不通，致远以利天下，盖取诸涣。

刳，口姑反。剡，以冉反。
木在水上也。"致远以利天下"，疑衍。

服牛乘马，引重致远，以利天下，盖取诸随。

下动上说。

重门击柝，以待暴客，盖取诸豫。

重，直龙反。柝，他各反。
"豫"，备之意。

断木为杵，掘地为臼，臼杵之利，万民以济，盖取诸小过。

断，丁缓反。杵，昌吕反。掘，其月反。
下止上动。

弦木为弧，剡木为矢，弧矢之利，以威天下，盖取诸睽。

睽乖然后威以服之。

上古穴居而野处，后世圣人，易之以宫室，上栋下宇，以待风雨，盖取诸大壮。

处，上声。
壮固之意。

古之葬者，厚衣之以薪，葬之中野，不封不树，丧期无数，后世圣人易之以棺椁，盖取诸大过。

衣，去声。
送死大事，而过于厚。

上古结绳而治，后世圣人易之以书契。百官以治，万民以察，盖取诸夬。

明决之意。

上第二章。

此章言圣人制器尚象之事。

是故《易》者，象也。象也者，像也。

"易"，卦之形，理之似也。

象者，材也。

"象"，言一卦之材。

爻也者，效天下之动者也。

"效"，放也。

是故吉凶生，而悔吝著也。

"悔吝"本微，因此而"著"。

上第三章。

阳卦多阴，阴卦多阳。

震、坎、艮为阳卦，皆一阳二阴。巽、离、兑为阴卦，皆一阴二阳。

其故何也？阳卦奇，阴卦偶。

奇，纪宜反。
凡阳卦皆五画，凡阴卦皆四画。

其德行何也？阳一君而二民，君子之道也。阴二君一民，小人之道也。

行，下孟反。
"君"，谓阳。"民"，谓阴。

上第四章。

《易》曰："憧憧往来，朋从尔思。"子曰："天下何思何虑？天下同归而殊途，一致而百虑，天下何思何虑？

此引《咸·九四》爻辞而释之。言理本无二，而殊涂百虑，莫非自然，何以思虑为哉？必思而从，则所从者亦狭矣。

"日往则月来，月往则日来，日月相推，而明生焉。寒往则暑来，暑往则寒来，寒暑相推，而岁成焉。往者屈也，采者信也，屈信相感，而利生焉。

信，音申。
言"往来屈信"，皆感应自然之常理，加憧憧焉，则人于私矣，所以必思而后有从也。

"尺蠖之屈，以求信也。龙蛇之蛰，以存身也。精义入神，以致用也，利用安身，以崇德也。

蝚，纤缚反。蛰，真立反。

因言屈信往来之理，而又推以言学，亦有自然之机也。精研其义，至于入神，屈之至也。然乃所以为出而致用之本，利其施用，无适不安，信之极也。然乃所以为人而崇德之资，内外交相养，互相发也。

"过此以往，未之或知也。穷神知化，德之盛也。"

下学之事，尽力于精义利用，而交养互发之机，身不能已。自是以上，则亦无所用其力矣。至于"穷神知化"，乃德盛仁熟而自致耳。然不知者往而屈也，自致者来而信也，是亦感应自然之理而已。张子曰：气有阴阳，推行有渐为化，合一不测为神，此上四节，皆以释《咸·九四》爻义。

《易》曰："困于石，据于蒺藜，入于其宫，不见其妻，凶。"子曰："非所困而困焉，名必辱；非所据而据焉，身必危。既辱且危，死期将至，妻其可得见邪？"

释《困·六三》爻义。

《易》曰："公用射隼于高墉之上，获之，无不利。"子曰："隼者禽也，弓矢者器也，射之者人也。君子藏器于身，待时而动，何不利之有？动而不括，是以出而有获，语成器而动者也。"

射，石亦反。隼，恤允反。括，古活反。
括，结碍也。此释《解·上六》爻义。

子曰："小人不耻不仁，不畏不义，不见利不劝，不威不惩。小惩而大诫，此小人之福也。《易》曰'屦校灭趾，无咎'，此之谓也。"

校，音教。

此释《噬嗑·初九》爻义。

"善不积，不足以成名，恶不积，不足以灭身。小人以小善为无益而弗为也，以小恶为无伤而弗去也。故恶积而不可掩，罪大而不可解。《易》曰：'何校灭耳，凶。'"

何，河可反。去，羌吕反。

此释《噬嗑·上九》爻义。

子曰："危者安其位者也，亡者保其存者也，乱者有其治者也，是故君子安而不忘危，存而不忘亡，治而不忘乱，是以身安而国家可保也。《易》曰：'其亡其亡，系于苞桑。'"

此释《否·九五》爻义。

子曰："德薄而位尊，知小而谋大，力小而任重，鲜不及矣。《易》曰：鼎折足，覆公𫗧，其形渥，凶。'言不胜其任也。"

知，音智。鲜，仙善反。折，之设反。𫗧，音速。渥，乌角反。胜，音升。

此释《鼎·九四》爻义。

子曰："知几其神乎？君子上交不谄，下交不渎，其知几乎？几者动之微，吉之先见者也。君子见几而作，不俟终日。《易》曰：'介于石，不终日，贞吉。'介如右焉，宁用终日？断可识矣！君子知微知彰，知柔知刚，万夫之望。"

几，音机。"先见"之"见"；音现。断，丁玩反。望，无方反。

此释《豫·六二》爻义。《汉书》"吉之"之间有"凶"字。

子曰："颜氏之子，其殆庶几乎？有不善未尝不知，知之未尝复行也。《易》曰：'不远复，无祗悔，元吉。'"

几，音机。"复行"之"复"，芳服反。祗，音其。

殆，危也。庶几，近意，言近道也。此释《复·初九》爻义。

天地絪缊，万物化醇；男女构精，万物化生。《易》曰："三人行，则损一人，一人行，则得其友。"言致一也。

絪，音因。缊，纡云反。

"絪缊"，交密之状。"醇"，谓厚而凝也，言气化者也。化生，形化者也。此释《损·六三》爻义。

子曰："君子安其身而后动，易其心而后语，定其交而后求。君子修此三者，故全也。危以动则民不与也，惧以语则民不应也，无交而求则民不与也，莫之与则伤之者至矣。《易》曰：'莫益之，或击之，立心勿恒，凶。'"

"易其"之"易"，去声。
此释《益·上九》爻义。

上第五章。

子曰："乾坤其易之门邪？乾，阳物也；坤，阴物也。阴阳合德，而刚柔有体，以体天地之撰，以通神明之德。

邪，于遮反。撰，仕免反。

诸卦刚柔之体，皆以乾坤合德而成，故曰"乾坤《易》之门"。"撰"，犹事也。

"其称名也，杂而不越，于稽其类，其衰世之意邪？

万物虽多，无不出于阴阳之变，故卦爻之义，虽杂出而不差谬。然非上古淳质之时，思虑所及也。故以为衰世之意，盖指文王与纣之时也。

"夫《易》，彰往而察来，而微显阐幽。开而当名辨物，正言断辞则备矣。

夫，音扶。当，去声。断，丁玩反。

"而微显"恐当作"微显而"，"开而"之"而"，亦疑有误。

"其称名也小，其取类也大。其旨远，其辞文。其言曲而中，其事肆而隐。因贰以济民行，以明失得之报。"

中，丁仲反。行，下孟反。

"肆"，陈也。"贰"，疑也。

上第六章。

此章多阙文疑字，不可尽通，后皆放此。

《易》之兴也，其于中古乎？作《易》者，其有忧患乎？

夏商之末，《易》道中微。文王拘于羑里，而系彖辞，《易》道复兴。

是故履，德之基也。谦，德之柄也。复，德之本也。恒，德之固也。损，德之修也。益，德之裕也。困，德之辨也。井，德之地也。巽，德之制也。

"履"，礼也。上天下泽，定分不易，必谨乎此，然后其德有以为基而立也。"谦"者，自卑而尊人，又为礼者之所当执持而不可失者也。九卦皆反身修德，以处忧患之事也，而有序焉。"基"所以立，"柄"所以持，"复"者心不外而善端存，"恒"者守不变，而常且久，"惩忿窒欲"以修身，"迁善改过"以长善。"困"以自验其力，"井"以不变其所，然后能巽顺于理，以制事变也。

履，和而至。谦，尊而光。复，小而辨于物。恒，杂而不厌。损，先难而后易。益，长裕而不设。困，穷而通。井，居其所而迁。巽，称而隐。

易，以豉反。长，丁丈反。称，尺证反。

此如《书》之九德，礼非强世，然事皆至极。"谦以自卑"，而尊且光，复阳微而不乱于群阴，恒处杂而常德不厌。损欲先难，习熟则易。益，但充长而不造作。困，身困而道亨，井，不动而及物，巽，称物之宜而潜隐不露。

履以和行，谦以制礼，复以自知，恒以一德，损以远害，益以兴利，困以寡怨，井以辨义，巽以行权。

"和行"之"行"，下孟反。远，袁万反。
"寡怨"，谓少所怨尤。"辨义"，谓安而能虑。

上第七章。

此章三陈九卦，以明处忧患之道。

《易》之为书也不可远，为道也屡迁。变动不居，周流六虚，上下无常，刚柔相易，不可为典要，惟变所适。

远，袁万反。上，上声。下，去声。
"远"，犹忘也。"周流六虚"，谓阴阳流行于卦之六位。

其出入以度，外内使知惧。

此句未详，疑有脱误。

又明于忧患与故，无有师保，如临父母。

"虽无师保"而常若"父母"临之，戒惧之至。

初率其辞而揆其方，既有典常。苟非其人，道不虚行。

揆，葵癸反。
"方"，道也。始由辞，以度其理，则见其有典常矣。然神而明之，则存乎其人也。

上第八章。

《易》之为书也，原始要终以为质也。六爻相杂，惟其时物也。

要，一遥反。下同。
质谓卦体，卦必举其始终，而后成体，爻则唯其时物而已。

其初难知，其上易知，本末也。初辞拟之，卒成之终。

易，去声。
此言初上二爻。

若夫杂物撰德，辨是与非，则非其中爻不备。

夫，音扶。
此谓卦中四爻。

噫！亦要存亡吉凶，则居可知矣。知者观其象辞，则思过

半矣。

"知者"之"知"，音智。

《象》统论一卦六爻之体。

二与四同功而异位，其善不同：二多誉，四多惧，近也。柔之为道，不利远者。其要无咎，其用柔中也。

要，如字。又，一遥反。下章同。

此以下论中爻。"同功"，谓皆阴位。"异位"，谓远近不同。四近君，故"多惧"。柔不利远而"二多誉"者，以真"柔中"也。

三与五同功而异位：三多凶，五多功，贵贱之等也。其柔危，其刚胜邪？

胜，音升。

三五同阳位，而贵贱不同，然以柔居之则危，唯刚则能胜之。

上第九章。

《易》之为书也，广大悉备。有天道焉，有人道焉，有地道焉。兼三才而两之，故六。六者非它也，三才之道也。

三画已具"三才"，重之故六，而以上二爻为天，中二爻为人，下二爻为地。

道有变动，故曰爻。爻有等，故曰物。物相杂，故曰文。文不当，故吉凶生焉。

当，去声。

"道有变动"，谓卦之一体。"等"，谓远近贵贱之差。相杂，谓刚柔之位相间。"不当"，谓爻不当位。

上第十章。

《易》之兴也，其当殷之末世，周之盛德邪？当文王与纣之事邪？是故其辞危。危者使平，易者使倾。其道甚大，百物不废。惧以终始，其要无咎。此之谓《易》之道也。

邪，于遮反。"易者"之"易"，去声。要，平声。
危惧故得平安，慢易则必倾覆，《易》之道也。

上第十一章。

夫乾，天下之至健也，德行恒易以知险。夫坤，天下之至顺也，德行恒简以知阻。

夫，音扶。"行""易"，并去声。阻，庄吕反。
至健，则所行无难，故"易"。至顺，则所行不繁，故"简"。然其于事，皆有以知其难，而不敢易以处之也。是以若有忧患，则健者如自高临下，而知其险。顺者如自下趋上，而知其阻。盖虽易，而能"知险"，则不陷于险矣。既简而又"知阻"，则不困于阻矣。所以能危能惧，而无易吾之倾也。

能说诸心，能研诸侯之虑，定天下之吉凶，成天下之亹亹者。

说，音悦。
"侯之"二字衍。"说诸心"者，心与理会，乾之事也。"研诸虑"者，理因虑审，坤之事也。"说诸心"，故有以定吉凶。"研诸虑"，故有以成亹亹。

是故变化云为，吉事有祥。象事知器，占事知来。

"变化云为"，故象事可以知器。"吉事有祥"，故占事可以知来。

天地设位，圣人成能。人谋鬼谋，百姓与能。

与，音预。

"天地设位"，而圣人作易，以成其功，于是"人谋鬼谋"。虽百姓之愚，皆得以与其能。

八卦以象告，爻象以情言。刚柔杂居，而吉凶可见矣。

"象"，谓卦画。"爻象"，谓卦爻辞。

变动以利言，吉凶以情迁。是故爱恶相攻，而吉凶生，远近相取，而悔吝生，情伪相感，而利害生。凡《易》之情，近而不相得则凶。或害之，悔且吝。

恶，乌路反。

"不相得"，谓相恶也。凶害悔吝，皆由此生。

将叛者其辞惭，中心疑者其辞枝，吉人之辞寡，躁人之辞多，诬善之人其辞游，失其守者其辞屈。

卦爻之辞，亦犹是也。

上第十二章。

中
華
藏
書

周
易
全
书
·
最
新
整
理
珍
藏
版

第五章　周易本义卷四

说卦传

昔者圣人之作《易》也，幽赞于神明而生蓍。

"幽赞神明"犹言赞化育。《龟策传》曰："天下和平，王道得，而蓍茎长丈，其丛生满百茎。"

参天两地而倚数。

参，七南反。

天圆地方，圆者一而围三，三各一奇，故"参天"而为三。方者一而围四，四合二偶，故"两地"而为二。数皆倚此而起，故揲蓍三变之末，其余三奇，则三三而九；三偶，则三二而六。两二一三则为七，两三一二则为八。

观变于阴阳而立卦，发挥于刚柔而生爻，和顺于道德而理于义，穷理尽性以至于命。

和顺，从容无所乖逆，统言之也。理，谓随事得其条理，析言之也。穷天下之理，尽人物之性而合于天道，此圣人作《易》之极功也。

上第一章。

昔者圣人之作《易》也，将以顺性命之理。是以立天之道，曰阴与阳；立地之道，曰柔与刚；立人之道，曰仁与义。兼三才而两之，故《易》六画而成卦。分阴分阳，迭用柔刚，故《易》六位而成章。

"兼三才而两之"，总言六画。又细分之，则阴阳之位，间杂而成文章也。

上第二章。

天地定位，山泽通气，霄风相薄，水火不相射，八卦相错。

薄，音博。
邵子曰：此伏羲八卦之位，乾南坤北，离东坎西，兑居东南，震居东北，巽居西南，艮居西北。于是八卦相交，而成六十四卦，所谓先天之学也。

数往者顺，知来者逆，是故《易》，逆数也。

数，并上声。
起震而历离兑，以至于乾，数已生之卦也。自巽而历坎艮，以至于坤，推未生之卦也。《易》之生卦，则以乾兑离震巽坎艮坤为次，故皆"逆数"也。

上第三章。

雷以动之，风以散之，雨以润之，日以晅之；艮以止之，兑以说之，乾以君之，坤以藏之。

晅与暄同。说，音悦。
此卦位相对，与上章同。

上第四章。

帝出乎震，齐乎巽，相见乎离，致役乎坤，说言乎兑，战乎乾，劳乎坎，成言乎艮。

说，音悦。下同。

帝者，天之主宰。邵子曰：此卦位乃文王所定，所谓后天之学也。

万物出乎震，震，东方也。齐乎巽，巽，东南也。齐也者，言万物之洁齐也。离也者，明也，万物皆相见，南方之卦也。圣人南面而听天下，向明而治，盖取诸此也。坤也者，地也，万物皆致养焉，故曰致役乎坤。兑，正秋也，万物之所说也，故曰说言乎兑。战乎乾，乾，西北之卦也，言阴阳相薄也。坎者，水也，正北方之卦也，劳卦也，万物之所归也，故曰劳乎坎。艮，东北之卦也，万物之所成终，而所成始也，故曰成言乎艮。

响，读作向。说，音悦。下同。薄，音博。
上言帝，此言万物之随帝以出入也。

上第五章。

此章所推卦位之说，多未详者。

神也者，妙万物而为言者也。动万物者，莫疾乎雷，挠万物者，莫疾乎风，燥万物者，莫熯乎火，说万物者，莫说乎泽，润万物者，莫润乎水，终万物始万物者莫盛乎艮。故水火相逮，雷风不相悖，山泽通气，然后能变化，既成万物也。

挠，乃饱反。熯，呼但反。悖，必丙反。
此去乾坤而专言"六子"，以见神之所为，然其位序，亦用上章之说，未详其义。

上第六章。

乾，健也。坤，顺也。震，动也。巽，入也。坎，陷也。
离，丽也。艮，止也。兑，说也。

说，音悦。
此言八卦之性情。

上第七章。

乾为马，坤为牛，震为龙，巽为鸡，坎为豕，离为雉，艮
为狗，兑为羊。

远取诸物如此。

上第八章。

乾为首，坤为腹，震为足，巽为股，坎为耳，离为目，艮
为手，兑为口。
近取诸身如此。

上第九章。

乾，天也，故称乎父。坤，地也，故称乎母。震一索而得
男，故谓之长男。巽一索而得女，故谓之长女。坎再索而得
男，故谓之中男。离再索而得女，故谓之中女。艮三索而得
男，故谓之少男。兑三索而得女，故谓之少女。

索，色白反。长，之丈反。少，诗照反。下章同。
"索"，求也，谓揲蓍以求爻也。"男""女"，指卦中一阴
一阳之爻而言。

上第十章。

乾为天，为圆，为君，为父，为玉，为金，为寒，为冰，
为大赤，为良马，为老马，为瘠马，为驳马，为木果。

圜，音圆。驳，邦角反。

《荀九家》此下有"为龙，为直，为衣，为言"。

坤为地，为母，为布，为釜，为吝啬，为均，为子母牛，为大舆，为文，为众，为柄。其于地也，为黑。

釜，房甫反。啬，音色。

《荀九家》有"为牝，为迷，为方，为囊，为裳，为黄，为帛，为浆"。

震为雷，为龙，为玄黄，为旉，为大涂，为长子，为决躁，为苍筤竹，为萑苇。其于马也，为善鸣，为异足，为作足，为的颡。其于稼也，为反生，其究为健，为蕃鲜。

旉，音孚。筤，音郎。萑，音九。异，主树反。蕃，音烦。

《荀九家》有"为玉、为鹄、为鼓"。

巽为木，为风，为长女，为绳直，为工，为白，为长，为高，为进退，为不果，为臭。其于人也，为寡发，为广颡，为多白眼，为近利市三倍，其究为躁卦。

下"为长"之"长"，如字。

《荀九家》有"为杨，为鹳"。

坎为水，为沟渎，为隐伏，为矫輮，为弓轮。其于人也，为加忧，为心病，为耳痛，为血卦，为赤。其于马也，为美脊，为亟心，为下首，为薄蹄，为曳。其于舆也，为多眚，为通，为月，为盗。其于木也，为坚多心。

輮，如九反。亟，纪力反。曳，以制反。

《荀九家》有"为宫，为律，为可，为栋，为丛棘，为狐，为蒺藜，为桎梏"。

离为火，为日，为电，为中女，为甲胄，为戈兵。其于人也，为大腹。为乾卦，为鳖，为蟹，为蠃，为蚌，为龟。其于木也，为科上槁。

幹，音干。蟹，户买反。蠃，力禾反。蚌，步项反。
《荀九家》有"为牝牛"。

艮为山，为径路，为小石，为门阙，为果蓏，为阍寺，为指，为狗，为鼠，为黔喙之属。其于木也，为坚多节。

蓏，力果反。黔，其坚反。喙，泥废反，又音呪。
《荀九家》有"为鼻，为虎，为狐"。

兑为泽，为少女，为巫，为口舌，为毁折，为附决。其于地也。为刚卤，为妾，为羊。

折，之列反。卤，力杜反。
《荀九家》有"为常，为辅颊"。

上第十一章。

此章广八卦之象，其间多不可晓者，求之于经，亦不尽合也。

序卦传

有天地，然后万物生焉。盈天地之间者，唯万物，故受之以屯。屯者，盈也。

屯者，物之始生也。物生必蒙，故受之以蒙。蒙者，蒙也，物之稚也。物稚，不可不养也，故受之以需。需者，饮食之道也。饮食必有讼，故受之以讼。

中華藏書

周易全书·最新整理珍藏版

中国书店

讼必有众起，故受之以师。师者，众也。众必有所比，故受之以比。比者，比也。

比必有所畜，故受之以小畜。物畜然后有礼，故受之以履。履而泰，然后安，故受之以泰。

晁氏曰：郑无"而泰"二字。

泰者，通也。物不可终通，故受之以否。物不可以终否，故受之以同人。与人同者，物必归焉，故受之以大有。有大者，不可以盈，故受之以谦。有大而能谦，必豫，故受之以豫。

郭氏雍曰：以谦有大，则绝盈满之累，故优游不迫，而暇豫也。

豫必有随，故受之以随。以喜随人者，必有事，故受之以蛊。蛊者，事也。有事而后可大，故受之以临。临者，大也。

物大然后可观，故受之以观。可观而后有所合，故受之以噬嗑。嗑者，合也。物不可以苟合而已，故受之以贲。贲者，饰也。致饰然后亨则尽矣，故受之以剥。剥者，剥也。

物不可以终尽剥，穷上反下，故受之以复。复则不妄矣，故受之以无妄。有无妄，然后可畜，故受之以大畜。

物畜然后可养，故受之以颐。颐者，养也。不养则不可动，故受之以大过。物不可以终过，故受之以坎。坎者，陷也。陷必有所丽，故受之以离。离者，丽也。

上上篇。

有天地，然后有万物。有万物，然后有男女。有男女，然后有夫妇。有夫妇，然后有父子。有父子，然后有君臣。有君臣，然后有上下。有上下，然后礼义有所错。夫妇之道，不可以不久也，故受之以恒。恒者，久也。

物不可以久居其所，故受之以遁。遁者，退也。物不可以终遁，故受之以大壮。物不可以终壮，故受之以晋。晋者，进也。进必有所伤，故受之以明夷。夷者，伤也。伤于外者，必反其家，故受之以家人。

家道穷必乖，故受之以睽。睽者，乖也。乖必有难，故受之以蹇。蹇者，难也。物不可以终难，故受之以解。解者，缓也。

缓必有所失，故受之以损。损而不已必益，故受之以益。益而不已必决，故受之以夬。夬者，决也。决必有所遇，故受之以姤。姤者，遇也。

物相遇而后聚，故受之以萃。萃者，聚也。聚而上者谓之升，故受之以升。升而不已必困，故受之以困。困乎上者必反下，故受之以井。

井道不可不革，故受之以革。

革物者莫若鼎，故受之以鼎。主器者莫若长子，故受之以震。震者，动也。物不可以终动，止之，故受之以艮。艮者，止也。物不可以终止，故受之以渐。渐者，进也。进必有所归，故受之以归妹。得其所归者必大，故受之以丰。丰者，大也。

穷大者必失其居，故受之以旅。旅而无所容，故受之以巽。巽者，入也。

入而后说之，故受之以兑。兑者，说也。说而后散之，故受之以涣。涣者，离也。

物不可以终离，故受之以节。节而信之，故受之以中孚。有其信者必行之，故受之以小过。

有过物者必济，故受之以既济。物不可穷也，故受之以未济终焉。

上下篇。

杂卦传

乾刚，坤柔。比乐，师扰。

乐，音洛。

临、观之义，或与或求。

以我临物，曰"与"，物来观我，曰"求"。或曰：二卦互有与求之义。

屯见而不失其居，蒙杂而著。

见，贤遍反。著，陟虑反。

屯震遇坎，震动故"见"，坎险不行也。蒙，坎遇艮，坎幽昧，艮光明也。或曰：屯以初言，蒙以二言。

震，起也；艮，止也。损、益，盛衰之始也。

大畜，时也；无妄，灾也。

止健者，时有适然，无妄，而灾自外至。

萃聚，而升不来也。谦轻，而豫怠也。

噬嗑，食也；贲，无色也。

白受采。

兑见，而巽伏也。

见，贤遍反。

兑阴外见，巽阴内伏。

随，无故也；蛊，则饬也。

饬与劫同。
随前无故，蛊后当饬。

剥，烂也；复，反也。

晋，昼也；明夷，诛也。

诛，伤也。

井通，而困相遇也。

刚柔相遇，而刚见掩也。

咸，速也；恒，久也。

咸速，恒久。

涣，离也；节，止也。解，缓也；蹇，难也。睽，外也；家人，内也。否、泰反其类也。

难，乃旦反。

大壮则止，遁则退也。

止，谓不进。

大有，众也；同人，亲也。革，去故也；鼎，取新也。小过，过也；中孚，信也。丰，多故也；亲寡，旅也。

去，起吕反。

既明且动，其故多矣。

离上；而坎下也。

上，时掌反。下，退嫁反。
火炎上，水润下。

小畜，寡也；履，不处也。

处，上声。
不处行进之义。

需，不进也；讼，不亲也。

大过，颠也；姤，遇也，柔遇刚也。渐，女归待男行也。颐，养正也。既济，定也。：归妹，女之终也。未济，男之穷也。夫，决也，刚决柔也。君子道长，小人道忧也。

长，丁丈反。
自大过以下，卦不反对，或疑其错简。今以韵协之，又似非误，未详何义。

第三部 焦循说易

第一篇　易通释

中华藏书

周易全书·最新整理珍藏版

　　焦循通过《易通释》阐述他创立的易学体系和诠释《经》、《传》中有关词语和名词，从纵横两个方面解释全《易》。

第一章　易通释卷一

元

　　《易》之言元者二十四卦。《传》之释元也，一则曰"大哉乾元，万物资始，乃统天"，一则曰"至哉坤元，万物资生，乃顺承天"。元之义为始。

　　自乾，六爻依其序推之。初三、五已定，所动而行者二、四，上也。乾二之坤五为始，乾四之坤初应之，乾上之坤三，亦应之。乾，为天，独天不生，必有以治而理之。统者，治也，理也。诸卦之生生，始于乾二之之坤五，故乾元为资始。《坤·六五·六言传》云"黄中通理"，明以"中"字释"黄"字。"通"者，自乾二旁通。"理"者，分理，谓统天也。乾二，旁通分理，而美在坤五之中，以是明"元"，"元"之义明矣。《坤·六五》之"元"，所以明乾"元"。乾二之坤五，坤成比，乾成同人。坎二之离五，坎成比，离成同人。

　　《坤·六五》"黄裳元吉"，《离·六二》"黄离元吉"，二文相同。明以坎二之"离五"，与乾二之"坤五"相比例。若坤元，《传》以至赞之。而坤之亨，又以咸赞之。明以乾元亨则坤成屯。屯通于鼎，鼎二之五"元吉"，为"至哉"之坤元。而鼎成咸，坤成既济，为坤之元亨，即为坤之利。贞，惟由坤成屯，由屯通鼎，所以为"资生"。承乾元而通鼎，为坤元，"所谓承天而时行"也。乾成同人，犹大有成同人。

　　《大有·传》云："应乎天而时行，是以元亨。""应"字赞"亨"，"天"字赞二之五。上乾为天，则元也。坤成比，而应乾之成同人，即应大有之成同人。应之而比成屯，即应之而坤成屯。成屯而时行，则变通于鼎，是为"原筮"。鼎二之五为元，上之屯三成既济为贞，故云"原筮，元永贞"。

大有之"元亨"，明乾"元"。比之"元永贞"，明坤"元"。非变通于鼎，无所为"永贞"也。巽二之震五。震之随，巽为渐。兑二之艮五，兑为随，艮为渐，渐通归妹，归妹二之五亦为随，随通蛊，蛊二之五亦为渐。随之元谓蛊二之五，即巽二之震五，亦即兑二之艮五，亦即归妹二之五，即中甲先庚也。蛊之元，谓成蹇而变通于睽，即后甲后庚也。随元犹乾元，蛊元犹坤元。举随蛊两卦之元而震巽兑艮之元，不待言而自见矣。

凡六十四卦之生生，皆从八卦而起，而八卦之生生，则从二五而起。初、四、三、上未行，而二五先行，乃谓之元。由乾、坤、坎、离、震、巽、艮、兑之元，而有同人、比、随、渐之元，因而有师、大有、蛊、归妹之元。由同人、比、随、渐而初、四、三、上从之，为家人、屯、革、蹇，则由元而亨。初四三上，不先二五，皆不失为元。家人通解，解二之五成萃。屯通鼎，鼎二之五成遁。革通蒙，蒙二之五成观。蹇通睽，睽二之五成无妄。屯之元与鼎之元互明。蒙之元见于革。

蹇之元见于无妄、升。家人、解之元，见于萃、大畜，或明言，或互言之也。八卦二、五不行，而初、四先行，则乾四之坤初，乾成小畜，坤成复。震四之巽初，震成复，巽成小畜。离四之坎初，离成贲，坎成节。兑四之艮初，兑成节，艮成贲。八卦二、五不行，而三、上先行，则乾上之坤三，乾成夬，坤成谦。离上之坎三，离成丰，坎成井。巽上之震三，震成丰，巽成井。艮上之兑三，艮成谦，兑成夬。八卦二、五不行，而初、四、三、上先行，则乾四之坤初，上又之坤三。乾成需，坤成明夷。坎、离、震、巽、艮、兑，初、四三、上先行，亦成需、明夷。此小畜、复、夬、谦、节、贲、丰、井、需、明夷十卦，不可为元。乃变而通之，则小畜通于豫、复通于姤、夬通于剥、谦通于履、节通于旅、贲通于困、丰通于涣、井通于噬嗑、需通于晋、明夷通于讼。

在小畜、复、节、贲，初、四先二、五，不可为元；在豫、姤、旅、困，初、四未行，以小畜二之豫五成萃，犹解二之五也；以贲五之困二成萃，亦解二之五也；以复五之姤二成遁，犹鼎二之五也；以节二之旅五成遁，亦鼎二之五也。

在夬、谦、丰、井，三、上先二、五，不可为元；在剥、履、涣、噬嗑，三上未行；以夬二之剥五成观，犹蒙二之五也；以丰五之涣二成观，亦蒙二之五也；以谦五之履二成无妄，犹睽二之五也；以井二之噬嗑五成无妄，亦睽二之五也。

在需、明夷，初、四、三、上先二五，不可为元；在晋、讼，初、四、三、上未行；以需二之晋五，需成既济，晋成否；以讼二之明夷五，讼成否，明夷成既济，否、既济相错为同人、比，则亦乾二之刊五、坎二之离五也。故小畜、复、夬、谦、节、贲、丰、井、需、明夷不可为元，通于豫、姤、剥、履、旅、困、涣、噬嗑、晋、讼，仍不失为元，于何见之？《复·初九》："不远复，无祗悔，元吉。"乾四先之坤初，成小畜、复，即能改悔，旁通于姤。惟姤四未之初，即先以二之复五，是为"不远而复"。不远而复，则元吉矣。《履·上九》："视履考详，其旋元吉。"乾上之坤三成夬、谦，谦变通于履。一转移之间，仍不失为元，所谓"旋"也。"旋"即变而通之也。"其旋"二字，与"不远复"三字，互相发明。复之"旋"在初四，故复之"元吉"明于初九。履之"不远"在三上，故履之"元吉"明于上九，此《经》文自示其例也。离上之坎三成丰、井，井"旋"而通于噬嗑，与谦履同。《井·上九》"有孚元吉"，《传》云"元吉在上"，与《履·上九·传》同。明井之于噬嗑，犹谦之于履。《经》明以"有孚"二字与"其旋"二字互明。谦与夬不孚，"旋"于履则"孚"而"元吉"。井与丰"不孚"，"旋"于噬嗑则"孚"而"元吉"。井犹谦也，履犹噬嗑也。彼以履明谦，此以井明噬嗑。

《易辞》互明之例多如是。井"旋"于噬嗑则丰"旋"于涣之"元吉"。不明于六三，而称于六四，有微义焉。《井·上六》"有孚元吉"，已足明涣之"孚"于丰。《履·上九》"其旋元吉"，亦足明丰之旋于涣。则涣之元，不必更赘于上九，故就初四言之以示其例。丰"旋"于涣而有孚矣，然必涣二先之丰五，乃为"元吉"。若涣二不之丰五，丰四先之涣初，丰成明夷。明夷上三阴为群，则仍不得为元也，故"涣其群"乃得"元吉"。二先之丰五，而后丰四之涣初，丰艳情既济，"涣散其群"。而涣成益，为"涣有邱"。反是而成明夷，则不为"元"而为"匪"。虽有"所思"而伤"夷"之矣，故云"匪夷所思"，以此为诸卦之例。

盖履二不之谦五而四之谦初。谦成明夷，履成中孚，正丰四之涣初之比例，在涣二先之丰五，则"其旋元吉"矣。在履四先之谦初，亦"匪夷所思"矣。以履与井互明，以涣与履互明。举一隅而三可反也。于是明夷不可为元，旁通于讼则"元吉"。故《讼·九五》直云"讼，元吉"。讼之元，以二之明夷五也。若二不先行而四之初，则中孚也，即丰四之涣初也，亦谦初之履四也。上之三则大过也，即贲上之困三也，亦复三之姤上也。推之于晋。需二不之晋五，而晋上之三则小过也，即小畜上之豫三也，亦节三之旅上也。晋四之初则颐也，即夬四之剥初也，亦井初之噬嗑四也，是又因涣之"匪夷"而可推者也。中孚、小过、大过、颐皆不可元。以中孚通小过，以大过通颐，则亦元。中孚二之小过五，小过成咸。大过小过之成咸，犹恒二之五成咸。颐中孚成益，犹损二之五成益。损为未济四之初，亦为革四之蒙初，睽四之蹇初，不可"元"也。惟通于咸则元。《损·彖》云"有孚元吉"，与《井·上九》辞同。损之孚于咸，犹井之孚于噬嗑也。其义互见于《睽·九四》。睽四之蹇初成损，犹丰四之涣初成中孚。"匪夷所思"则"睽孤"，"孤"而"有孚"于咸，则"遇元夫"交孚，睽与涣互明。损之元则括小过、中孚而言之矣。恒为未济三之上，亦为家人上之解三，鼎上之屯三，不可"元"也。惟通于益则元。

《益·初九》云："利用为大作。元吉，无咎。"《传》云："下不厚事也。"五先行而后上之三，为上以厚下。五未行而上先之三，则为"下不厚"。"下不厚"者，恒之三上，先于二五也。因"下不厚"而有事事者，变而通之也。"为大作"，犹云知大始。恒上不厚下，不可以知大始。变通于益，而恒二之五，乃为"元吉"。"元吉"在初九者，有微义焉。恒之失在上，益之盈在初。以益上之不失，补恒上之失，则恒之元在益。以恒初之不盈，补益初之盈，则益之元又在恒。《经》以"元吉"系于初九，以明恒初之未行。《传》以"下不厚"赞"元吉"，以明恒上之先行，互相发明。《传》之赞《经》，造于微如此。九五云："有孚惠心。勿问，元吉。"家人上之解三成恒，恒不与家人"孚"，改而"孚"益。否四之初成益，益不与泰孚，改而孚恒。惠者，顺也。心者，恒二之五也。恒有心而后益上顺之，为"元吉"。益二五已正，寂然不动，故"勿问"，问犹遗也。益二五不相问遗，而以顺恒之心为"元吉"也。

未济二先之五成。否与需二之晋五、讼二之明夷五同。未济二不之五，而四上先之初三成泰，与八卦成需明夷同。泰不可"元"。泰通于否，则泰二之五为"元"。九五"帝乙归妹，以祉元吉"，《否·六四》"畴离祉"，两"祉"字相贯，以"祉"乃得"元吉"，谓泰二之五，有否上之三应之，非有否应之，则泰二之五，"终止道穷"，故以两"祉"字相贯，明其所以"元"也。试更以涣之"匪夷"，推诸师、大有、蛊、归妹。师二不之五，而同人四之师初成几天来，同人上之师三成升。大有二不之五，而四之比初成大畜，上之比三成大壮。随四之蛊初亦成大畜，蛊上之随三亦成升。归妹四之渐初亦成临，渐上之归妹三亦成大壮。

升、临、大畜、大壮不可为元。升通于无妄，大畜勇于萃，临通于遁，大壮通于观，则可"元"。升、无妄、临，《象》皆称《元》。大畜初四先二五而行，与复同。复于初九明"元吉"之义。大畜于六四明"元吉"之义，一也。《萃·九五》；"萃有位，无咎。匪孚元永贞。""匪"谓大畜，大畜"孚"于萃，则大畜二之五为"元"，萃三之大畜上为"永贞"。大壮不言"元"，通于观而二之五成革，即革通于蒙而二之五成观。于革称"元"，大壮可不必称也。升二之五为蹇，睽二之五为无妄。于无妄升称"元"，睽、蹇可不必称也。《传》赞临云"大亨以正，天之道也"，赞无妄云"大亨以正，天之命也"，固以无妄之于升，例临之于遁，而首揭之云。无妄刚自外来。睽，外也，明，指睽二之五。蹇通睽，而二之五成无妄，即无妄通升，而二之五为蹇也。《传》于此特示以例。而诸言"元"者，可推而通矣。其行本得乎"元"，则"元"而益求其"元"。其行或失乎"元"，则变通以复其"元"。《易》者，圣人教人改过之书也。故每一卦，必推其有过无过。又推其能改能变，非谓某卦变自某卦，某卦自某卦来也。自荀、虞有之卦之说，唐宋以后，遂以为卦变，各立一例。左支右诎，愈失圣人作《易》赞《易》之本意。八卦始于乾坤。六十四卦生于八卦。其行也，以"元亨利贞"而括其要，不过"元"而已。反复探求，觉《易》道如此，《易》之"元"如此。盖合全《易》而条贯之，而后知《易》之称"元"者，如此也。

亨

《象》称"亨"者四十卦。《爻》称"亨"者三卦。《文言传》云："元者，善之长也。亨者，嘉之会也。君子体仁，足以长人，嘉会，足以合礼。"《系辞传》云："圣人有以见天下之动，而观其会通，以行其典礼。系辞焉以断其吉凶，是故谓之爻。""典礼"京房作"等礼"。《乾·象传》云："大哉乾元，万物资始，乃统天。"此赞"元"也。"云行雨施，品物流行。大明终始，六位时成。"此赞"亨"也。

《坤·象传》云："坤厚载物，德合无疆，含宏光大，品物咸亨。"品，即"等"也，物之有品，即礼之有等。嘉会合礼，即观其会通，以行其典礼。礼所以辨上下，定尊卑。乾二之坤五为元。乾四乾上，视元之所在，两次第会之。二五尊贵，四上卑贱，卑从尊而不逾贱，从贵而不僭，是以合礼。乾二之坤五、四会之，则坤成，屯上会之，则坤成。蹇既会而成屯，则通于鼎。既会而成蹇，则通于睽。鼎成遁，而屯三又会于鼎上。睽成无妄，而蹇初又会于睽四。是会而通，又通而会也。"云行"，谓坤成屯。"雨施"，谓坤成蹇。爻物依品等，以流而成形，故成形，故"含宏光大，品物咸亨"。明指出"咸"字。则坤之亨，在鼎之成"咸"。惟"品"乃"含"而不尽。惟"含"乃"咸"而为"亨"。乾坤两《传》，释"亨"字之义，已极详明。大有二之五，即乾二之坤五之比例。

《传》云："大中，而上下应之。""大中"，元也。"上下应"，亨也。申之云"应乎天而时行，是以元亨"。二之五而上，有乾天四之比初为下应，上之比三为上应，皆应乎天，但上下不可一时齐应。上应成革则通于蒙，而下应于蒙之成观。下应成家人，则通于解，而上应于解之成萃，是为"时行"。"元亨"之义，莫明于此。损"二簋可用亨"，《传》云"二簋应有时"，亦以"应"赞"亨"。"应有时"，则亦不一时齐应。损二之五，而咸四之初应之，此一"簋"也。益通恒，二之五，而益上之三应之，此又一"簋"也。如是为"有时"，即如是为"亨"。大有，为乾坤之比例，亦为坎离之比例。损，为艮兑之比例，亦为震巽之比例，故《传》之赞"元亨"，于此二卦最详。"习坎有孚维心亨"七字，字字明析。三画之坎，不可以"有孚"也，重为六画乃"有孚"。于离，非"有孚"不可言"亨"，既"孚"矣，必先以二之离五，为同人之心，然后以三之离上维之。离成革，坎成蹇，是为"有嘉折首"。"嘉会合礼"，是以亨也。坎言亨已明，离不必烦言，但申补之云，"利贞亨"。于"利贞"下，指出"亨"字，明"利贞"即是"亨"。《兑·象传》称"亨利贞"。"亨"而后"利贞"，此"亨"之承"元"者也。"利贞"而后"亨"，此"亨"之承"利"者也。"亨"之承"元"者，成家人、屯及蹇、革。"亨"之承"利"者，成既济咸及未济益。乾之"元亨"谓成家人、屯、蹇、革，与坎之"亨"同。

《坤传》称"咸亨"，则指屯通鼎成咸，即离之"利贞亨"。震亨而申之以"虩虩"、"笑言"，是指先成屯而后通鼎后。巽不必烦言，但称"小亨"。"小"指震，明巽之"亨"，即震之"亨"。兑既言"亨利贞"，故艮不必更言，但言"艮其背"。《传》赞出"止"字。明既亨成蹇革，宜有所"止"而不行，乃得"利贞"。非"元"无以为"亨"，非"亨"无

中華藏書

周易全书·

最新整理珍藏版

中国书店

以为"元"。"贞"不必"亨","利贞"则"亨",故言"亨"则"元"在其中,言"利"则"元亨"在其中,凡不言"元",直言"亨",不言"元亨",真言"利",此其例也。亨之义,《经》文每以辞自释之。《蒙·彖》云"蒙亨",下释云"匪我求童蒙,童蒙求我"。《传》云:"志应也",以"应"赞"求"。上云"以亨行时中也",即与大有互明。大有上应成革,革时行,则下应于童蒙也。《小畜·彖》云"小畜亨",下自释云"密云不雨,自我西郊"。《传》云"柔得位而上下应之",又云"刚中而志行",乃亨。乾四之坤初,成小畜、复。初四越二五先行。若以小畜二之复五,虽刚中,而志不行于初四。上更之复三,为坎雨矣。惟孚于豫,则上下皆应而志行。二之豫,五刚中,而上应之。但成咸,无坎不雨,乃所以为"亨"也。《履·彖》云:"履虎尾,不咥人,亨。"《传》云:"说而应乎乾。"亦以"应"赞"亨"。乾上之坤三,成谦。夬三上越二五先行。若以夬二之谦五,三上不复能应,是"虎尾咥人"也。惟廉通于履,谦虽"虎尾",而有以履之。上下皆有应,乃能"辨上下,定民志"而"制礼"为"亨"也。

《同人·彖》云:"同人于野,亨。"《传》云:"柔得位得中,而应乎乾。"又云:"中正而应。"野,谓师上坤。旁通于师,乃得亨也。《谦·彖》云:"谦,亨。"自释之云:"君子有终。"此与履互明。履二先之谦五为"君子",因而履四之谦初应之。谦成既济,为有终也。《蛊·彖》云:"蛊,元亨。"自释之云:"利涉大川。先甲三日,后甲三日。"《传》云:"元亨而天下治也。"凡称治,则成既济。此"元亨",则"天下治",谓其先成蹇,蹇通睽而成既济。成蹇,"先甲三日"也。通睽成既济,"后甲三日"也。"甲","元"也。"三日","亨"也。"后甲三日",则"利贞","亨"者也。

《噬嗑·彖》云:"噬嗑,亨。"释之云:"利用狱。"离上之坎三,成丰、井。三上先行而不应,则狱不可用。所谓"寘于丛棘,三岁不得"也。惟井孚于噬嗑,井二之噬嗑五,噬嗑三上应之,以"利"而仍"用狱"。故《传》云:"噬嗑而亨。"明井与丰不"亨",得噬嗑而"亨"也。《贲·彖》云："贲，亨。"释云："小利有攸往。"兑四之艮初成节、贲。贲之于节，犹小畜之于复。惟贲"孚"于困，困二之贲五，贲上之困三应之。贲小孚于困，则利有攸往。《传》赞云："柔来而文刚"，故"亨"。分刚上而文柔，故"小利有攸往"。《经》文以"利"释亨，《传》互赞之，谓困得贲而"亨"，贲得困而利也。《复·彖》云："复，亨。"自释云："出入无疾，朋来无咎。"小畜、复，"无疾"者也。复孚于姤，姤二出之复五，而后四之初应之。虽亦"无疾"，乃以"朋来"，而得"无咎"。此复所以"亨"也。

《大过·彖》云："栋桡，利有攸往，亨。"《传》云："利有攸往，乃亨"。姤上之复三为"栋桡"，不可为"亨"。惟"利"而孚于颐，二先之颐五，而后四之初。犹姤二先之复五，而后姤四之初也。《咸·彖》云："咸，亨。"下自释云："利贞，取女吉。"咸通损，损二之五，而四之初应之，是"亨"即是"利贞"。"取女"，谓四之初，为"利贞"则"取女吉"而"亨"也。《恒·彖》云："恒，亨。"下释云："无咎，利贞。利有攸往。"义与咸同。惟咸本"无咎"，恒为家人上之解三，则本有咎，故通益而亨则无咎也。《遁·彖》云："遁，亨。"下释云："小利贞。"《传》云："遁，亨。遁而亨也。刚当位而应，与时行也。小利贞，浸而长也。""浸而长"，即临之"刚浸而长"。临之"小"，与贲之"小"同。临通遁，遁应临，而临成既济。故遁之"亨"，即临之"利贞"也。

《升·彖》云："升，元亨。"释云："用见大人。勿恤，南征吉。"《传》云："刚中而应，是以大亨。""刚中"谓二之五，应则无妄上之三为"南征"也。《萃·彖》云："萃，亨。"下释云："王假有庙，利见大人，亨。"与大畜"孚"，则假庙利见，所以亨也。《困·彖》云："困，亨。"下释云："贞大人吉，无咎。"《传》去；"困而不失其所，亨。"与贲互明。贲成既济则贞。困二先之贲五为"大人"，则不失其所。贲"小"故不失其所，则为"大人"。犹升"小"，故用则见"大人"，为"大亨"也。《丰·彖》云："丰，亨。"下释云：

"王假之。"《涣·彖》云:"涣,亨。"下释云:"王假有庙。"丰"孚"涣而亨,涣亦"孚"丰而亨,互见之矣。《旅·彖》云:"旅,小亨。"下去:"旅,贞吉。"《节·彖》云"节,亨",下云"苦节不可贞"。苦,穷也,与贲系则穷,与旅"孚"则亨。贲与旅,同一"小"也。旅"小"亨,贲"小"则不亨也。旅"贞"吉,贲"贞"则苦,故不可贞也。亦互明之。

其或言亨,或不言亨,或与元并言,或与利并言,彼此互见。故屯鼎言"亨",则家人解不必言。革蒙言"亨",则蹇睽不必言。然无妄足以见睽,升足以见蹇,临足以见解。大畜言"利贞",而爻于上九补言"亨",足以见家人。小过言"亨利贞",而详其不宜上宜下。中孚之"豚鱼",即发明小过之"亨"。蛊已言"元亨",则渐申言其"利贞"。随已言"元亨利贞"面申之以"无咎",则归妹反言其"无攸利"。大过既言"亨由于利",则颐但言"贞吉"。需既言"有孚,光亨,贞吉",则晋但以辞释之,不必明言"亨",所云"康侯用锡马蕃庶,昼日三接",即发明"有孚,光亨"也。

盖不特本卦自释,而或互释于旁通之卦,或互释于比例之卦,凡此皆可类推。《既济·彖》云:"既济。亨。"下释云:"小利贞。"与遁同。遁之"小利贞",指临。既济之"小利贞"指未济。《未济·彖》云:"未济,亨。"即"既济,亨。"既济释之云:"初吉,终乱。""初吉"则亨。未济释之云:"小狐汔济,濡其尾,无攸利。"则反"初吉",而言其不亨。小狐汔济,濡其尾,无攸利。则反"初吉",而言其不亨。小狐不"汔济",尾不濡而初吉矣。不能"利贞"而终乱,仍不能亨。既济、未济,两《彖》相间言之。而《传》于"初吉"赞云"柔得中",于未济"亨"亦赞云"柔得中",知"初吉"是亨。亦知诸卦之亨,皆由于柔得中也。 《否·彖》不言"亨"而初六言"吉亨",所以《明泰·彖》之"吉,亨"。

泰二之五以否四之初为"亨"。否四之初亦应泰二之五而"亨"。"拔茅",否初之四也,而应乎泰之五。泰五本小人,得孚于否则包承而吉。泰既"孚"于否,则二之五为"大人"。否初三有所应。初六之"亨",亨在泰。六二之亨,亨在否,故云"否亨"。明泰得否而泰亨,否得泰而否亨也。于否明初四应二五,为亨。于大畜、节三上应二五为亨。离四之坎初成贲、节,节成既济而安,贲亦成既济成安,不可得而亨。惟通于旅,旅四之初,则节成既济。旅成咸,安在节而不在旅。故云"安节,亨",所以申明"苦节不可贞"与旅"贞吉"之义也。大有四之比,初成大畜、屯。大畜二之五,而上之屯三,成两既济矣。惟通于萃则大畜成既注,萃成咸,为"何天之衢"。《象》云:"利贞。"上九以"亨"明之,而《象传》赞之云"利涉大川,应乎天也"。"应乎天",即"何天之衢"也,即所谓"利贞亨"也。《象》言"亨"已详,故爻仅于此三卦发明之,其困九二、升六四、益六二、随上六、大有九三借"享祀"以明亨,《萃·象传》亦云"致孝享也"。详见后。

利

元、亨、贞之间必全利以成四德。《象传》以"万物资始"为元,"品物流形"为亨,"乾道变化"为利,"各正性命"为贞。《文言传》云:"利者义之和也。利物足以和义。"又云:"利贞者性情也。乾始能以美利利天下。不言所利,大矣哉!"《系辞传》赞"利"字最详。既云"变而通之以尽利",又云"变动以利言"。既云"往者屈也,来者信也,屈信相感而利生焉",又云"情伪相感而利害生"。于益云"益以同利",于《解·上六》云"君子藏器于身,待时而动,何不利之有?"凡三引"自天佑之,吉无不利",而揭其要云"通其变使民不倦,神而化之,使民宜之"。

"易穷则变,变则通,通则久"。元亨,则乾成家人,坤成屯。家人上之屯三,则穷,故"藏而不动"。变通于解,解二之五,而后家人上之解三,所谓"待时而动"也。"元亨"成蹇、革,革通蒙,蹇通睽。"利贞"而革,蹇成既济。睽、蒙成益,故益以"兴利"。义者宜也。解失道成临,变而通于遁,则大君之宜，是所为"使民宜之"也。能变通则夫子制义，不能变通，则"从妇而终"。履失道成中孚，豫失道成小过，两相通则"其子和之"，是所谓"义之和"也。"和"也者，天下之达道也。仁者安仁，知者利仁。成己，仁也。成物，知也。利仁乃为知，利天下乃为成物。盖贞仅能成己，必利而及物，然后"各正性命，保合太和"，由始而终。元，亨贞也。不俟终，舍而有始，变而通之，以尽利也。

乾六爻不言"元亨"，九二、九五两言"利见大人"。九二谓坤成屯，屯变通于鼎。九五谓乾成家人，变通于解。屯、家人，"盈不可久"，以变通而可久，是之谓利。有则利者，乾二之坤五成比。未成屯，即变通于大有。所谓"自天佑之，吉无不利"也。此不俟"亨"而即"利"者。既亨成屯，若不变通以尽利，则终止。"未利"，不可贞也。乾"四德"平举，《坤·象》平举"元亨"，于"利贞"特加"牝马"二字，且申之云"君子有攸往，先迷后得主，利"。"牝马"之马，即睽所丧之"马"。"利牝马之贞"即用六"利永贞"。"得主"则"利"，不"得主"则"迷"。"利"则永贞。即"变则通，通则久"也。乾坤后屯、随、无妄、临、革五卦《彖辞》，皆平列"四德"。屯则申之云"勿用有攸往，利建侯"，临则申之云"至于八月有凶"，无妄则申之云"其匪正有眚，不利有攸往"。

《屯·传》先言"大亨贞"，以赞"元亨贞"，别言"宜建侯而不宁"。以"宜"字赞"利"字，以"不宁"赞"勿用有攸往"。不以屯三往家人上，故"不宁"。而以鼎二之五为宜，是为"利建侯"。《彖辞》"勿用有攸往，利建侯"八字，乃恐"利"字之义不明，而申明之。故《传》不以"利"与"大亨贞"并言，而别详"利"字之义于后。"大亨贞"谓由坤而屯，而既济，"利"则谓屯通于鼎也。

革"元亨利贞"，承"巳日乃孚"。《传》云"大亨以正"，"革而当"其悔乃亡。"革而当"三字，赞"利"字。"革"者，改也，改而从蒙，蒙二之五，而后革四之蒙初，则"革而当"。"大亨以正"，谓乾而革而既济。"利"则谓革通于蒙，"革面当"也。"当"亦宜也。乾成革，犹成家人。坤成屯，犹成蹇。举一革而家人之通解可知，举一屯而蹇之通睽可知。然无妄成于睽，临成于解。无妄之"元亨利贞"，即明蹇之通睽。临之"元亨利贞"，即明家人之通解。解二不之五而四之初，不可为"利"。变通于遁，而"元亨利贞"。此由"失道"而"利"者也。"失道"而能变通，其"利"与"不失道"同。若不变通而解，即成临矣。不通遁而即以二之五，是为"至于八月有凶"。《传》先以"大亨以正，天之道也"，赞"元亨贞"；别以"消不久"三字，赞"至于八月有凶"。"不久"者，不能"穷则变，变则通"也。不能"穷则变，变则通"，是不能"神而化之，使民宜之"也，是"不利"也。

解失道成临，蒙失道成升。鼎当位成遁，睽当位成无妄。无妄旁通于升，犹遁旁通于临。举一临以见遁，即以见家人、解与屯、鼎。举一无妄以见升，即以见蹇、睽与革、蒙。参伍错综，而按之井然如绘。《经》之奥妙如此！无妄于"元亨利贞"之下，反言以明之云"其匪正有眚，不利有攸往"，明指出"不利"二字。《传》以"大亨以正，天之命也"，赞"元亨贞"，与《临·传》同。别以无妄之"往何之矣"，赞"不利有攸往"。升二不之五，而无妄四之升初。三又往上，成既济，是为"匪"。升方为"匪"，无妄成既济而"贞"。虽正而"有眚"，是"贞"必本于"利"也。随称"元亨利贞"何也？

《传》云："刚来而下柔，大亨贞。无咎，而天下随时。"随之所以"无咎"者，以其"利"也。故不云"大亨利贞"，而云"大亨贞无咎"。谓"元亨贞"所以无咎者，以其"天下随时"。惟"随时"则利，故云"随时"之义。随时之"义"，即随时之"利"也。震、巽、艮、兑之"元"为随、渐，犹乾、坤、坎、离之元为比、同人。举一随以明巽震艮兑之"元亨利贞"，故《传》首揭"刚来"二字。谓巽二来之震五亦兑二来之艮五也。

《易》称"利有攸往"者十二，称"不利有攸往"者二。

中華藏書

周易全书·最新整理珍藏版

中国书店

称"利涉大川"者九，称"不利涉大川"者一。称"利见大人"者七，称"无不利者"十三，称"无攸利者"十。于"不利有攸往"，知"利有攸往"之所以"利"。于"不利涉大川"，知"利涉大川"之所以"利"。于"无攸利"，知"无不利"之所以"利"。"元攸利"，见于归妹、未济两《象》。归妹"征凶。无攸利"，"征"谓三之渐上也。二未之五，则成大壮。上六爻辞发明之"女承筐"，渐初之归妹四也。"士刲羊"渐上之归妹三也。"无实"、"无血"，归妹二未之五也。则归妹成泰渐终，而归妹无无以为始是不能和义，故"无攸利"。

遁上之临三，临二未之五，临亦成泰，此"甘临"，所以"无攸利"，临即归妹四之渐初也。大壮羝羊触藩，不能退，不能遂，谓不成革而成泰。故"无攸利"。临、大壮之"无攸利"，皆发明归妹之"无攸利"。恒四之初二未之五恒成泰。此"浚恒"，所以"无攸利"，即未济二不之五而上之三，四又之初也。未济上之三成恒，四之初则成损，损上又之三成泰。此"小狐汔济，濡其尾"之"无攸利"，与"浚恒"互相发明。革四之蒙初，蒙上又之三。二未之五，蒙成泰，此见"金夫"所以"无攸利"。革四之蒙初成损，即未济四之初之比例。

《未济·象》之"无攸利"，本指先成损。损上之三，因先成恒。恒四之初，亦"无攸利"，故于《恒·初六》补言之，而先成损者未明也，故发明于《蒙·六三》，不明于《损·六三》，而明于《蒙·六三》者，《经》文之错综变化，每如是也。

归妹之于渐犹蛊之于随，随蛊相错，为大过颐。《颐·六三》"十年勿用，无攸利"，谓颐上之三，那蛊上之随三，犹渐上之归妹三也。蛊上之随三，随成革，蛊成升。随四之蛊初，随成屯，蛊成大畜。于是《萃·六四》称"萃如，嗟如，无攸利"。《无妄·上九》，称"无妄，行有眚，无攸利"。无妄与升通者也，萃与大畜通者也萃四之初，为随四之蛊初之比例，亦大过四之初之比例。无妄上之三，为蛊上之随三之比例，亦颐上之三比例。乃"萃如嗟如",谓大畜上之萃三成泰。

无妄"行有眚",谓无妄四之升初成泰。无妄成益,益上又之三,即归妹成临。三又之渐上也,萃成咸咸四又之初,即归妹成大壮,四又之渐初也。诸"无攸利",皆指成泰,而《颐·六三》独指成明夷。此《经》文特示以例,欲读者知推而广之。而无妄升又相错为复姤,萃大畜又相错为夬剥。则大畜上之萃三,为剥上之三,无妄四之升初为姤四之初,皆可引申触类者也。

盖变通为利,虽变通而不能当位仍不得为利,故云"无攸利"。大畜上之萃三同于剥上之三,是剥上之三"无攸利"。夬二之剥五,而后剥上之三,则"贯鱼,从宫人宠,无不利"。大过二不之颐五,而颐上之三"无攸利"。颐五之大过二,则"老夫得女妻,无不利"。临二不之五,遁上之临三则"无攸利"。临二之五,而后遁上之临三。在临则"咸临,无不利",在遁则"肥遁,无不利"。解成临,犹归妹成临,"无攸利"。解二之五,而后家人上之解三则"射隼高墉,获之无不利"。鼎成大畜,犹蛊成大畜,"无攸利"。鼎二之五而后上之屯三,则"玉铉大吉,无不利"。鼎成泰犹归妹成泰,屯之"乘马"是也。"乘马"则"无攸利",泰通于否,则求"昏媾","往吉,无不利"。

未济成泰"无攸利",需二之晋五成否,"矢得勿恤,无不利",即未济二先之五也。归寻成泰"无攸利"。巽二之震五成随,而后上之震三,震成革,即归妹成革也。巽成蹇即渐成蹇也。又变而通之,令革通蒙,蹇通睽,则"贞吉,悔亡,无不利",巽二之震五,即归妹二之五也。无妄成益,上又之三则"无攸利"。谦之通履,犹升之通无妄。履成益,变通于恒则"利用侵伐,无不利"。六四"无不利,撝谦",谓所以"无不利"者,以其"撝谦"也。因"撝谦"乃"利用侵伐",故"无不利"。履二之谦五,而后四之谦初,殊乎升二不之五。而无妄四,即之升初,履成益,通于恒,殊乎无妄成益又不变通于恒。即以上之三为"匪","正有眚"也。《坤·六二》"直方大,不习无不利"。

坤二五本"习"，二五先行，则"不习"。小畜、复、夬、谦，皆"习"也。乾二先之坤五，为"敬以直内"。内，家人也，亦蹇也。蹇旁通于睽，为"义以方外"。外，睽也，亦解也。屯、家人、蹇、革，皆"不习"者也。"无不利"有二义：其一谓变通而又变通，如"敬以直内"，又"义以方外"。《巽·九五》"贞吉悔亡"，《剥·六五》"贯鱼，以宫人宠"是也。其一失道，又失道，而一里能变通，如困穷至于成明夷、需。需一通晋则"矢得勿恤"。艰恤至成既济、泰，泰一通否，则求"昏媾"是也。总之，能变通则无不利；不能变通，无论得失存亡，皆归于不利而已矣。

贞

贞者，正也。乃有"贞吉"矣，又有"贞凶"、"贞吝"、"贞厉"、有"可贞"矣，又有"不可贞"。《经》称"贞吉"二十四。安贞吉二，"永贞吉"二，"居贞吉"二，"贞丈人吉"、"贞大人吉"各一，称"贞凶"九。《屯·九五》《恒·六五》一云"小贞吉，大贞凶"，一云"贞归人吉，夫子凶"。"小"、"大"皆指五，"屯其膏"谓不以屯三之家人上。所以然者，"小贞吉"、"大贞凶"也。

"小"指鼎，"大"指家人。屯旁通于鼎，则"贞吉"。不旁通于鼎，而以屯三之家人上，则"凶"。"小"则贞吉，"大"则贞凶，所以"屯其膏"也。"恒其德"谓恒二之五也。"贞"谓成既济也。益通恒，恒小益大。恒为妇人。恒以妇"孚"益，则二之五，而初四从之，成既济可也。恒已成咸，宜通于损。损"小"咸"大"，咸为"夫子"。若不俟损二之五，而咸四之初成既济。是以夫从妇、所以凶也。

盖鼎五"小"，方其与屯旁通，二虽之五，仍称"小"。必已成遁与临旁通，乃为"大"。恒五"小"为"妇人"，方其与益旁通，二虽之五，仍是"妇人"。必已成咸，与损旁通，乃为"夫子"。"大""小""夫""妇"之称，以旁通而定《易》之例也。《恒·初六》："浚恒贞凶。""浚"谓四之初成泰。益通恒。恒二之五，而益上之三，此"可贞"也。恒先成泰，则泰二之五，而益上之三，此"不可贞"也。故"贞"则"凶"矣。

《经》之言"贞"，必连于"利"。"利"而"贞"则吉，"不利"而"贞"则凶耳。泰二之五，与否相错为同人、比。"否之匪人"，则"不利君子贞"。"同人于野"，则"利君子贞"。"否之匪人"，谓泰二不之五。"比之匪人"，谓大有二不之五。泰二不之五，则否不可贞。师二之五，则同人可贞。于比称"比之匪人"，于同人称"利君子贞"。而于否合明之云"否之匪人，不利君子贞"，互相比例，其义可见。

《屯·六二》"女子贞不字"，谓鼎四之初成大畜。大畜二之五成家人，而家人上之屯三也，成两既济，故"不字"。不令上之屯三，而变通于解。解二之五，而后家人上之解三，鼎之成家人者，虽成既济而"贞"。而解成咸，不成既济，是为"闲有家"。向之"女子贞不利"者，是则"利女贞"，"女贞"。即"女子贞"。盖家人上不可贞于屯三，而可贞于萃三。贞于屯三则"不字"，贞于萃三则"利"。"利"则"字"矣，"字"则"利"矣。《观·六二》亦"利女贞"，何也？谓大壮二之五也。解二之五为萃，大壮二之五为革。革观相错即为家人萃。故以相比例明家人之"利女贞"，谓通于解而成萃也。

渐"女归吉，利贞"与"利女贞"互明。渐上之归妹三，归妹成大壮。渐成蹇，大壮通观，则"利女贞"。蹇通睽，则"女归吉"。推之归妹，四之渐初，渐成家人，归妹成临。在家人通解，为"利女贞"。在临通遁，亦"女归吉"。何也？蹇通睽，睽成无妄。无妄、蹇相错，为屯、遁。即为临通遁，而二之五也。遁即鼎二之五，鼎成遁即通于临，则女子"利"而后"贞"，非"贞"而"不字"矣。家人、观两言"利女贞"，与屯之"女子贞不字"互明，亦与渐"女归吉，利贞"互明如此。《师·六五》"长子帅师，弟子舆尸，贞凶"，《传》云"长子帅师，以中行也。弟子舆尸，使不当也"。

"长子帅师"则成屯，"田有禽利执言"则通于鼎，鼎成咸为"小贞吉"矣。"弟子舆尸",则师成升,而升成蹇时同人已成革。不变通,而革四之蹇初,则"贞凶"矣。盖同人上不之师三则"不舆尸"。"不舆尸"而二之五,而初四从之成屯,故"田有禽"而"长子帅师"。同人上既先之师三则"舆尸","舆尸"而后二之五,而初四从之,则不成屯而成两既济,故为"使不当"也。"不当"者,二不先之五也。二先之五则为"丈人",如是"贞"则"吉",故云"师贞丈人吉",六五"弟子舆尸,贞凶",反言以明《象》也。

革四之蹇初贞凶矣。革通蒙则贞吉。蒙、革相错,为困、贲。《困·象》云:"困,亨。贞大人吉。""亨"则困成咸,"贞"则贲成既济。"贞大人吉",谓贲五先大而后贞也。比六三、六四,皆言"贞吉"。六二"比之自内,贞吉",内家人也。谓比成屯,大有成家人。自家人通解而贞,为"吉"。六四"外比之,贞吉"。外,睽也。谓比成蹇,大有成革。蹇通睽,而"贞"为吉,晋成否,则需"贞吉"。

履成益则谦"贞吉",豫成咸则小畜"贞吉"。观成益则大壮"贞吉",遁成咸成则临"贞吉"。解成咸则家人"贞吉",姤成咸则复"贞吉"。《未济·九四》"贞吉",下申云"震用伐鬼方",则谓未济成益而通于恒。六五"贞吉",下申云"君子之光,有孚吉"。"光"即"需,有孚,光亨"之"光",谓二之五成否。未济之"孚"于既济,犹晋之"孚"于需。未济成否,而既济之贞乃吉,故云"有孚吉",明未济与既济"有孚"而吉也。否与泰"孚",否成益。泰成既济,即《否·初六》"拔茅茹以其汇"之"贞吉"也。

《巽·九五》"贞吉",下申云"无初有终",谓成蹇,而通于睽。睽成益,蹇成既济。《解·九二》"贞吉",承"田获三狐,得黄矢"而言。解成咸,家人成既济也。《随·初九》"官有渝,贞吉",下申云"出门交有功"。谓蛊成蹇,随成革,革通于蒙,是为"官有渝"。"渝"而"贞",则吉也。《损·上九》:"弗损益之,无咎。贞吉。""弗损",未成损之先,尚为蒙也。益之,蒙成益也。革四之蒙初成损,而后损二之五成益,则损而益之。蒙二先之五,而后革四之蒙初成益,则为"弗损益之"。

蒙不由损成益，则革之"贞"乃"吉"也。随成革而通蒙则"贞吉"。不变通，而塞初之革四，所获在随，成两既济。"官"而"不渝"，故为"贞凶"。巽成塞而通暌则"贞吉"。不变通而"丧其资斧"，则巽成需，震成明夷。以需二之明夷五，成两既济，故"贞凶"。《传》云"丧其资斧，正乎凶也"。当"丧其资斧"之时，急宜变通改悔，"不可贞"矣。而犹贞乎，则凶也。 "正乎"二字一顿，上第言丧，未言"贞"。"贞"字上原有"不可贞"一层。"贞凶"二字，乃是作一转语，《传》以"正乎"二字赞之。其《经》文之停顿转折，传神而出。是《传》之赞《经》，曲折摹写如此。

《节·上六》："苦节，贞凶。""苦节"，则节成需，贲成明夷，《象》以为"不可贞"者也。"不可贞"而竟"贞"，此"贞凶"与"巽在床下"同。《中孚·上九》"翰音登于天，贞凶"，与《颐·六三》"拂颐，贞凶"同。"拂颐，贞凶"同。"拂颐"者，大过二之颐五，而大过四之初以辅之也。斯时大过成既济，颐成益。益不通恒，而上之三成既济，故"贞凶"也。"音"即"飞鸟遗之音"之"音"。

中孚二之小过五，而小过四之初以比之也。斯时小过成既济，中孚成益。干此"音"，必以既济通未济，为"登于天"。既济通未济，则益通恒。不变通而益上之三，故"贞凶"也。剥初六、六二，皆云"蔑贞凶"，谓夬成需，剥成明夷。需二之明夷五也，先以夬四之剥初为足，又以剥上之三成明夷为"剥床"。当此"剥床"之时，尚可辨明，不辨则由"蔑"而"贞凶"矣。《无妄·九四》"可贞，无咎"，《传》云"固有之也"。无妄成益，变通于恒，为德之固，乃可贞。《坤·六三》："含章可贞。或从王事，无成有终。""从正事"，谓从鼎。"自我而终"，即"自我而止"。则为成自我而终。不自我而止，是为"无成"。"无成有终"，乃"可贞"也。

《益·六三》"用凶事，无咎"，《传》云"固有之也，用凶事"。谓上之三，用征伐之事也。盖上之三，终矣。得"无咎"者，变通于恒为德之固也。"固有之"则"可贞"。所谓

中華藏書

周易全书·最新整理珍藏版

"贞固足以干事也。"蛊上之随三，随成革，蛊成升。同人上之师三同，"不出门"而"元功"者也。升通于无妄，则"干母之蛊"。所以"干母之蛊"者，以其"不可贞"也。不能"干母之蛊"，则"弟子舆尸"矣，而"贞凶"矣，此其互相发明之有迹可寻者也，其"安贞"、"艰贞"、"永贞"、"疾贞"，详见后。

中国书店

第二章　易通释卷二

悔

《易爻》，称"悔"者二，"有悔"四，"悔亡"十八，"无悔"七，而《彖辞》止革一卦，称"悔亡"，辞系于"元亨利贞"之下。《传》云"革而当，其悔乃亡"。九四发明其义，云"悔亡，有孚改命吉"。"改命"者，变通于蒙也。《乾·上九》："亢龙有悔。"《文言传》云："亢之为言也，知进而不知退，知存而不知亡，知得而不知丧。"亢而能悔，则知亡矣，故为"悔亡"。"亢龙"谓乾成家人，坤成屯。家人上之屯三，则成两既济。革四之蹇初，与家人上之屯三同。革四不之蹇初，而改合于蒙，与家人上不之屯三而改命于解同。

《经》于革四称"悔亡"，于《乾·上九》称"有悔"，其义已可见。"悔亡"者，谓改悔，不成两既济也。革"悔"而通于蒙，蹇则"悔"而通于睽。睽初九、六五两言"悔亡"，革与蹇"不可贞"，故"贞吉"由于"悔亡"。《兑·九三》"孚兑，悔亡"，谓艮成蹇，兑成革。革改命于蒙，故《革·传》云"改命之吉，信志也"，《兑·传》亦云"孚兑之吉，信志也"。《巽·九五》"贞吉，悔亡，无不利"，谓震成革，巽成蹇。蹇后庚于睽，故下申云"无初有终"。睽亦云"无初有终"。

《夬·九四》"臀无肤，其行次且。牵羊悔亡"，谓剥成蹇，夬成革。革四不可行于蹇初，故"次且"。而牵革上之羊，以通于蒙，则"悔亡"。大壮成革，犹夬成革，故九四"贞吉悔亡，藩决不羸"。丰成革，犹大壮成革，故《涣·九二》"涣奔其机，悔亡"。咸"悔"而通损，犹革悔而通蒙，《咸·九四》"贞吉，悔亡"是也。《萃·九五》"匪孚元永贞，悔亡"。"匪孚元永贞"，则大畜成既济，萃成咸。"悔亡"谓咸通于损也。艮兑相错，即咸损。《艮·六五》"艮其辅，言有序，悔亡"，谓兑成屯，艮成家人。家人"悔"而通解，解成萃，故"上有言"。《家人·初九》"闲有家，悔亡"，"亢"则"有悔"，"闲"则"悔亡"。惟其"闲"，言乃有序。若解四不能"闲"而成屯，屯与家人则有"悔"矣。益"悔"而通恒，犹屯"悔"而通鼎。《未济·九四》"贞吉悔亡"，下与"震用伐鬼方"相贯，谓成益通恒。《恒·九二》"悔亡"，不必别系一辞矣。

以上"悔亡"，指家人、屯、蹇、革、既济、咸、未济、益之"悔"。《节·上六》"苦节，贞凶，悔亡"。"苦节"者，贲成明夷，节成需。需二之明夷五，与革四之蹇初同，亦与家人上之屯三同。需"悔"而通于晋，《晋·六五》"悔亡"，即《节·上六》之"悔亡"，下申云"矢得勿恤"。六三"众允，悔亡"允即信也。困成节，节成需，"有言不信"，"悔"而通晋则众信之。又与"牵羊悔亡"、"闻言不信"互相发明矣。"亢龙有悔"，谓乾成家人，坤成屯。家人"悔"，而通解，故《家人·九三》"家人嗃嗃。悔厉，吉"，"悔"则虽厉而吉。《鼎·九三》"方雨亏悔，终吉"。屯以"悔"而通鼎，鼎"有耳"则仍成家人，上仍不得之屯三而成坎雨。故必方，而后雨乃不盈而亏，悔而终吉也。

《困·上六》："困于葛藟，于臲卼，曰动悔。有悔，征吉。""困于葛藟"，谓困二不之贲五，贲上先之困三，其孤危而臲卼固矣。若二先之贲五成萃，是时贲上之困三成咸可也，乃不曰"闲"而曰"动"，曰"动"则困不成咸而成屯。是时贲已成家人，上仍不可之屯三，故"悔"。是"悔"也，即"亢龙"之"有悔"也。能有悔而屯通于鼎，鼎二之五而后鼎上征于屯三，乃为吉也。《蛊·九二》"干父之蛊。小有悔。无大咎"。"干父之蛊"，谓蛊成大畜，而通于萃，是由"悔"而"无咎"也。成大畜，五未刚中故"小"。"小"而"有悔"，异乎"盈而有悔"，故于有"悔"上加一"小字"，以明示其例。谓处盈变而为亏，固称"有悔"。而处小变而为大，亦称

"有悔"也。

《豫·六三》"盱豫悔，迟有悔"，《传》云"盱豫有悔，位不当也"。"盱"即"吁嗟"之"吁"，其训为"忧"。谓小畜上之豫三，小畜成需，豫成小过，故"有悔"。其"悔"也，缘不即以小畜二之豫五，迟而成需、小过，始"悔"而变通。"悔"由于"迟"，故于"有悔"上加一"迟"字。"迟"故失道而小，亦别于盈之"有悔"也。"有悔"之义明，则"无悔"之义明。上之三成两既济则"有悔"。上之三不致成两既济，则"无悔"。《复·六五》："敦复，无悔。"姤二之复五，复成屯。姤上又之复三，复成既济，姤成咸，故"无悔"。屯与家人"有悔"，屯与遁"无悔"也。初九"不远复，无祗悔"。姤四之初，而后二之复五，则姤成家人。复成屯不能"无悔"，惟"无远复"，则姤四不之初而二先之复五。复虽成屯，姤不成家人而成遁。以遁上之屯三，何用其悔？故"无祗悔"。《咸·九五》"咸其脢，无悔"。损二之五成益，咸四未之初。斯时损上又之三，成既济。不成两既济也，故无悔。师成屯，同人成家人，有悔矣。家人通解，解二之五而家人上之解三，不成两既济，故"同人于郊，无悔"。睽成大壮，易而旁通于观。大壮成革，观未成蹇。则革四之观初，不成两既济，故"丧羊于易，无悔"。涣二之丰五，丰成革涣成观，与"丧羊于易"同。革四之观初"无悔"，观上之三亦"无悔"，故"涣其躬，无悔"。谓丰成革，四未之涣初，则涣成观而上之三，无所用其"悔"也。《未济·六五》"贞吉，无悔，君子之光"，"光"即需"有孚，光亨"之"光"。未济二之五成否，与需二之晋五同。需有孚于晋，犹既济有孚于未济。未济成否，则既济"贞吉"。不云"悔亡"而云"无悔"者，谓否四之初成益，或上之三成咸也。

总之，"悔"者，悔其成两既济，初四从二五则悔在三上；三上后二五则悔在初四。若初四三上先二五而行，致成需、明夷，则悔在二五，悔则不成两既济，而"元吉"矣。由屯、家人、蹇、革而成两既济，其悔无疵。由需明夷而成两既济，虽悔而不免于吝，故《传》云："悔吝者，言乎其小疵也。"悔有"吝"有"不吝"，由此其分矣。

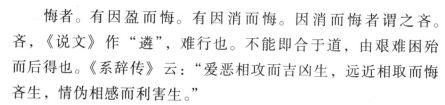

吝

悔者。有因盈而悔。有因消而悔。因消而悔者谓之吝。吝，《说文》作"遴"，难行也。不能即合于道，由艰难困殆而后得也。《系辞传》云："爱恶相攻而吉凶生，远近相取而悔吝生，情伪相感而利害生。"

凡《易》之情，近而不相得则凶。或害之，悔且吝，情实也。伪反乎情，无实也。变而通之为利，反乎利则为害。远近，犹言先后缓急。易之，谓变而通之。屯易而为鼎，革易而为蒙，是也。既易则宜以二之五使有实，故云"情近"。情宜近，谓二交五不可缓也。情近则相得，而不相得，则是二不之五而初四三上先行，故凶。何以凶？或害之也。或则不孚，害则不利，如比易为大有，大有二不之五，而上之比三是也。既至于害，则情不近。虽能改悔而且不免于吝，故云"悔且吝"。此"悔"字属于"吝"，盖近以相取，则无悔无吝，远以相取，则悔而且吝。《传》之言"吝"，可谓详矣。

《复·初九》"不远复，无祗悔"。"不远复"则情近也。"不远"则无悔。"远"则有悔。可知此"有悔无悔"，视乎远近之说也。《蒙·六四》"困蒙，吝"，《传》云"困蒙之吝，独远实也"。"远实"即情不近也。蒙革相错为困贲。《困·九四》："来徐徐，困于金车。吝，终吉。"困二不之贲五，而致成需。既成需，始悔而通于晋，故"徐徐"。"徐徐"犹"远"也，"远"，故吝也，以此推之于蒙。困之吝在成需，而二来之晋五，则蒙之吝，在成泰而通否。五之"大"乃"来"，蒙二不近实于五，乃成泰，而泰二始实于五，此之谓"远实"也。

《同人·六二》"同人于宗，吝"，《传》云"同人于宗，吝道也"。同人通师，师二宜急之五，乃为情近。师二不之五，而同人四上之师初三，是不相得而或害也。师成泰，犹蒙成泰，故"同人于宗，吝"。吝而道，谓泰通于否也。泰通于否而二之五，即未济二之五之比例，故云"宗"也。《经》于睽、既济皆言"宗"，明师成泰通于否。于睽言"宗"，明师成升通于"无妄"。未济二之五即否，睽二之五即无妄也。然而师不特成泰，而后通否为夷，即成升已夷矣。同人上之师三成升，犹贲上之困三成大过。大过通颐，为"贲于邱园"。"帛"即"白"，"束"即"约"。贲上之困三，以约束而成巽白。"戋戋"，犹"残残"。"残残"者，伤也，害也。大过虽通于颐，而已伤夷在前，故"终吉"而不免于夷。《蒙·初六》"发蒙，利用刑人，用说桎梏，以往吝"，谓蒙初往革四，先"发蒙"而后"往"则利，不先发而遽以初往，致成损。犹师成升，不必成泰而已夷也，故云"以往吝"，与《屯·六二》"往吝"互明。

屯之于鼎犹革之于蒙。鼎二不之五，而屯三往鼎上成恒。犹蒙二不之五，而初往革四成损。损上之三，泰也。恒四之初，亦泰也。《恒·九三》"不恒其德，或承之羞，贞吝"，谓成泰也。《泰·上六》"城复于隍。勿用师，自邑告命，贞吝"。师二先之五，则无隍无邑。既成泰，泰二之五，已非"初筮"之告。虽变通于否，有以"包承""包羞"。二之五，仍为告命。而上已先为无水之隍，不告于师之通"同人"，乃远告于泰之通"否贞"。虽不凶而不能不吝。泰之"贞吝"即恒之"贞吝"也。

《噬嗑·六三》"噬腊肉，遇毒，小吝，无咎"。"腊"，《说文》作"昔"。昔肉犹昔酒，谓肉久不噬而成腊。成腊始噬之，谓不噬于噬嗑五，致噬嗑成明夷有毒，而后乃变通于讼。讼二之明夷五为过毒，"小"即"小有言"之"小"。吝在噬嗑成明夷，并成需，故"小吝"也。噬嗑未成明夷，而四之并初，并成需，噬嗑成颐，为蛊二不之五而初往随四之比例。蛊二不之五而初往随四，随成屯为"见"。蛊成大畜，下乾为父，不能孚于萃。以"干父之蛊"，而以大畜上之屯三，是为"往见"。"往见"，则大畜成泰。故六四"裕父之蛊，往见吝"，其"吝"与《萃·六三》互明。

大畜二不之五而上之萃三，则"萃如，嗟如，无攸利"。即大畜二之五，而后上之萃三为"往无咎"，而以其为随四之蛊初，则亦"吝"矣。故"往无咎，小吝"。师、同人为乾、坤之比例，随、蛊为巽、震之比例。在蛊成大畜，在震坤成复。复通姤，犹大畜通萃，亦犹升通无妄。故《姤·上九》"姤其角。吝，无咎"。复不通姤，而三之小畜上成需，与升成泰同。故《晋·上九》"晋其角，维用伐邑。厉吉无咎。贞吝"。"贞吝"指需通晋，而成既济，与泰通否而成既济同也。

惟复小畜成于巽，于是《巽·九三》云"频巽，吝"。"频巽"即是"频复"。巽二不之震五，致震成复而辗转旁通以姤其角，所以为"吝"。在"频巽"称吝，在"频复"称"厉无咎"。在"姤其角"称"吝无咎"。在"晋其角"称"厉吉，无咎，贞吝"。而《传》于《姤·上九》称"上穷吝"，于《巽·九三》称"志穷"，皆互相明者也。蒙二之五成观，在蒙为"童蒙"，在观为"童观"。以革四之观初，观成益，革成既济，则无咎。以大壮四之观初，观成益，大壮成泰，则"吝"。所谓"小人无咎，君子吝"也。益、泰相错为复、小畜，"姤其角"所由"吝"也。故复通姤之"吝"，犹泰通否之"吝"。而泰通否既，犹需通晋，则"晋其角"之"吝"，亦犹"姤其角"之"吝"矣。

《解·六三》"负且乘，致寇至，贞吝"，谓成泰而通否。《系辞传》谓之"上慢"。远，故慢也。家人与解通。解二之五，而后家人上之解三，可也。解二不之五，而家人上之解三，此解所以"负且乘，致寇至"。《家人·九三》"妇子嘻嘻终吝"，即指解之吝也。未济成泰，为"小狐汔济，濡其尾"。初六"濡其尾，吝"，九二"曳其轮，贞吉"，《既济·初九》"曳其轮，濡其尾，无咎"。泰通否为曳其轮，虽"贞吉"而不免于"吝"。《咸·九三》"咸其股，执其随，往吝"。巽为股损二之五，上巽成益，咸、益相错为随，是为"执其随"。若不"咸其股，执其随"，而损三往上成泰与恒初之四同，故"往吝"。

损为未济四之初，即为革四之蒙初。《蒙·初六》"以往"，已吝矣，而又成泰，为"困蒙"。《咸·九三》之"往吝"，指损成泰，与"濡其尾"之"吝"同，即与"困蒙"之

"吝"同也。《大过·九四》"栋隆，吉。有他吝"。"栋隆"者，大过二之颐五也。若大过二不之颐五而四之初震，则二不能近实于颐五，而必旁通于晋，是为"有他"。"有他"则吝，以其远也。

《系辞传》云"忧悔吝者，存乎介"，"介"即"介疾"，"介于石"之"介"。《兑·九四》"商兑未宁，介疾有喜"，何为"介疾"？兑成革，艮成蹇，革四未行也。此正宜改悔之时，此"悔"存乎"介"也。乾成小畜，坤成复，不相得。而小畜通于豫成咸，为"介于石不终日"。小畜之通豫，犹复之通姤，此"吝"存乎"介"也。《传》又云"悔吝者，忧虞之象也"，"忧"即"既忧""勿忧"之"忧"，"虞"即"虞吉""无虞"之"虞"，能"虞"而后能悔，因"忧"而乃致吝。

凡云"介"，云"或"，云"害"，云"忧虞"，云"远近"，皆举《经》文所有以赞明之。说者以"介"为纤小，以"远"为乾，"近"为坤或以"远"为应，"近"为此，以阳取阴生悔，阴取阳生吝；情感伪生利，伪感情生害。皆望文生意。求之《经》文、《传》文，未有能合也。惟明乎"元亨利贞"，而后明乎"悔吝"。"悔吝"者，不能"元亨利贞"，而变而通之以归乎"元、亨、利、贞"者也。能悔吝则不致有大过，故震无咎者存乎悔。悔吝者，言乎其小疵也。